PALAIS
DE VERSAILLES.

NOTICE
DES PEINTURES
ET
DES SCULPTURES
DU PALAIS
DE VERSAILLES.

A PARIS,

DE L'IMPRIMERIE DE CRAPELET,

RUE DE VAUGIRARD, N° 9.

—

1837.

INTRODUCTION.

Lorsqu'en 1832, la loi sur la liste civile maintint le palais de Versailles dans le domaine de la couronne, la première pensée du Roi Louis-Philippe fut de donner à ce monument une destination digne de sa grandeur. Consacrer l'ancienne demeure de Louis XIV à toutes les gloires de la France, rassembler dans son enceinte tous les grands souvenirs de notre histoire, tel fut le projet immédiatement conçu par Sa Majesté. Mais le palais de Versailles, à cette époque, ne renfermait ni tableaux ni statues : les plafonds seuls avaient été restaurés. Le Roi donna l'ordre de rechercher dans les dépôts de la couronne et dans les résidences royales toutes les peintures, statues, bustes ou bas-reliefs représentant des faits ou des personnages célèbres de nos annales, en même temps que tous les objets d'art qui offriraient un caractère historique. Des ouvrages, la plupart remarquables, oubliés depuis longtemps dans les magasins du Louvre et dans les greniers des Gobelins, furent tirés de la poussière ; d'autres, dispersés dans divers palais, furent réunis à Versailles : on mit enfin le même soin à recueillir tout ce qui avait été produit par la peinture et la sculpture modernes.

Cependant ces diverses réunions étaient bien loin de suffire à l'accomplissement du projet conçu par Sa Majesté. Ni tous les grands hommes, ni tous les grands événements de notre histoire n'avaient leur place dans cette collection, empruntée à des époques différentes. Le Roi a comblé cette lacune en commandant à nos artistes les plus distingués un nombre considérable de tableaux, de statues et de bustes, destinés à compléter le magnifique ensemble de toutes les illustrations de la France. Les souvenirs militaires, toujours les plus flatteurs pour le sentiment national, occupent naturellement la plus grande partie de ces vastes galeries ; et, s'il en est quelques uns que l'on s'étonne de n'y pas retrouver, c'est que la pensée qui a présidé à ce travail n'a pas voulu perpétuer la triste mémoire de nos discordes civiles : elle n'a donné place qu'aux heureux événements qui les ont terminées.

La Collection générale que renferme le palais de Versailles peut se diviser en cinq parties.

1°. Les tableaux consacrés à la représentation des événements historiques ;

2°. Les portraits ;

3°. Les résidences royales ;

4°. Les bustes, statues et bas-reliefs ;

5°. Les médailles.

Les tableaux représentent :

1°. Les grandes batailles qui, depuis l'origine de la monarchie jusqu'à nos jours, ont honoré les armes françaises ;

2°. Les événements ou les traits les plus remarquables de notre histoire ;

3°. Le règne de Louis XIV ;

4°. Les règnes de Louis XV et de Louis XVI ;

5°. La campagne de 1792 ;

6°. Les campagnes de la République, depuis 1793 jusqu'en 1796 ;

7°. Les campagnes de Napoléon depuis 1796 jusqu'en 1814 ;

8°. Les règnes de Louis XVIII et de Charles X ;

9°. Les principaux événements qui ont signalé le règne de Louis-Philippe I*er*, depuis juillet 1830 jusqu'au temps présent.

Il faut ajouter à l'énumération de ces tableaux la collection des gouaches qui retracent les campagnes d'Italie, de Hollande, de Suisse, d'Allemagne, de Pologne, d'Espagne, etc., etc., et enfin les marines qui offrent la représentation des batailles et combats de mer glorieux pour la France.

Les portraits comprennent :

1°. Les grands Amiraux ;

2°. Les Connétables de France ;

3°. Les Maréchaux de France ;

4°. Ceux de nos guerriers célèbres qui n'ont été revêtus d'aucune de ces dignités ;

5°. Une réunion indistincte de personnages français et étrangers qui se sont illustrés sur le trône, à la guerre, dans l'ordre politique, dans le clergé et la magistrature, dans les sciences, les lettres et les arts.

Sous le titre de Résidences royales, sont réunies les vues des anciens châteaux de nos rois, avec les personnages dans le costume de leur époque.

Les bustes et statues forment une autre galerie de personnages célèbres depuis les premiers siècles de la monarchie jusqu'à nos jours; on y a joint les tombeaux des rois et reines, princes et princesses de France, ainsi que ceux de quelques autres personnages historiques.

La collection des médailles commence vers 1300, et finit au règne de Louis-Philippe Ier.

C'était déjà un grand travail que de rassembler toutes ces richesses dans un même lieu; mais ce n'était pas tout. Il fallait encore les classer de manière à ce que l'œil et la pensée pussent s'y promener sans confusion. L'ordre chronologique, le seul qu'on pût suivre, ne s'accordait que bien difficilement avec la distribution des localités. Malgré les grands travaux faits par le Roi dans l'intérieur du palais, malgré les heureux changements qui ont converti des amas de petits appartements et d'indignes soupentes en de vastes salles et de magnifiques galeries, les divisions primitives du palais ne pouvaient être changées; il y avait nécessité de le prendre tel qu'il était construit. Il consistait en trois corps de bâtiments principaux sans compter ce que l'on peut appeler les pavillons; il était divisé en plusieurs étages et distribué en pièces de différentes grandeurs; rien n'y était disposé pour recevoir des tableaux, et les tableaux eux-mêmes, par la diversité de leurs dimensions, ne pouvaient se prêter à la régularité de l'ordre chronologique. Il fallait donc accepter ce qui était fait, et, tout en respectant la succession historique des événements et des personnages, s'efforcer de la mettre en accord avec la disposition générale des bâtiments et leur distribution intérieure. Il fallait aussi assortir la dimension des tableaux à l'étendue des emplacements destinés à les recevoir. Voici le système imaginé pour triompher de cette double difficulté.

On a pensé d'abord qu'il était possible de suppléer jusqu'à un certain point au classement chronologique des peintures et des sculptures, par le moyen d'un catalogue général où elles se succéderaient, selon l'ordre assigné dans la suite des temps aux événements et aux personnages qu'elles représentent. Ce catalogue est celui qu'on offre ici au public : la série des numéros y suit la marche des années. Puis, pour le classement à la fois le plus commode et le plus raisonnable des tableaux et des statues, on a créé de grandes divisions historiques; on a adapté à chaque salle, à chaque galerie, à chaque série d'appartements, une série correspondante de faits et d'événements historiques, toujours classés par époque, et formant une suite chronologique aussi complète que le nombre des tableaux le permettait, aussi étendue que le comportait la dimension des pièces. C'est ainsi, pour citer au hasard quelques exemples, que les souvenirs des Croisades et des États-Généraux, ceux des années 1792 et 1830, sont rassemblés dans des salles particulières, qui n'ont aucun rapport chronologique avec les salles voisines. Ce système offre d'ailleurs le précieux avantage que, si plus tard on veut ajouter à la collection de Versailles de nouvelles séries historiques, cette addition pourra se faire sans entraîner aucun changement à l'ordre maintenant établi.

Le palais de Versailles se divise en trois principaux corps de bâtiment.

Le corps central renferme :

REZ-DE-CHAUSSÉE.

1°. Un vestibule de bustes et statues, placé au pied de l'escalier de marbre ;

2°. Quatre salles consacrées aux Résidences royales ;

3°. La salle des Rois de France. Les portraits des Rois y sont rangés dans leur ordre chronologique. Ceux des princes de la première race, qui ne présentaient aucun caractère d'authenticité, ont été remplacés par des écussons avec la date de leur règne ;

4°. Deux salles contenant les tableaux-plans de plusieurs villes prises sous les règnes de Louis XIII et de Louis XIV ;

5°. Deux salles où sont placées les batailles navales et combats sur mer ;

6°. Les grands Amiraux classés par ordre de promotion ;

7°. Les Connétables de France rangés dans le même ordre ;

8°. Les Maréchaux de France ; la série des salles consacrées aux Maréchaux est interrompue par la galerie de Louis XIII, après laquelle la suite des Maréchaux recommence ;

9°. Deux salles où sont placés les guerriers célèbres.

PREMIER ÉTAGE.

1°. En partant du salon d'Hercule, qui touche au vestibule de la Chapelle, se succèdent sept salons, ayant vue sur la pièce d'eau du Dragon, et portant les noms de l'Abondance, de Vénus, de Diane, de Mars, de Mercure, d'Apollon, de la Guerre. Dans cette longue enfilade, qui formait autrefois les grands appartements de Louis XIV, est distribuée une partie des tableaux représentant les événements de son règne; la suite en est interrompue par la galerie qui porte le nom de ce Prince, et qui donne sur la terrasse du grand parterre. Cinq autres salons donnant sur la pièce d'eau des Suisses, et qui portaient autrefois les noms de salon de la Paix, chambre et salon de la Reine, salon du Grand-Couvert, salle des Gardes de la Reine, complètent l'ensemble des événements du règne de Louis XIV, en y ajoutant cependant encore quelques tableaux répartis dans les deux salles des Gardes-du-corps et des Valets-de-pied, ou placés dans d'autres séries;

2°. Au haut de l'escalier de marbre, s'ouvre la grande salle des Gardes, aujourd'hui salle de Napoléon;

3°. La salle de 1792, qui touche à l'aile du Midi;

4°. Quatre salles consacrées aux campagnes de 1793, 1794, 1795 et 1796.

5°. Une suite de pièces où sont placées les gouaches et aquarelles qui reproduisent les campagnes de nos armées depuis 1796 jusqu'à 1813;

6°. Les petits appartements de la Reine;

7° L'OEil-de-Bœuf, la chambre du lit de Louis XIV, son cabinet, et tout le reste de l'appartement royal ; la bibliothéque, le salon des Porcelaines, la salle de billard, etc., où se voient le siége de Luxembourg et la bataille de Cassano. Des portraits de Louis XIV, des Princes et princesses de sa famille, et des personnages illustres de son temps, sont distribués dans quelques-unes de ces salles ;

8° Le cabinet des gouaches du règne de Louis XV ;

9° La salle des Croisades ;

10° La salle des États-Généraux ;

L'aile du Sud comprend :

REZ-DE-CHAUSSÉE.

1° Douze salles consacrées au souvenir de Napoléon, et renfermant les tableaux qui représentent les batailles et les principaux événements politiques, depuis 1796 jusqu'en 1810.

Plus une salle de bustes et statues de Napoléon et de sa famille ; et enfin la salle de Marengo ;

2° Une galerie de bustes et statues, depuis 1789 jusqu'en 1814.

PREMIER ÉTAGE.

1°. La grande galerie des batailles, depuis Tolbiac jusqu'à Wagram.

2°. La salle de 1830 ;

3°. Une galerie de sculptures, depuis le xvie siècle jusqu'à 1789.

DEUXIÈME ÉTAGE.

Collection (1) de portraits historiques, depuis 1789 jusqu'à nos jours.

L'aile du Nord comprend :

REZ-DE-CHAUSSÉE.

1°. Une série de tableaux historiques représentant les événements les plus importants de nos annales, depuis l'origine de la monarchie jusqu'au règne de Louis XVI inclusivement.

2°. Une galerie de bustes, statues et tombeaux.

PREMIER ÉTAGE.

1°. La suite des tableaux historiques du rez-de-

(1) Cette Collection n'est pas encore arrangée.

chaussée, depuis la République jusqu'au règne de Louis-Philippe Ier.

2°. Une galerie de bustes, statues et tombeaux.

DEUXIÈME ÉTAGE.

Une galerie de portraits historiques antérieurs à 1790.

Le système des séries dans leur rapport avec les localités se trouve clairement indiqué par cette énumération. Quant à la classification, on va entrer dans quelques détails pour tâcher de la bien faire comprendre.

Le Roi a voulu réunir à Versailles tous les grands Amiraux, tous les Connétables, tous les Maréchaux de France. La collection des Amiraux était complète à l'exception de trois, créés depuis le comte de Toulouse, de qui provient cette collection. On leur a consacré, dans le corps central du palais, la première salle du rez-de-chaussée qui regarde le Midi; on les a rangés dans leur ordre de création, et avec la date de leur mort, toujours indiquée. Mais, pour les suivre dans leur succession chronologique, il est nécessaire de commencer par la droite en entrant dans la salle, et de monter de bas en haut, en ayant soin de revenir toujours sur la ligne du bas.

Quant aux Connétables et aux Maréchaux de France, il y en a deux collections distinctes : l'une en buste et l'autre en pied. La collection des Connétables et des Maréchaux en buste est complète ; on y voit tous les Connétables depuis le premier, Albéric de Montmorency, en 1060, jusqu'au dernier de tous, Lesdiguières, créé en 1622 ; tous les Maréchaux de France, depuis le premier, le Maréchal Pierre, créé par Philippe-Auguste en 1185, jusqu'au dernier, le Maréchal Grouchy, nommé en 1831 ; c'est-à-dire la série non interrompue des Maréchaux de France pendant sept siècles.

Cependant, parmi les Connétables et les Maréchaux qui appartiennent aux époques les plus reculées, il y en a un assez grand nombre dont on n'a pu retrouver les portraits, du moins avec un caractère suffisant d'authenticité ; on a imaginé alors de mettre à la place que devait occuper leur image un écusson où sont inscrits leurs noms, leurs titres, l'époque de leur nomination et la date de leur mort. Pour visiter dans leur ordre chronologique les portraits en buste des Connétables et des Maréchaux de France, il faut adopter la même marche que dans la salle des grands Amiraux. On commence par la droite en entrant, et l'œil doit chercher, en remontant toujours de bas en haut, la succession des dates marquée par celle des numéros.

Les Connétables et les Maréchaux en pied ou à cheval forment une collection à part, mais incomplète, et qui, ainsi que la première, se succède de salle en salle, suivant l'ordre chronologique.

Tel est l'ordre général suivi pour le classement des séries historiques. On trouvera à la suite de cette introduction un avis sur la meilleure manière de parcourir toutes les salles et galeries que nous avons énumérées, et qui composent le magnifique ensemble du palais de Versailles.

Il nous reste à faire une dernière observation.

L'ancienne dénomination de certains appartements aurait formé un contraste bizarre avec les tableaux qu'on y a placés; afin de concilier les anciennes traditions avec les modifications nouvelles, on a conservé à côté de la désignation moderne le nom consacré par l'usage. Ainsi on dira : Salle de 1792 (*Ancienne Salle des Cent-Suisses*); Salle de Napoléon (*Ancienne Salle des Gardes*), etc. De cette manière, les dispositions du présent seront en accord avec les souvenirs du passé, et Versailles sera présenté aux générations du XIXe siècle avec le double caractère qui a présidé à sa création sous Louis XIV, et à sa restauration sous Louis-Philippe.

ENTRÉES.	SORTIES.
1°. Au midi, par le vestibule de la cour des Princes.	1°. Au midi, par le vestibule de la cour des Princes.
2°. Au nord, par le vestibule de la cour de la Chapelle.	2°. Au midi, par le porche sud de la Cour royale.
	3°. Au nord, par le vestibule de la cour de la Chapelle.
	4°. Au nord, par le porche nord de la Cour royale.

INDICATION

DE LA MARCHE A SUIVRE POUR VISITER LE PALAIS DE VERSAILLES.

On arrive au Palais de Versailles par la Place d'Armes et la grille de la Cour royale. Au centre de cette cour se trouve la statue équestre de Louis XIV, entourée de seize statues de Français illustres.

On passe de cette cour dans celle des Princes, et on entre dans le Palais par le porche de l'escalier des Princes.

On parcourt la suite des salles situées en enfilade au rez-de-chaussée sur le jardin, et consacrées aux campagnes de Napoléon. Parvenu à la salle de Marengo qui la termine, on revient par la galerie des statues à l'escalier des Princes, que l'on monte.

Au haut de cet escalier se trouve l'entrée de la grande galerie des Batailles, que l'on parcourt jusqu'à la salle de 1830, qui la suit. On revient par la galerie des Statues, située au même étage, à l'escalier du pavillon d'Orléans, par où l'on arrive à la galerie en attique renfermant les portraits modernes. Parvenu à son extrémité, on revient sur ses pas, et l'on redescend par le même escalier au palier du premier étage de celui des Princes.

On entre dans la salle de 1792, d'où l'on passe à droite dans les appartements de l'aile vieille, consacrée aux gouaches des campagnes de Napoléon. Revenu à la salle de 1792, on parcourt les quatre salles suivantes, qui contiennent les tableaux des campagnes de 1793, 94 et 95, et l'on arrive au vestibule de l'escalier de marbre, où se trouve l'entrée des appartements particuliers du Roi.

Après en avoir traversé la première pièce, on passe à la seconde, et de là dans celle dite l'OEil-de-Bœuf. On arrive ensuite à la salle du lit de Louis XIV, au cabinet du Roi et à la salle de Louis XV, d'où l'on revient sur ses pas jusqu'à l'escalier de marbre, que l'on descend.

On traverse la Cour royale pour aller au vestibule Gabriel, où on monte l'escalier qui conduit à la salle des Croisades, et enfin à celle des Etats-Généraux.

On débouche alors sur le palier du grand escalier projeté, dont l'extrémité opposée donne entrée au salon d'Hercule. On parcourt les grands appartements du Roi et de la Reine dans tout leur développement sur le jardin, jusqu'à la salle du sacre de Napoléon inclusivement.

Ramené alors à l'escalier de marbre, on le descend de nouveau : on visite les vestibules de cet escalier ; on entre dans les appartements qui bordent la cour de marbre, et on parcourt les salles où sont placées les vues des châteaux et jardins royaux, celle où se trouve la série complète des portraits de tous les rois de France, le vestibule à colonnes de Louis XIII, la salle des tableaux-plans et celle des marines.

De là l'on revient par la Cour royale, ou si on veut par l'intérieur, aux vestibules de l'escalier de marbre, d'où l'on passe dans le petit vestibule des grands amiraux.

On parcourt, du côté du parterre, les salles des grands amiraux, des connétables, des maréchaux de France, la galerie de Louis XIII, la continuation des maréchaux et les deux salles des guerriers célèbres.

On traverse alors la voûte conduisant au vestibule du grand escalier projeté (aile Gabriel) ; on passe à gauche sous le porche, et l'on arrive au vestibule de la chapelle ; on fait le tour de la chapelle au rez-de-chaussée, puis on entre dans l'aile du Nord.

On parcourt les salles du rez-de-chaussée de cette aile, situées du côté du parc, et renfermant une série de tableaux qui représentent des événements de l'Histoire de France, depuis le règne de Clovis jusqu'à celui de Louis XVI, inclusivement.

A l'extrémité de ces salles, on monte un grand escalier dont le premier palier conduit au théâtre. Après l'avoir visité, on en sort par la même issue pour monter au premier étage de la galerie des statues donnant sur les cours intérieures, d'où l'on passe, en traversant la grande salle qui la précède, dans les tribunes de la chapelle.

Après en avoir fait le tour, on parcourt les salles du premier étage de l'aile du Nord, donnant sur le jardin, où se trouve une série de tableaux historiques, commençant à la campagne de 1792, et finissant à Louis-Philippe Ier, inclusivement.

On monte ensuite à l'étage de l'Attique, qui contient une nombreuse collection de portraits historiques antérieurs à 1789, et la série complète des médailles de l'Histoire de France. On entre dans ces salles par l'enfilade donnant sur le jardin ; on revient ensuite par la galerie donnant sur les cours jusqu'au grand escalier qu'on redescend jusqu'à la galerie des statues du rez-de-chaussée, et l'on sort du palais par le vestibule et le porche de la chapelle.

PEINTURE.

PREMIÈRE PARTIE.
SUJETS.

PALAIS DE VERSAILLES.

PEINTURE.

PREMIÈRE PARTIE.

SUJETS.

1. **BATAILLE DE TOLBIAC** (496).
Par M. ARY SCHEFFER en 1837.
Aile du midi, premier étage, galerie des Batailles, n° 137.

2. **BAPTÊME DE CLOVIS** (25 oct. 496).
Par M. DEJUINNE en 1837.
Aile du nord, rez-de-chaussée, salle n° 5.

3. **ENTRÉE TRIOMPHALE DE CLOVIS A TOURS** (508).

Par M. Robert Fleury en 1837.
Aile du nord, rez-de-chaussée, salle n° 5.

4. **CHAMP-DE-MARS** (615).

Assemblée tenue à Bonneuil-sur-Marne, par Clotaire II.

Par M. Alaux en 1837.
Partie centrale, premier étage, salle des États-Généraux, n° 129.

5. **FUNÉRAILLES DE DAGOBERT A SAINT-DENIS** (janv. 638).

Par M. Tassaert en 1837.
Aile du nord, rez-de-chaussée, salle n° 5.

6. **BATAILLE DE TOURS** (oct. 732).

Par M. Steuben en 1837.
Aile du midi, premier étage, galerie des Batailles, n° 137.

7. **SACRE DE PÉPIN-LE-BREF** (28 juill. 754).

Par M. François Dubois en 1837.
Aile du nord, rez-de-chaussée, salle n° 5.

8. **CHAMP-DE-MAI** (août 767).

Pépin-le-Bref propose aux Francs les moyens d'achever la guerre contre Waifer, duc d'Aquitaine.

Par M. Alaux en 1837.
Partie centrale, premier étage, salle des États-Généraux, n° 129.

9. CHARLEMAGNE TRAVERSE LES ALPES (773).

Par M. Eugène Roger en 1837.

Aile du nord, rez-de-chaussée, salle n° 5.

10. CHARLEMAGNE COURONNÉ ROI D'ITALIE (774).

Par M. Jacquand en 1837.

Aile du nord, rez-de-chaussée, salle n° 5.

11. CHARLEMAGNE DICTE LES CAPITULAIRES.

Par M. Ary Scheffer en 1829.

Aile du nord, rez-de-chaussée, salle n° 5.

12. ALCUIN PRÉSENTÉ A CHARLEMAGNE (780).

Par Jules Laure en 1837, d'après le plafond de M. Schnetz, au Louvre.

Aile du nord, rez-de-chaussée, salle n° 5.

13. CHARLEMAGNE REÇOIT A PADERBORN LA SOUMISSION DE WITIKIND (785).

Par M. Ary Scheffer en 1836.

Aile du midi, premier étage, galerie des Batailles, n° 137.

14. CHARLEMAGNE ASSOCIE A L'EMPIRE SON FILS LOUIS-LE-DÉBONNAIRE (août 813).

Par M. Alaux en 1837.

Partie centrale, premier étage, salle des États-Généraux, n° 129.

15. BATAILLE DE FONTENAY EN AUXERROIS (25 juin 841).

Par M. Tony Johannot en 1837.
Aile du nord, rez-de-chaussée, salle n° 5.

16. COMBAT DE BRISSARTHE (25 juill. 866).
Mort de Robert-le-Fort.

Par M. Lehmann en 1837.
Aile du nord, rez-de-chaussée, salle n° 5.

17. BATAILLE DE SAUCOURT EN VIMEU (juil. 880).

Par M. Dassy en 1837.
Aile du nord, rez-de-chaussée, salle n° 5.

18. EUDES, COMTE DE PARIS, FAIT LEVER LE SIÉGE DE PARIS (888).

Par M. Schnetz en 1837.
Aile du midi, premier étage, galerie des Batailles, n° 137.

19. LOTHAIRE DÉFAIT L'EMPEREUR OTHON II SUR LES BORDS DE L'AISNE (oct. 978).

Par M. Durupt en 1837.
Aile du nord, rez-de-chaussée, salle n° 5.

20. HUGUES CAPET PROCLAMÉ ROI DE FRANCE PAR LES GRANDS DU ROYAUME (mai 987).

Par M. Alaux en 1837.
Partie centrale, premier étage, salle des États-Généraux, n° 129.

PEINTURE. 29

21. LEVÉE DU SIÉGE DE SALERNE (1000).

Par M.

Partie centrale, premier étage, salle des Croisades, n° 128.

22. BATAILLE DE CIVITELLA (18 juin 1053).

Par M.

Partie centrale, premier étage, salle des Croisades, n° 128.

23. COMBAT DE CÉRAMO (1061).

Par M.

Partie centrale, premier étage, salle des Croisades, n° 128.

24. HENRI DE BOURGOGNE REÇOIT L'INVESTITURE DU COMTÉ DE PORTUGAL (1094).

Par M.

Partie centrale, premier étage, salle des Croisades, n° 128.

25. PRÉDICATION DE LA PREMIÈRE CROISADE, A CLERMONT EN AUVERGNE (nov. 1095).

Par M.

Partie centrale, premier étage, salle des Croisades, n° 128.

26. ADOPTION DE GODEFROY DE BOUILLON PAR L'EMPEREUR ALEXIS COMNÈNE (1097).

Par M.

Partie centrale, premier étage, salle des Croisades, n° 128.

27. BATAILLE SOUS LES MURS DE NICÉE (1097).
Peint par M.

Partie centrale, premier étage, salle des Croisades, n° 128.

28. PRISE D'ANTIOCHE PAR LES CROISÉS (3 juin 1098).
Par M.

Partie centrale, premier étage, salle des Croisades, n° 128.

29. PRISE DE JÉRUSALEM PAR LES CROISÉS (15 juill. 1099).
Par M.

Partie centrale, premier étage, salle des Croisades, n° 128.

30. GODEFROY DE BOUILLON ÉLU ROI DE JÉRUSALEM (23 juill. 1099).
Par M.

Partie centrale, premier étage, salle des Croisades, n° 128.

31. GODEFROY DE BOUILLON DÉDIE AU SAINT-SÉPULCRE LES TROPHÉES D'ASCALON (août 1099).
Par M.

Partie centrale, premier étage, salle des Croisades, n° 128.

32. AFFRANCHISSEMENT DES COMMUNES (1113).
Par M. Alaux en 1837.

Partie centrale, premier étage, salle des États-Généraux, n° 129.

33. INSTITUTION DE L'ORDRE DE SAINT-JEAN DE JÉRUSALEM (15 fév. 1113).

Par M.

Partie centrale, premier étage, salle des Croisades, n° 128.

34. LOUIS-LE-GROS PREND L'ORIFLAMME A SAINT-DENIS (1124).

Par M. JOLLIVET en 1837.

Aile du nord, rez-de-chaussée, salle n° 5.

35. PRÉDICATION DE LA DEUXIÈME CROISADE A VEZELAY EN BOURGOGNE (31 mars 1146).

Par M.

Partie centrale, premier étage, salle des Croisades, n° 128.

36. LOUIS VII FORCE LE PASSAGE DU MÉANDRE (1148).

Par M.

Partie centrale, premier étage, salle des Croisades, n° 128.

37. PHILIPPE-AUGUSTE PREND L'ORIFLAMME A SAINT-DENIS (24 juin 1190).

Par M.

Partie centrale, premier étage, salle des Croisades, n° 128.

38. SIÉGE DE PTOLÉMAÏS (juill. 1191).
Le Maréchal Albéric Clément escalade la tour maudite.

Par M.

Partie centrale, premier étage, salle des Croisades, n° 128.

39. PTOLÉMAÏS REMISE A PHILIPPE-AUGUSTE ET A RICHARD CŒUR-DE-LION (13 juill. 1191).

Par M.

Partie centrale, premier étage, salle des Croisades, n° 128.

40. PHILIPPE-AUGUSTE CITE LE ROI JEAN DEVANT LA COUR DES PAIRS (30 avril 1203).

Par M. Alaux en 1837.

Partie centrale, premier étage, salle des États-Généraux, n° 129.

41. PRISE DE CONSTANTINOPLE PAR LES CROISÉS (1204).

Par M.

Partie centrale, premier étage, salle des Croisades, n° 128.

42. BAUDOIN, COMTE DE FLANDRE, COURONNÉ EMPEREUR DE CONSTANTINOPLE (16 mai 1204).

Par M.

Partie centrale, premier étage, salle des Croisades, n° 128.

43. BATAILLE DE BOUVINES (27 juill. 1214).

Par M. Horace Vernet en 1820.

Aile du midi, premier étage, galerie des Batailles, n° 137.

44. BATAILLE DE TAILLEBOURG (21 juill. 1242).

Par M. Delacroix en 1837.

Aile du midi, premier étage, galerie des Batailles, n° 137.

45. DÉBARQUEMENT DE SAINT LOUIS EN ÉGYPTE (4 juin 1249).

Par M.

Partie centrale, premier étage, salle des Croisades, n° 128.

46. SAINT LOUIS REÇOIT A PTOLÉMAÏS LES ENVOYÉS DU VIEUX DE LA MONTAGNE (1251).

Par M.

Aile du nord, rez-de-chaussée, salle n° 5.

47. SAINT LOUIS RENDANT LA JUSTICE SOUS LE CHÊNE DE VINCENNES.

Par M. Rouget en 1827.

Aile du nord, rez-de-chaussée, salle n° 5.

48. SAINT LOUIS MÉDIATEUR ENTRE LE ROI D'ANGLETERRE ET SES BARONS (23 janv. 1264).

Par M. Rouget en 1822.

Aile du nord, rez-de-chaussée, salle n° 5.

49. MORT DE SAINT LOUIS (25 août 1270).

Par M. Rouget en 1817.

Aile du nord, rez-de-chaussée, salle n° 5.

50. PRISE DU CHATEAU DE FOIX (1272).

Par M. Saint-Evre en 1837.

Aile du nord, rez-de-chaussée, salle n° 5.

51. ÉTATS-GÉNÉRAUX DE PARIS (10 avril 1302).
(Philippe-le-Bel.)

Par M. Alaux en 1837.

Partie centrale, premier étage, salle des États-Généraux, n° 129.

52. PARLEMENT RENDU SÉDENTAIRE A PARIS (23 mars 1303).

Par M. Alaux en 1837.

Partie centrale, premier étage, salle des États-Généraux, n° 129.

53. BATAILLE DE MONS-EN-PUELLE (18 août 1304).

Par M. Champmartin en 1837.

Aile du midi, premier étage, galerie des Batailles, n° 137.

54. AFFRANCHISSEMENT DES SERFS (3 juil. 1315).

Par M. Alaux en 1837.

Partie centrale, premier étage, salle des États-Généraux, n° 129.

55. ÉTATS-GÉNÉRAUX DE PARIS (1328).
(Philippe de Valois.)

Par M. Abel de Pujol en 1837.

Partie centrale, premier étage, salle des États-Généraux, n° 137.

56. BATAILLE DE CASSEL (août 1328).

Par M. H. Scheffer en 1837.

Aile du midi, premier étage, galerie des Batailles, n° 137.

57. COMBAT DE TRENTE BRETONS CONTRE TRENTE ANGLAIS AU CHÊNE DE MI-VOYE (27 mars 1351).

Par M.

PEINTURE.

58. BATAILLE DE COCHEREL (16 mai 1364).
Par M.
Aile du midi, premier étage, galerie des Batailles, n° 137.

59. ÉTATS-GÉNÉRAUX DE PARIS (9 mai 1369).
(Charles V.)
Par M. Alaux en 1837.
Partie centrale, premier étage, salle des États-Généraux, n° 129.

60. FONDATION DE LA BIBLIOTHÈQUE DU ROI
A PARIS. (1379).
Par M. Saint-Evre en 1837.
Aile du nord, rez-de-chaussée, salle n° 6.

61. PRISE DE CHATEAUNEUF DE RANDON
ET MORT DE DUGUESCLIN (13 juill. 1380).
Par Brenet en 1777.
Aile du nord, rez-de-chaussée, salle n° 6.

62. BATAILLE DE ROSEBECQUE (27 nov. 1382).
Par M. Alf. Johannot en 1837.
Aile du nord, rez-de-chaussée, salle n° 6.

63. BATAILLE DE BEAUGÉ (22 mars 1421).
Par M. Lavauden en 1837.
Aile du nord, rez-de-chaussée, salle n° 6.

64. JEANNE D'ARC PRÉSENTÉE A CHARLES VII
(fév. 1429).
Par M. Papety en 1837, d'après M. Saint-Evre.
Aile du nord, rez-de-chaussée, salle n° 6.

65. LEVÉE DU SIÉGE D'ORLÉANS (18 mai 1429).

Par M. Henri Scheffer.

Aile du midi, premier étage, galerie des Batailles, n° 137.

66. SACRE DE CHARLES VII A REIMS (17 juill. 1429).

Par M. Vinchon en 1837.

Aile du nord, rez-de-chaussée, salle n° 6.

67. ENTRÉE DE L'ARMÉE FRANÇAISE A PARIS (13 avril 1436).

Par M. Berthelemy en 1787.

Aile du nord, rez-de-chaussée, salle n° 6.

68. RETOUR DU PARLEMENT A PARIS (1436).

Par M. Alaux en 1837.

Partie centrale, premier étage, salle des États-Généraux, n° 129.

69. BATAILLE DE BRATELEN OU DE SAINT-JACQUES (26 août 1444).

Par M. Alf. Johannot en 1837.

Aile du nord, rez-de-chaussée, salle n° 6.

70. ENTRÉE DE CHARLES VII A ROUEN (10 nov. 1449).

Par M. Decaisne en 1837.

Aile du nord, rez-de-chaussée, salle n° 6.

PEINTURE. 37

71. BATAILLE DE FORMIGNI (18 avril 1450).
Par M. Lafaye en 1837.
Aile du nord, rez-de-chaussée, salle n° 6.

72. ENTRÉE DES FRANÇAIS A BORDEAUX
(23 juin 1451).
Par M.
Aile du nord, rez-de-chaussée, salle n° 6.

73. BATAILLE DE CASTILLON (17 juill. 1453).
Par M.
Aile du midi, premier étage, galerie des Batailles, n° 137.

74. DÉFENSE DE BEAUVAIS (22 juill. 1472).
Par M. Cibot en 1837.
Aile du nord, rez-de-chaussée, salle n° 7.

75. LEVÉE DU SIÉGE DE RHODES (1480).
Par M.
Partie centrale, premier étage, salle des Croisades, n° 128.

76. ÉTATS-GÉNÉRAUX DE TOURS (15 janv. 1484).
(Charles VIII.)
Par M. Alaux en 1837.
Partie centrale, premier étage, salle des États-Généraux, n° 129.

77. MARIAGE DE CHARLES VIII ET D'ANNE DE BRETAGNE (16 déc. 1491).
Par M. Saint-Evre en 1837.
Aile du nord, rez-de-chaussée, salle n° 7.

78. ISABELLE D'ARAGON IMPLORE CHARLES VIII EN FAVEUR DE SA FAMILLE (14 oct. 1494).

Par M. Th. Fragonard en 1837, d'après le tableau d'Allori.

Aile du nord, rez-de-chaussée, salle n° 7.

79. ENTRÉE DE CHARLES VIII DANS ACQUAPENDENTE (7 déc. 1494).

Par M. Hostein en 1837, d'après le tableau de Chauvin.

Aile du nord, rez-de-chaussée, salle n° 7.

80. ENTRÉE DE CHARLES VIII A NAPLES (12 mai 1495).

Par M. Féron en 1836.

Aile du midi, premier étage, galerie des Batailles, n° 137.

81. BATAILLE DE FORNOUE (6 juill. 1495).

Par M. Féron en 1837.

Aile du nord, rez-de-chaussée, salle n° 7.

82. BATAILLE DE SÉMINARA (24 juin 1495).

Par M. Adolphe Brune en 1837.

Aile du nord, rez-de-chaussée, salle n° 7.

83. CLÉMENCE DE LOUIS XII (avril 1498).

Par Gassies en 1824.

Aile du nord, rez-de-chaussée, salle n° 7.

84. BAYARD SUR LE PONT DE GARIGLIANO (déc. 1503).

Par M. Larivière en 1837.

85. LES ÉTATS-GÉNÉRAUX DE TOURS (14 mai 1506).

(Louis XII.)

Par M. Bezard en 1836, d'après un plafond du Louvre peint par M. Drolling.

Partie centrale, premier étage, salle des États-Généraux, n° 129.

86. BATAILLE D'AIGNADEL (14 mai 1509).

Par M. Jollivet en 1837.

Aile du nord, rez-de-chaussée, salle n° 7.

87. PRISE DE BOLOGNE (21 mai 1511).

Par MM. Larivière et Naigeon en 1837.

Aile du nord, rez-de-chaussée, salle n° 7.

88. PRISE DE BRESCIA PAR GASTON DE FOIX (19 févr. 1512).

Par M. Larivière en 1837.

Aile du nord, rez-de-chaussée, salle n° 8.

89. BATAILLE DE RAVENNE (11 avril 1512)

Par M. Ary Scheffer en 1824.

Aile du nord, rez-de-chaussée, salle n° 8.

90.   FRANÇOIS Ier TRAVERSE LES ALPES
(10 août 1515).

Par M. Monsiau en 1816.
Aile du nord, rez-de-chaussée, salle n° 8.

91. FRANÇOIS 1er LA VEILLE DE LA BATAILLE DE MARIGNAN   (12 sept. 1515).

Par M. Mulard en 1817.
Aile du nord, rez-de-chaussée, salle n° 8.

92. BATAILLE DE MARIGNAN   (14 sept. 1515).

Par M. Fragonard en 1837.
Aile du midi, premier étage, galerie des Batailles, n° 137.

93. FRANÇOIS 1er ARMÉ CHEVALIER PAR BAYARD
(14 sept. 1515).

Par M. Fragonard en 1837.
Aile du nord, rez-de-chaussée, salle n° 8.

94. ENTREVUE DU CAMP DU DRAP D'OR (7 juin 1520).

Par M. Debay fils en 1837.
Aile du nord, rez-de-chaussée, salle n° 8.

95. ENTREVUE DE FRANÇOIS Ier ET DU PAPE CLÉMENT VII A MARSEILLE (13 oct. 1533).

Par M. Larivière et X. Dupré en 1837.
Aile du nord, rez-de-chaussée, salle n° 8.

96.   FRANÇOIS Ier ET CHARLES-QUINT VISITENT LES TOMBEAUX DE SAINT-DENIS (janv. 1540).

Par M. Norblin en 1837, d'après le tableau de Gros.
Aile du nord, rez-de-chaussée, salle n° 8.

97.   BATAILLE DE CÉRISOLLES (14 avril 1544).

Par M. Schnetz en 1837.
Aile du nord, rez-de-chaussée, salle n° 8.

98.   LEVÉE DU SIÉGE DE METZ (janv. 1553).

Par M. Eug. Deveria en 1837.
Aile du nord, rez-de-chaussée, salle n° 9.

99.   NAISSANCE DE HENRI IV (13 déc. 1553).

Par M. Révoil en 1817.

100.   COMBAT DE RENTY (13 août 1554).

Henri II donne le collier de son ordre au Maréchal de Tavannes.

Par Brenet en 1789.
Aile du nord, rez-de-chaussée, salle n° 9.

101.   PRISE DE CALAIS PAR LE DUC DE GUISE (9 janv. 1558).

Par M. Picot en 1837.
Aile du midi, premier étage, galerie des Batailles, n° 137.

102. PRISE DE THIONVILLE (23 juin 1558).

Par Mme HAUDEBOURT en 1837.

Aile du nord, rez-de-chaussée, salle n° 9.

103. LEVÉE DU SIÉGE DE MALTE (sept. 1565).

Par M.

Partie centrale, premier étage, salle des Croisades, n° 128.

104. INSTITUTION DE L'ORDRE DU SAINT-ESPRIT (1er janv. 1579).

Par VANLOO.

Aile du nord, rez-de-chaussée, salle n° 9.

105. ÉTATS-GÉNÉRAUX DE BLOIS (16 oct. 1588).
(Henri III.)

Par M. ALAUX en 1837.

Partie centrale, premier étage, salle des États-Généraux, n° 129.

106. BATAILLE D'IVRY (14 mars 1590).

Copie du plafond de M. STEUBEN.

Aile du nord, rez-de-chaussée, salle n° 9.

107. HENRI IV DEVANT PARIS (août 1590).

Par M. ROUGET en 1824.

Aile du nord, rez-de-chaussée, salle n° 9.

108. ENTRÉE D'HENRI IV A PARIS (22 mars 1594).

Par le Baron GÉRARD en 1817.

Aile du midi, premier étage, galerie des Batailles, n° 137.

109. HENRI IV REÇOIT DES CHEVALIERS DE L'ORDRE DU SAINT-ESPRIT (8 janv. 1595).

Par Detroy.
Aile du nord, rez-de-chaussée, salle n° 9.

110. COMBAT DE FONTAINE-FRANÇAISE (5 juin 1595).

Par M. Bruyères en 1837.
Aile du nord, rez-de-chaussée, salle n° 9.

111. ASSEMBLÉE DES NOTABLES A ROUEN (4 nov. 1596).

Par M. Rouget en 1823.
Aile du nord, rez-de-chaussée, salle n° 9.

112. SIGNATURE DU TRAITÉ DE PAIX DE VERVINS (2 mai 1598).

Par M. Saint-Evre en 1837.
Aile du nord, rez-de-chaussée, salle n° 9.

113. PRISE DU FORT DE MONTMÉLIAN (16 nov. 1600).

Par M. Édouard Odier en 1837.
Aile du nord, rez-de-chaussée, salle n° 9.

114. LES PLANS DU LOUVRE DÉPLOYÉS DEVANT HENRI IV PAR SON ARCHITECTE (vers 1609).

Par M. Garnier en 1818.

115. ÉTATS-GÉNÉRAUX DE PARIS (27 oct. 1614).
(Louis XIII.)

Par M. Alaux en 1837.

Partie centrale, premier étage, salle des États-Généraux, n° 129.

116. MARIAGE DE LOUIS XIII ET D'ANNE D'AUTRICHE (25 nov. 1615).

Par MM. Alaux et Lafaye en 1835.

Partie centrale, rez-de-chaussée, galerie Louis XIII, n° 50.

117. LEVÉE DU SIÉGE DE L'ÎLE DE RHÉ (8 nov. 1627).

Tableau du temps, commandé par le cardinal de Richelieu pour son château de Richelieu, et exécuté sur les dessins de Callot.

Partie centrale, rez-de-chaussée, salle n° 27.

118. PRISE DE LA ROCHELLE (28 oct. 1628).

Tableau du temps, commandé par le cardinal de Richelieu pour son château de Richelieu.

Partie centrale, rez-de-chaussée, salle n° 27.

119. COMBAT DU PAS DE SUZE (6 mars 1629).

Tableau du temps, commandé par le cardinal de Richelieu pour son château de Richelieu.

Partie centrale, rez-de-chaussée, salle n° 27.

120. COMBAT DU PAS DE SUZE (6 mars 1629).

Par M. Hipp. Lecomte, d'après un tableau de Claude Lorrain.

Partie centrale, rez-de-chaussée, galerie Louis XIII, n° 50.

PEINTURE.

121. PRISE DE CASAL (16 mars 1629).

Tableau du temps, commandé par le cardinal de Richelieu pour son château de Richelieu.
Partie centrale, rez-de-chaussée, salle n° 27.

122. SIÉGE DE PRIVAS (mai 1629).

Tableau du temps, commandé par le cardinal de Richelieu pour son château de Richelieu.
Partie centrale, rez-de-chaussée.

123. PRISE DE NIMES (juillet 1629).

Tableau du temps, commandé par le cardinal de Richelieu pour son château de Richelieu.
Partie centrale, rez-de-chaussée, salle n° 25.

124. PRISE DE MONTAUBAN (20 août 1629).

Tableau du temps, commandé par le cardinal de Richelieu pour son château de Richelieu.
Partie centrale, rez-de-chaussée.

125. PRISE DE PIGNEROL (30 mars 1620).

Tableau du temps, commandé par le cardinal de Richelieu pour son château de Richelieu.
Partie centrale, rez-de-chaussée, salle n° 27.

126. PRISE DE PIGNEROL (30 mars 1630).

Par M. Hipp. Lecomte en 1836.
Aile du nord, rez-de-chaussée, salle n° 10.

127. COMBAT DE VEILLANE (10 juillet 1630)

Tableau du temps, commandé par le cardinal de Richelieu pour son château de Richelieu.
Partie centrale, rez-de-chaussée, salle n° 27.

128. TRAITÉ DE RATISBONNE (13 octobre 1630).

Par MM. Alaux et Hipp. Lecomte en 1836.

Partie centrale, rez-de-chaussée, galerie Louis XIII, n° 50.

129. LEVÉE DU SIÉGE DE CASAL (26 oct. 1630).

Tableau du temps, commandé par le cardinal de Richelieu pour son château de Richelieu.

Partie centrale, rez-de-chaussée, salle n° 27.

130. RÉCEPTION DES CHEVALIERS DU SAINT-ESPRIT A FONTAINEBLEAU (5 mai 1633).

Par MM. Alaux et Lafaye en 1835.

Partie centrale, rez-de-chaussée, galerie Louis XIII, n° 50.

131. FONDATION DE L'ACADÉMIE FRANÇAISE (1634).

Par MM. Alaux et Hipp. Lecomte en 1837.

Partie centrale, rez-de-chaussée, galerie Louis XIII, n° 50.

132. BATAILLE D'AVEIN (20 mai 1635).

Tableau du temps, commandé par le cardinal de Richelieu pour son château de Richelieu.

Partie centrale, rez-de-chaussée, galerie Louis XIII, n° 50.

133. PRISE DE SAVERNE (19 juin 1636).

Par M. Eug. Devéria en 1837.

Aile du nord, rez-de-chaussée, salle n° 10.

134. PRISE DE LANDRECIES (26 juill. 1637).

Par M. Hipp. Lecomte en 1836.

Aile du nord, rez-de-chaussée, salle n° 10.

135. PRISE DU CATELET (8 sept. 1638).

Par M. Hipp. Lecomte en 1836.

Aile du nord, rez-de-chaussée, salle n° 10.

136. SIÉGE D'ARRAS (13 mai 1640).

Investissement de la Place.

Tableau du temps.

Partie centrale, rez-de-chaussée, salle n° 26.

137. COMBAT NAVAL DE SAINT-VINCENT (22 juill. 1640).

Par M.

Aile du midi.

138. LE POUSSIN PRÉSENTÉ A LOUIS XIII (1640).

Par M. Lafaye en 1836, d'après un plafond du Louvre par M. Alaux.

Partie centrale, rez-de-chaussée, galerie Louis XIII, n° 50.

139. SIÉGE D'AIRE (an 1641).

Investissement de la Place.

Tableau du temps.

Partie centrale, rez-de-chaussée, salle n° 26.

140. PRISE DE COLLIOURE (13 avril 1642).

Par M. Hipp. Lecomte en 1836.

Aile du nord, rez-de-chaussée, salle n° 10.

141.   SIÉGE DE PERPIGNAN   (1642).

Investissement de la Place.

Tableau du temps.

Partie centrale, rez-de-chaussée, salle n° 26.

142.   PRISE DE PERPIGNAN   (5 sept. 1642).

Tableau du temps, commandé par le cardinal de Richelieu pour son château de Richelieu.

Partie centrale, rez-de-chaussée, salle n° 27.

143.   PRISE DE PERPIGNAN   (5 sept. 1642).

Par MM. Alaux et Hipp. Lecomte en 1836.

Aile du nord, rez-de-chaussée, salle n° 10.

144.   PRISE DE LÉRIDA   (7 oct. 1642).

Par M. Hipp. Lecomte en 1837.

Aile du nord, rez-de-chaussée, salle n° 10.

145.   LE CARDINAL DE RICHELIEU FAIT DON DU PALAIS-ROYAL A LOUIS XIII (2 déc. 1642).

Par M. Hipp. Lecomte, d'après le tableau original de M. Drolling, fait en 1823, et placé dans la galerie du Palais-Royal.

Partie centrale, rez-de-chaussée, galerie Louis XIII, n° 50.

146.   BATAILLE DE ROCROY   (19 mai 1643).

Ordre de Bataille.

Par M. Oscar Gué en 1835, d'après un tableau de la galerie de Chantilly par Martin.

Aile du nord, rez-de-chaussée, salle n° 10.

147. BATAILLE DE ROCROY (19 mai 1643).

Par M. Jouy en 1836, d'après un tableau de la galerie de Chantilly, par Martin.

Aile du nord, rez-de-chaussée, salle n° 10.

148. BATAILLE DE ROCROY (19 mai 1643).

Par M. Schnetz en 1823.

Partie centrale, rez-de-chaussée, galerie Louis XIII, n° 50.

149. BATAILLE DE ROCROY (19 mai 1643).

Par M. Heim en 1837.

Aile du midi, premier étage, galerie des Batailles, n° 137.

150. PRISE DE BINCH (1643).

Par M.

151. SIÉGE DE THIONVILLE (22 août 1643).

Par M.

Aile du nord, rez-de-chaussée, salle n° 10.

152. PRISE DE THIONVILLE (22 août 1643).

Par M.

Aile du nord, rez-de-chaussée, salle n° 10.

153. COMBAT NAVAL DE CARTHAGÈNE (3 sept. 1643).

Par M.
Aile du midi.

154. SIÉGE DE SIERCK (4 sept. 1643).

Par M.

Aile du nord, rez-de-chaussée, salle n° 10.

155. PRISE DE SIERCK (4 sept. 1643).

Par M. Jouy en 1836, d'après un tableau de la galerie de Chantilly, par Martin.

Aile du nord, rez-de-chaussée, salle n° 10.

156. SIÉGE DE TRIN DANS LE MONT-FERRAT (23 sept. 1643).

Par M. Louis Dupré en 1837.

Aile du nord, rez-de-chaussée, salle n° 10.

157. PRISE DE ROTTWEIL (WURTEMBERG) (19 nov. 1643).

Par M.

158. BATAILLE DE FRIBOURG (août 1644).

Par M. Lafaye en 1836, d'après un tableau de la galerie de Chantilly, par Martin.

Aile du nord, rez-de-chaussée, salle n° 10.

159. PRISE DE DOURLACH (août 1644).

Par M. Lafaye, d'après un tableau de la galerie de Chantilly, par Martin.

Aile du nord, rez-de-chaussée, salle n° 10.

160.   PRISE DE BADEN   (août 1644).

Par M.

Aile du nord, rez-de-chaussée, salle n° 10.

161.   PRISE DE LICHTENAU   (août 1644).

Par M. Lafaye en 1835, d'après un tableau de la galerie de Chantilly, par Martin.

Aile du nord, rez-de-chaussée, salle n° 10.

162.   REDDITION DE SPIRE   (29 août 1644).

Par M. Gallait en 1836, d'après un tableau de la galerie de Chantilly, par Martin.

Aile du nord, rez-de-chaussée, salle n° 11.

163.   SIÉGE DE PHILIPSBOURG (12 sept. 1644).

Par M. Lafaye en 1836, d'après un tableau de la galerie de Chantilly, par Martin.

Aile du nord, rez-de-chaussée, salle n° 10.

164.   PRISE DE WORMS   (sept. 1644).

Par M. Gallait en 1836, d'après un tableau de la galerie de Chantilly, par Martin.

Aile du nord, rez-de-chaussée, salle n° 11.

165.   PRISE D'OPPENHEIM   (sept. 1644).

Par M. Hipp. Lecomte en 1836, d'après un tableau de la galerie de Chantilly, par Martin.

Aile du nord, rez-de-chaussée, salle n° 11.

166. REDDITION DE MAYENCE (17 sept. 1644).

Par M. Hipp. Lecomte en 1836, d'après un tableau de la galerie de Chantilly, par Martin.

Aile du nord, rez-de-chaussée, salle n° 11.

167. REDDITION DE BINGEN (sep. 1644).

Par M. Hipp. Lecomte en 1836, d'après un tableau de la galerie de Chantilly, par Martin.

Aile du nord, rez-de-chaussée, salle n° 11.

168. PRISE DE BACCHARACH (1644).

Par M. Hipp. Lecomte en 1836, d'après le tableau de la galerie de Chantilly, par Martin.

Aile du nord, rez-de-chaussée, salle n° 11.

169. PRISE DE CREUTZNACH (1644).

Par M. Hipp. Lecomte en 1836, d'après le tableau de la galerie de Chantilly, par Martin.

Aile du nord, rez-de-chaussée, salle n° 11.

170. PRISE DE LANDAU (28 sept. 1644).

Par M. Jouy en 1836, d'après un tableau de la galerie de Chantilly, par Martin.

Aile du nord, rez-de-chaussée, salle n° 11.

171. PRISE DE NEUSTADT (1644).

Par M. Gallait en 1836, d'après un tableau de la galerie de Chantilly, par Martin.

Aile du nord, rez-de-chaussée, salle n° 11.

172. **BATAILLE DE LIORENS** (22 juill 1645).

Par M.

Aile du nord, rez-de-chaussée, salle n° 10.

173. **SIÉGE ET PRISE DE ROTTEMBOURG** (1645).

Par M. Renoux en 1836, d'après un tableau de la galerie de Chantilly, par Martin.

Aile du nord, rez-de-chaussée, salle n° 11.

174. **BATAILLE DE NORDLINGEN** (3 août 1645).
Ordre de Bataille.

Par M.

Aile du nord, rez-de-chaussée, salle n° 11.

175. **BATAILLE DE NORDLINGEN.**

Par M. Renoux, d'après un tableau de la galerie de Chantilly, par Martin.

Aile du nord, rez-de-chaussée, salle n° 11.

176. **BATAILLE DE NORDLINGEN.**

Par M. Hipp. Lecomte, d'après un tableau de la galerie de Chantilly, par Martin.

Partie centrale, rez-de-chaussée, galerie Louis XIII, n° 50.

177. **REDDITION DE NORDLINGEN** (août 1645).

Par M. Renoux en 1836, d'après un tableau de la galerie de Chantilly, par Martin.

Aile du nord, rez-de-chaussée, salle n° 11.

178. REDDITION DE DINKELSBUHL (août 1645).

Par M. Renoux en 1836, d'après un tableau de la galerie de Chantilly, par Martin.

_{Aile du nord, rez-de-chaussée, salle n° 11.}

179.   SIÉGE DE COURTRAY   (28 juin 1646).

Par M. Pingret en 1836, d'après un tableau de la galerie de Chantilly, par Martin.

_{Aile du nord, rez-de-chaussée, salle n° 11.}

180.   SIÉGE DE COURTRAY   (28 juin 1646).

Par Vandermeulen.

_{Aile du nord, rez-de-chaussée, salle n° 10.}

181.   SIÉGE DE BERGUES-SAINT-WINOX (31 juill. 1646).

Par M. Bruyères en 1836, d'après un tableau de la galerie de Chantilly, par Martin.

_{Aile du nord, rez-de-chaussée, salle n° 11.}

182.   SIÉGE DE MARDICK   (23 août 1646).

Par M. Bruyères en 1836, d'après un tableau de la galerie de Chantilly, par Martin.

_{Aile du nord, rez-de-chaussée, salle n° 11.}

183.   PRISE DE FURNES   (4 sept. 1646).

Par M. Jouy en 1836, d'après un tableau de la galerie de Chantilly, par Martin.

_{Aile du nord, rez-de-chaussée, salle n° 11.}

184.   SIÉGE DE DUNKERQUE   (sept. 1646).
Investissement de la place.

Par M.

Partie centrale, rez-de-chaussée, salle n° 26.

185. REDDITION DE DUNKERQUE (12 octob. 1646).

Par M. Jouy en 1836, d'après un tableau de la galerie de Chantilly, par Martin.

Aile du nord, rez-de-chaussée, salle n° 11.

186. PRISE D'AGER EN CATALOGNE (sept. 1647).

Par M. Pingret en 1836, d'après un tableau de la galerie de Chantilly, par Martin.

Aile du nord, rez-de-chaussée, salle n° 11.

187. SIÉGE DE CONSTANTINE LEVÉ PAR L'ARMÉE ESPAGNOLE   (sept. 1647).

Par M. Pingret en 1836, d'après un tableau de la galerie de Chantilly, par Martin.

Aile du nord, rez-de-chaussée, salle n° 11.

188.   BATAILLE DE LENS   (20 août 1648).

Par M. Pierre Franque en 1837.

Aile du midi, premier étage, galerie des Batailles, n° 137.

189.   BATAILLE DE LENS   (20 août 1648).

Par M. Bruyères en 1835, d'après un tableau de la galerie de Chantilly, par Martin.

Aile du nord, rez-de-chaussée, salle n° 11.

190. TRAITÉ DE PAIX DE MUNSTER (24 oct. 1648).

Par M. Jacquand en 1837, d'après le tableau de Terburg.

191. BATAILLE DE RHÉTEL (15 déc. 1650).

Par M. Dupressoir en 1836.

Aile du nord, rez-de-chaussée, salle n° 12.

192. SACRE DE LOUIS XIV, A REIMS (7 juin 1654).

Par Ph. de Champaigne vers 1666.

Partie centrale, premier étage, salon de Mars, n° 95.

193. LOUIS XIV REÇOIT CHEVALIER DE L'ORDRE DU SAINT-ESPRIT SON FRÈRE, ALORS DUC D'ANJOU (MONSIEUR), DEPUIS DUC D'ORLÉANS (8 juin 1654).

Par M. X. Dupré en 1836, d'après un tableau de Philippe de Champaigne en 1665.

Aile du nord, rez-de-chaussée, salle n° 10.

194. SIÉGE DE STENAY (6 août 1654).

Par M. Dupressoir en 1836.

Aile du nord, rez-de-chaussée, salle n° 12.

195. ARRAS SECOURU (août 1654).

Prise du mont Saint-Éloy.

Par M. Dupressoir en 1836.

Aile du nord, rez-de-chaussée, salle n° 12.

PEINTURE.

196. ARRAS SECOURU PAR L'ARMÉE DU ROI, ET LEVÉE DU SIÉGE   (25 août 1654).

Par M. Hipp. Lecomte en 1835.

Partie centrale, rez-de-chaussée, galerie Louis XIII, n° 50.

197.   PRISE DU QUESNOI   (6 sept. 1654).

Par M. Dupressoir en 1835.

Aile du nord, rez-de-chaussée, salle n° 12.

198. PRISE DE LA VILLE DE CADAQUÈS (CATALOGNE)   (28 mai 1655).

Par M. Dupressoir en 1836.

Aile du nord, rez-de-chaussée, salle n° 12.

199.   COMBAT NAVAL DE BARCELONE   (29 sept. 1655).

Par M.

Aile du midi.

200. SIÉGE ET PRISE DE MONTMEDY (6 août 1657).

Par M.

Aile du nord, rez-de-chaussée, salle n° 10.

201.   BATAILLE DES DUNES   (14 juin 1658).
Ordre de Bataille.

Par M.

Partie centrale, rez-de-chaussée, salle n° 26.

202.   SIÉGE DE DUNKERQUE, BATAILLE DES DUNES   (14 juin 1658).

Par M. Larivière en 1837.

Aile du midi, premier étage, galerie des Batailles, n° 137.

203. LE ROI ENTRE A DUNKERQUE (26 juin 1658).

Tableau du temps, d'après Vandermeulen et Lebrun, vers 1670.

Partie centrale, rez-de-chaussée, galerie Louis XIII, n° 50.

204. PRISE DE GRAVELINES (30 août 1658).

Par M.

Aile du nord, rez-de-chaussée, salle n° 26.

205. ARRIVÉE D'ANNE D'AUTRICHE ET DE PHILIPPE IV DANS L'ÎLE DES FAISANS (2 juin 1660).

Par M.

Partie centrale, rez-de-chaussée, salle n° 26.

206. ENTREVUE DE LOUIS XIV ET DE PHILIPPE IV DANS L'ÎLE DES FAISANS (7 juin 1660).

Par M.

Partie centrale, rez-de-chaussée, galerie Louis XIII, n° 50.

207. MARIAGE DE LOUIS XIV ET DE MARIE-THÉRÈSE D'AUTRICHE (9 juin 1660).

Tableau du temps, d'après Ch. Lebrun.

Partie centrale, premier étage, salon de Mars, n° 95.

208. MAZARIN PRÉSENTE COLBERT A LOUIS XIV (mai 1661).

Par M. Lafaye en 1836, d'après un tableau de M. Schnetz.

Partie centrale, rez-de-chaussée, galerie Louis XIII, n° 50.

PEINTURE.

209. RÉPARATION FAITE AU ROI
AU NOM DE PHILIPPE IV, ROI D'ESPAGNE,
PAR LE COMTE DE FUENTES (24 mars 1662).

Tableau du temps, d'après Ch. Lebrun.

Partie centrale, rez-de-chaussée, galerie Louis XIII, n° 50.

210. LES CLEFS DE MARSAL REMISES AU ROI
(1er sept. 1663).

Tableau du temps, d'après Ch. Lebrun.

Partie centrale, premier étage, salon de Mercure, n° 96.

211. LE ROI REÇOIT LES AMBASSADEURS
DES TREIZE CANTONS SUISSES (nov. 1663).

Par VANDERMEULEN, vers 1672.

Partie centrale, premier étage, salle dite des Gardes-du-Corps du Roi, n° 108.

212. RENOUVELLEMENT D'ALLIANCE
ENTRE LA FRANCE ET LES CANTONS SUISSES
(18 nov. 1663).

Par PIERRE SÈVE en 1670, et M. PIERRE FRANQUE en 1836, d'après Lebrun.

Partie centrale, premier étage, salon de Mercure, n° 96.

213. RÉPARATION FAITE AU ROI
AU NOM DU PAPE ALEXANDRE VII,
PAR LE CARDINAL CHIGI, SON NEVEU (28 juill. 1664).

Par M. ZIÉGLER en 1835, d'après une tapisserie du temps, faite sur les dessins de Lebrun.

Partie centrale, rez-de-chaussée, galerie Louis XIII, n° 50.

214. COMBAT NAVAL DE LA GOULETTE
(24 juin 1665).
Par M.
Aile du midi.

215. FONDATION DE L'OBSERVATOIRE (1667).
Colbert présente au Roi les membres de l'Académie des Sciences.
Tableau du temps, d'après Ch. Lebrun.
Partie centrale, premier étage, salon de Mercure, n° 96.

216. PRISE DE CHARLEROI (2 juin 1667).
Par VANDERMEULEN.

217. PRISE D'ATH (16 juin 1667).
Par VANDERMEULEN.

218. L'ARMÉE DU ROI CAMPÉE DEVANT TOURNAY
(21 juin 1667).
Tableau du temps par VANDERMEULEN.
Partie centrale, premier étage, salon de l'Abondance, n° 92.

219. SIÉGE DE TOURNAY (21 juin 1667).
Par LEBRUN et VANDERMEULEN.
Partie centrale, premier étage, salon d'Apollon, n° 97.

220. SIÉGE DE TOURNAY (21 juin 1667).
Par BONNARD, d'après Vandermeulen et Lebrun.
Partie centrale, premier étage, salle dite des Valets de pied, n° 107.

PEINTURE.

221. SIÉGE DE DOUAY (4 juill. 1667).

Par Vandermeulen vers 1670.

Aile du nord, rez-de-chaussée, salle n° 11.

222. SIÉGE DE DOUAY (4 juill. 1667).

Par Lebrun et Vandermeulen vers 1669.

Partie centrale, premier étage, salon d'Apollon, n° 97.

223. PRISE DE COURTRAY (18 juill. 1667).

Par M.

Aile du nord, rez-de-chaussée, salle n° 10.

224. SIÉGE D'OUDENARDE (30 juill. 1667).

Par Vandermeulen vers 1669.

Aile du nord, rez-de-chaussée, salle n° 11.

225. ENTRÉE DE LOUIS XIV ET DE LA REINE MARIE-THÉRÈSE A ARRAS (août 1667).

Par Vandermeulen vers 1668.

Aile du nord, rez-de-chaussée, salle n° 10.

226. ENTRÉE DE LOUIS XIV ET DE LA REINE MARIE-THÉRÈSE A DOUAY (août 1667).

Par Vandermeulen vers 1667.

Partie centrale, premier étage, salle dite des Valets de pied, n° 107.

227. ENTRÉE DE LOUIS XIV ET DE LA REINE MARIE-THÉRÈSE A DOUAY (août 1667).

D'après Vandermeulen.

Partie centrale, premier étage, salon d'Apollon, n° 97.

228.   SIÉGE DE LILLE   (août 1667).

Par Vandermeulen en 1667.

Partie centrale, premier étage, salle dite des Gardes-du-corps, n° 108.

229.   SIÉGE DE LILLE   (août 1667).

Par Vandermeulen vers 1668.

Partie centrale, premier étage, salon de l'Abondance, n° 92.

230.   SIÉGE DE LILLE   (août 1667).

Par M. Pierre Franque en 1836, d'après Vandermeulen et Lebrun.

Partie centrale, premier étage, salon de la Reine, n° 101.

231.   SIÉGE DE LILLE   (août 1667).

Par Vandermeulen vers 1668.

Aile du nord, rez-de-chaussée, salle n° 12.

232.   COMBAT PRÈS DU CANAL DE BRUGES
     (août 1667).

Tableau du temps, esquisse par Vandermeulen.

Partie centrale, premier étage, salle dite des Gardes-du-corps, n° 108.

233.   COMBAT PRÈS DU CANAL DE BRUGES
     (août 1667).

Tableau du temps, par Vandermeulen et Charles Lebrun.

Partie centrale, premier étage, appartement de la Reine, n° 101.

234. COMBAT PRÈS DU CANAL DE BRUGES (août 1667).

Tableau du temps, par Vandermeulen.

235. PRISE DE BESANÇON (6 fév. 1668).

Par M. Lafaye en 1836, d'après un tableau de la galerie de Chantilly, par Martin.

Aile du nord, rez-de-chaussée, salle n° 12.

236. PRISE DE DÔLE (14 fév. 1668).

Par Vandermeulen vers 1668.

Partie centrale, premier étage, salle dite des Gardes-du-corps, n° 108.

237. PRISE DE DÔLE (14 fév. 1668).

Par Vandermeulen.

Aile du nord, rez-de-chaussée, salle n° 10.

238. PRISE DE DÔLE (14 fév. 1668).

Tableau du temps par Testelin, d'après Vandermeulen.

Partie centrale, premier étage, appartement de la Reine, n° 101.

239. PRISE DE GRAY (17 fév. 1668).

Par M. Lafaye en 1836.

Aile du nord, rez-de-chaussée, salle n° 12.

240. PRISE DU CHATEAU DE SAINTE-ANNE (fév. 1668).

Par M. Lafaye en 1836, d'après un dessin du temps.

Aile du nord, rez-de-chaussée, salle n° 12.

241. BAPTÊME DE LOUIS DE FRANCE, DAUPHIN, FILS DE LOUIS XIV (24 mars 1668).

Tableau du temps, par Dieu, d'après Ch. Lebrun.

Partie centrale, premier étage, salon de la Reine, n° 102.

242. LE ROI VISITE LA MANUFACTURE DES GOBELINS.

Tableau du temps, d'après Ch. Lebrun.

Partie centrale, premier étage, salon de la Reine, n° 102.

243.   PRISE D'ORSOY   (3 juin 1672).

Tableau du temps, par Martin, d'après Vandermeulen.

Partie centrale, premier étage, salle dite des Valets de pied, n° 107.

244.   PRISE DE BURICK   (4 juin 1672).
245.   PRISE DE WESEL   (5 juin).

Par M. Dupressoir en 1836, d'après les dessins du temps.

Aile du nord, rez-de-chaussée, salle n° 12.

246.   PRISE DE RIMBERG   (6 juin 1672).

Par Martin vers 1680, d'après les dessins de Vandermeulen.

Partie centrale, premier étage, salle dite des Porcelaines, n° 125.

247.   PRISE D'ÉMÉRIC   (8 juin 1672).

Par M. Dupressoir en 1836, d'après les dessins du temps.

Aile du nord, rez-de-chaussée, salle n° 12.

248. PRISE DE RÉES (8 juin 1672).

Par Martin vers 1680, d'après les dessins de Vandermeulen.

Partie centrale, premier étage, salle dite des Porcelaines, n° 125.

249. PRISE DE SANTEN (8 juin 1672).

Par Martin, d'après les dessins de Vandermeulen.

Partie centrale, premier étage, salle de Billard, n° 126.

250. COMBAT NAVAL DE SOLSBAYE (7 juin 1672).

Par M.

Aile du midi.

251. PASSAGE DU RHIN (12 juin 1672).

Par M. Pierre Franque en 1835, d'après une ébauche de Ch. Lebrun.

Partie centrale, premier étage, salon d'Hercule, n° 91.

252. PASSAGE DU RHIN (12 juin 1672).

Par Testelin, d'après Charles Lebrun.

Aile du nord, rez-de-chaussée, salle n° 11.

253. PASSAGE DU RHIN (12 juin 1672).

Par Vandermeulen vers 1678.

Partie centrale, premier étage, salon de Mercure, n° 96.

254. PRISE DE SCHENCK (19 juin 1672).

Par M. Dupressoir en 1836.

Aile du nord, rez-de-chaussée, salle n° 12.

255.   **PRISE DE DOESBOURG**   (21 juin 1672).
Par Martin l'aîné.
Partie centrale, premier étage, salle de Billard, n° 126.

256.   **PRISE D'UTRECHT**   (30 juin 1672).
Par Bonnard, d'après Vandermeulen.
Partie centrale, premier étage, salle dite des Valets de pied, n° 107.

257.   **PRISE DE NIMÈGUE**   (9 juill. 1672).
Par M. Pingret en 1837.
Aile du nord, rez-de-chaussée, salle n° 12.

258.   **PRISE DE GRAVE**   (14 juill. 1672).
Par Bonnard, d'après Vandermeulen.
Partie centrale, premier étage, salon de Mars, n° 95.

259.   **PRISE DE NAERDEN**   (20 juill. 1672).
Par Martin, d'après Vandermeulen.
Partie centrale, salle des Porcelaines, n° 125.

260.   **SIÉGE DE MAESTRICHT**   (mai 1673).
Investissement de la place.
Tableau du temps.
Partie centrale, rez-de-chaussée, salle n° 26.

261.   **SIÉGE DE MAESTRICHT**   (29 juin 1673).
Par Vandermeulen.
Aile du nord, rez-de-chaussée, salle n° 12.

262.   **PRISE DE MAESTRICHT**   (29 juin 1673).
Par Parrocel.
Partie centrale, premier étage, salle de Billard, n° 126.

263. **PRISE DE GRAY (FRANCHE-COMTÉ)**
(28 fév. 1674).

Par Vandermeulen vers 1675.
Partie centrale, premier étage, salle dite des Valets de pied, n° 107.

264. **PRISE DE BESANÇON** (15 mai 1674).
Par Vandermeulen.

265. **PRISE DE DÔLE** (6 juin 1674).
Par Vandermeulen vers 1675.
Partie centrale, premier étage, salle dite des Valets de pied, n° 107.

266. **COMBAT DE SINTZHEIM** (16 juin 1674).
Par M. Pingret en 1837.
Aile du nord, rez-de-chaussée, salle n° 12.

267. **PRISE DE SALINS** (22 juin 1674).
Par Vandermeulen vers 1678.
Partie centrale, premier étage, salle dite des Valets de pied, n° 107.

268. **PRISE DU FORT DE JOUX** (juin 1674).
Par Vandermeulen vers 1678.
Partie centrale, premier étage, salle dite des Valets de pied, n° 107.

269. **BATAILLE DE SENEFF** (11 août 1674).
Ordre de Bataille.
Par M.
Partie centrale, rez-de-chaussée, salle n° 26.

270. BATAILLE DE SENEFF (11 août 1674).

Par M. Dupressoir en 1836.

Aile du nord, rez-de-chaussée, salle n° 12.

271. LEVÉE DU SIÉGE D'OUDENARDE (sept. 1674).

Tableau du temps.

Partie centrale, rez-de-chaussée, salle n° 26.

272. BATAILLE D'EINSHEIM (4 oct. 1674).

Ordre de Bataille.

Par M.

Partie centrale, rez-de-chaussée, salle n° 26.

273. ÉTABLISSEMENT DE L'HÔTEL ROYAL DES INVALIDES.

Par Ch. Lebrun et Dulin vers 1675.

Partie centrale, premier étage, salon de la Reine, n° 102.

274. PRISE DE MESSINE (11 fév. 1675).

Par M.

Aile du midi.

275. ENTRÉE DE LOUIS XIV A DINANT (PAYS-BAS) (23 mai 1775).

Par Vandermeulen.

Aile du nord, rez-de-chaussée, salle n° 12.

276. PRISE DE HUY.

Par M. Pingret.

Aile du nord, rez-de-chaussée, salle n° 12.

277.   SIÉGE ET PRISE DE LIMBOURG.

Par Vandermeulen.

Partie centrale, premier étage, salle dite des Valets de pied, n° 107.

278.   MORT DE TURENNE   (27 juill. 1675).

Par M. Chabord en 1819.

Aile du nord, rez-de-chaussée, salle n° 12.

279.   PRISE D'AUGUSTA   (23 août 1675).

Par M.

Aile du midi.

280. COMBAT NAVAL D'AUGUSTA (21 avril 1676).

Par M. L. Garneray en 1836.

Aile du midi.

281.   PRISE DE CONDÉ   (26 avril 1676).

Par Vandermeulen.

Partie centrale, premier étage, salon de l'Abondance, n° 92.

282.   PRISE DE BOUCHAIN   (12 mai 1676).

Par M. Pingret en 1836.

Aile du nord, rez-de-chaussée, salle n° 12.

283.   BATAILLE DE PALERME   (2 juin 1676).

Par M.

Aile du midi.

284. SIÉGE DE LA VILLE D'AIRE   (juill. 1676).
285. PRISE DE LA VILLE D'AIRE (31 juill. 1676).

Par Martin, d'après Vandermeulen.

Aile du nord, rez-de-chaussée, salle n° 11.

286. PRISE DE LA VILLE ET DU CHATEAU DE L'ESCALCETTE (8 nov. 1676).

Par M. RENOUX en 1836.

Aile du nord, rez-de-chaussée, salle n° 12.

287. PRISE DE CAYENNE (17 déc. 1676).

Par M.

Aile du midi.

288. SIÉGE DE VALENCIENNES (4 mars 1677).

Investissement de la place.

Par M.

Partie centrale, rez-de-chaussée, salle n° 26.

289. SIÉGE DE VALENCIENNES (16 mars 1677).

Esquisse faite sur les lieux par VANDERMEULEN, en 1677.

Partie centrale, premier étage, salle dite des Gardes-du-corps du Roi, n° 108.

290. SIÉGE DE VALENCIENNES (16 mars 1677).

Louis XIV range ses troupes en bataille pour l'attaque du chemin couvert.

Par VANDERMEULEN.

Partie centrale, premier étage, salle dite des Gardes-du-corps du Roi, n° 108.

291. SIÉGE DE VALENCIENNES (16 mars 1677)

Par M.

292. VALENCIENNES PRISE D'ASSAUT PAR LE ROI (17 mars 1677).

Par M. ALAUX en 1837.

Aile du midi, premier étage, galerie des Batailles, n° 137.

PEINTURE. 71

293.   PRISE DE LA VILLE DE CAMBRAI
(7 avril 1676).

Par Vandermeulen.

Partie centrale, premier étage, salle des Porcelaines, n° 125.

294.   SIÉGE DE SAINT-OMER.   (avril 1677).
Investissement de la place.

Par M.

Partie centrale, rez-de-chaussée, salle n° 26.

295.   BATAILLE DE CASSEL   (11 avril 1677).
Ordre de Bataille.

Par M.

Partie centrale, rez-de-chaussée, salle n° 26.

296.   BATAILLE DE CASSEL   (11 avril 1677).

Par Vandermeulen.

Partie centrale, premier étage, salle dite des Valets de pied, n° 107.

297.   BATAILLE DE CASSEL   (11 avril 1677).

Par M. Hipp. Lecomte en 1836.

Partie centrale, rez-de-chaussée, galerie Louis XIII, n° 50.

298.   BATAILLE DE CASSEL   (11 avril 1677).

Par M. Gallait en 1837, d'après une tapisserie du temps.

Aile du nord, rez-de-chaussée, salle n° 12.

299. REDDITION DE LA CITADELLE DE CAMBRAI
(18 avril 1677).

Par M. Mauzaisse en 1835, d'après l'esquisse de Testelin faite sur l'original de Vandermeulen.

Partie centrale, rez-de-chaussée, galerie Louis XIII, n° 50.

300. REDDITION DE LA CITADELLE DE CAMBRAI (18 avril 1677).

Tableau du temps par Ch. Lebrun et Vandermeulen.

Aile du nord, rez-de-chaussée, salle n° 12.

301. PRISE DE SAINT-OMER (22 avril 1677).

Esquisse faite sur les lieux par Vandermeulen.

Partie centrale, premier étage, salle dite des Gardes-du-corps, n° 108.

302. PRISE DE SAINT-OMER (22 avril 1677).

Par M. Pingret en 1836.

Aile du nord, rez-de-chaussée, salle n° 12.

303. SIÉGE DE FRIBOURG (nov. 1677).

Tableau du temps par Vandermeulen.

Partie centrale, premier étage, salon de l'Abondance, n° 92.

304. SIÉGE DE FRIBOURG (nov. 1677).

Tableau du temps par Vandermeulen.

Aile du nord, rez-de-chaussée, salle n° 10.

305. PRISE DE TABAGO (7 déc. 1677).

Par M.

Aile du midi.

306. PRISE DE GAND (12 mars 1678).

Par M. Renoux en 1836.

Aile du nord, rez-de-chaussée, salle n° 10.

307. PRISE D'YPRES (19 mars 1678).

Tableau du temps, par Vandermeulen.
Partie centrale, premier étage, salon de l'Abondance, n° 92.

308. PRISE D'YPRES (19 mars 1678).

Tableau du temps, par Martin.
Aile du nord, rez-de-chaussée, salle n° 11.

309. PRISE DE LEEWE (4 mai 1678).

Tableau du temps, par Vandermeulen.
Partie centrale, premier étage, salon de l'Abondance, n° 92.

310. PRISE DE LEEWE (4 mai 1678).

Tableau du temps, par Martin.
Aile du nord, rez-de-chaussée, salle n° 11.

311. LOUIS DE FRANCE, DUC DE BOURGOGNE, EST PRÉSENTÉ AU ROI (août 1682).

Par Antoine Dieu.
Partie centrale, premier étage, salon du Grand Couvert, n° 103.

312. BOMBARDEMENT D'ALGER PAR DUQUESNE (27 juin 1683).

Par M. Biard en 1837.
Aile du midi.

313. BOMBARDEMENT DE GÊNES (24 mai 1684).

Par M.
Aile du midi.

314.   PRISE DE LUXEMBOURG   (3 juin 1684).
Tableau du temps, par Vandermeulen.
Partie centrale, premier étage, salle de Billard, n° 126.

315.   PRISE DE LUXEMBOURG   (3 juin 1684).
Tableau du temps, par Vandermeulen.
Partie centrale, premier étage, salon de Mars, n° 95.

316. RÉPARATION FAITE AU ROI PAR LE DOGE DE GÊNES, FRANCESCO MARIA IMPERIALI (15 mai 1685).
Par Claude Guy Hallé.
Partie centrale, premier étage, salon du Grand Couvert, n° 103.

317.   PRISE DE PHILIPSBOURG (29 oct. 1688).
Par M. Renoux en 1836.
Aile du nord, rez-de-chaussée, salle n° 12.

318.   PRISE DE MANHEIM   (10 nov. 1688).
Par M. Pingret en 1837.
Aile du nord, rez-de-chaussée, salle n° 12.

319.   BATAILLE DE FLEURUS   (1er juill. 1690).
Tableau du temps, attribué à Martin.
Partie centrale, premier étage, salle dite des Valets de pied, n° 107.

320.   SIÉGE DE MONS   (avril 1691).
Investissement de la Place.
Tableau du temps.

PEINTURE. 75

321.   PRISE DE MONS   (avril 1691).
Tableau du temps.
Partie centrale, premier étage, salon de Mercure, n° 96.

322.   PRISE DE MONS   (avril 1691).
Tableau du temps, d'après Vandermeulen.
Partie centrale, premier étage, salon de Mars, n° 95.

323.   COMBAT DE LEUZE   (18 sept. 1691).
Par Parrocel.
Aile du nord, rez-de-chaussée, salle n° 12.

324.   COMBAT DE LEUZE   (18 sept. 1691).
Par Frédou, d'après Parrocel.
Partie centrale, premier étage, salle dite des Gardes-du-Corps du Roi, n° 108.

325.   SIÉGE DE NAMUR   (mai 1792).
Investissement de la Ville et des Châteaux.
Par M.
Partie centrale, rez-de-chaussée, salle n° 26.

326.   SIÉGE DE LA VILLE ET DES CHATEAUX
             DE NAMUR   (juin 1692).
Par Vandermeulen.
Partie centrale, premier étage, salon de Mars, n° 95.

327.   SIÉGE DE LA VILLE ET DES CHATEAUX
             DE NAMUR   (juin 1692).
Attribué à Vandermeulen.
Partie centrale, premier étage, salon du Grand Couvert, n° 103.

328. INSTITUTION DE L'ORDRE MILITAIRE DE SAINT-LOUIS (mai 1693).

Par Ch. Lebrun.

Partie centrale, premier étage, salle des Gardes-du-Corps du Roi, n° 108.

329. PRISE DE ROSES (9 juin 1693).

Par M. Renoux en 1836.

Aile du nord, rez-de-chaussée, salle n° 12.

330. BATAILLE DE NERWINDEN (29 juill. 1693).

Tableau du temps, attribué à Martin.

Partie centrale, premier étage, salle dite des Valets de pied, n° 107.

331. BATAILLE DE MARSAILLE (4 oct. 1693).

Par M. Eug. Deveria en 1837.

Aile du midi, premier étage, galerie des Batailles, n° 137.

332. PRISE DE CHARLEROI (11 oct. 1693).

Par Vandermeulen.

Partie centrale, premier étage, salon du Grand Couvert, n° 103.

333. PRISE DE PALAMOS (juin 1694).

Par M. Renoux en 1836.

Aile du nord, rez-de-chaussée, n° 12.

334. COMBAT NAVAL DU TEXEL (29 juin 1694).

Par M. Eug. Isabey.

Aile du midi.

335. LOUIS XIV REÇOIT LE SERMENT DE DANGEAU, GRAND MAÎTRE DE L'ORDRE DE NOTRE-DAME DU MONT CARMEL ET DE SAINT-LAZARE (18 déc. 1695).

Tableau du temps, par ANT. PEZEY.

Aile du nord, rez-de-chaussée, salle n° 12.

336. BOMBARDEMENT DE CARTHAGÈNE (mai 1697).

Par M.

Aile du midi.

337. PRISE D'ATH (5 juin 1697).

Par M.

338. MARIAGE DE LOUIS DE FRANCE, DUC DE BOURGOGNE, ET DE MARIE-ADÉLAÏDE DE SAVOIE (7 déc. 1697).

Tableau du temps, par ANT. DIEU.

Partie centrale, premier étage, salon du Grand Couvert, n° 103.

339. PHILIPPE DE FRANCE, DUC D'ANJOU, DÉCLARÉ ROI D'ESPAGNE (PHILIPPE V) (16 nov. 1700).

Par le baron GÉRARD en 1824.

Partie centrale, premier étage, salon du Grand Couvert, n° 103.

340. PRISE DE BRISSAC (6 sept. 1703).

Par M. FRANQUELIN en 1837.

Aile du nord, rez-de-chaussée, salle n° 12.

341. BATAILLE NAVALE DE MALAGA (24 juill. 1705).

Par M.

Aile du midi.

342. BATAILLE DE CASSANO (16 août 1705).

Tableau du temps.

Partie centrale, premier étage, salle de Billard, n° 126.

343. SIÉGE DE LÉRIDA (9 sept. 1707).

Investissement de la Place.

Par M.

Partie centrale, rez-de-chaussée, salle n° 26.

344. PRISE DE LÉRIDA (13 oct. 1707).

Par M. Couder en 1837.

Aile du nord, rez-de-chaussée, salle n° 12.

345. BATAILLE DE VILLAVICIOSA (10 déc. 1710).

Par M. Alaux en 1837.

Aile du midi, premier étage, galerie des Batailles, n° 137.

346. PRISE DE RIO JANEIRO (23 sept. 1711).

Par M.

Aile du midi.

347. BATAILLE DE DENAIN (24 juill. 1712).

Par M. Monvoisin en 1836.

Aile du midi, rez-de-chaussée, galerie des Batailles, n° 137.

348. CONGRÈS DE RASTADT (mars 1714).

Tableau du temps, par Rudolphe Huber.

Aile du nord, rez-de-chaussée, salle n° 12.

349. LIT DE JUSTICE DE LOUIS XV (12 sept. 1715).

Tableau du temps, par Duménil.

Aile du nord, rez-de-chaussée, salle n° 13.

350. DÉPART DU ROI APRÈS LE LIT DE JUSTICE (12 sept. 1715).

Tableau du temps, par Martin.

Aile du nord, rez-de-chaussée, salle n° 13.

351. LOUIS XV VISITE PIERRE-LE-GRAND A L'HÔTEL DE LESDIGUIÈRES (10 mai 1717).

Par M.

Aile du nord, rez-de-chaussée, salle n° 13.

352. PIERRE-LE-GRAND ET LE RÉGENT A LA REVUE DE LA MAISON MILITAIRE DU ROI (16 juin 1717).

Par M. Lestang en 1837.

Aile du nord, rez-de-chaussée, salle n° 13.

353. PRISE DE FONTARABIE (16 juin 1719).

Par M.

Aile du nord, rez-de-chaussée, salle n° 13.

PALAIS DE VERSAILLES.

354. CAMP DE L'ARMÉE FRANÇAISE
ENTRE SAINT-SÉBASTIEN ET FONTARABIE
(juin 1719).

Quartier du Prince de Conti.

Tableau du temps, par MARTIN.
Aile du nord, rez-de-chaussée, salle n° 13.

355. MÉHEMET EFFENDI, AMBASSADEUR TURC,
ARRIVE AUX TUILERIES (21 mars 1721).

Tableau du temps, par PARROCEL.
Aile du nord, rez-de-chaussée, salle n° 13.

356. MÉHEMET EFFENDI, AMBASSADEUR TURC,
ARRIVE AUX TUILERIES (21 mars 1721).

Tableau du temps, par PARROCEL.
Aile du nord, rez-de-chaussée, salle n° 13.

357. SACRE DE LOUIS XV A REIMS (25 oct. 1722).

Couronnement du Roi.

Tableau du temps, par MARTIN.
Aile du nord, rez-de-chaussée, salle n° 13.

358. SACRE DE LOUIS XV A REIMS (25 oct. 1722).

Couronnement du Roi.

Par M. SIGNOL en 1837.
Partie centrale, premier étage, salle n° 117.

359. SACRE DE LOUIS XV A REIMS.
Cavalcade du Roi.

Par M.
Aile du nord, rez-de-chaussée, salle n° 13.

PEINTURE. 81

360. MARIAGE DE LOUIS XV ET DE MARIE
LECZINSKA (15 août 1725).

Louis, duc d'Orléans, fils du Régent, épouse à Strasbourg, au nom du Roi, Marie-Charlotte-Sophie-Félicité Leczinska, princesse de Pologne.

Par M.

361. SIÉGE DE PHILIPSBOURG (juill. 1734).
Investissement de la place.

Par M.

Partie centrale, rez-de-chaussée, salle n° 26.

362. PRISE DE PHILIPSBOURG (18 juill. 1734).

Par M.

Aile du nord, rez-de-chaussée, salle n° 13.

363. BATAILLE DE PARME (29 juin 1734).

Par M.

Aile du nord, rez-de-chaussée, salle n° 13.

364. PRISE DE PRAGUE (nov. 1741).

Par M.

Aile du nord, rez-de-chaussée, salle n° 13.

365. PRISE DE MENIN (23 mai au 4 juin 1744).

Tableau du temps, par LENFANT.

Aile du nord, rez-de-chaussée, salle n° 13.

366. PRISE DE MENIN (23 mai au 4 juin 1744).

Gouache par VAN BLAREMBERG.

Partie centrale, premier étage, salle dite de la Vaisselle d'or, n° 127.

367. PRISE D'YPRES (25 juin 1744).

Par M. VAN YSENDICK en 1837.

Aile du nord, rez-de-chaussée, salle n° 13.

368. PRISE D'YPRES (25 juin 1744).

Gouache par VAN BLAREMBERG.

Partie centrale, premier étage, salle dite de la Vaisselle d'or, n° 127.

369. PRISE DE FURNES (11 juill. 1744).

Par M. RAVERAT en 1837.

Aile du nord, rez-de-chaussée, salle n° 13.

370. BATAILLE DE CONI (30 sept. 1744).

Par M. SERRUR en 1837.

Aile du nord, rez-de-chaussée, salle n° 13.

371. ENTRÉE DU ROI A STRASBOURG (5 oct. 1744).

Par M. SERRUR en 1837.

Aile du nord, rez-de-chaussée, salle n° 13.

372. SIÉGE DE FRIBOURG (11 oct. 1744).

Le Roi arrive au camp devant Fribourg.

Tableau du temps, par LENFANT.

Aile du nord, rez-de-chaussée, salle n° 13.

PEINTURE. 83

373. SIÉGE DE FRIBOURG (17 au 18 oct. 1744).

Attaque de nuit.

Par Lepaon en 1777.
Aile du nord, rez-de-chaussée, salle n° 13.

374. PRISE DE LA VILLE ET DES CHATEAUX DE FRIBOURG (5 et 25 nov. 1744).

Gouache par Van Blaremberg.
Partie centrale, premier étage, salle dite de la Vaisselle d'or, n° 127.

375. SIÉGE DE TOURNAY.

Investissement de la place, Camp de la rive droite de l'Escaut.

Tableau du temps, par Parrocel fils.
Aile du nord, rez-de-chaussée, salle n° 14.

376. SIÉGE DE TOURNAY.

Investissement de la place, Camp de la rive gauche de l'Escaut.

Tableau du temps, par Parrocel fils.
Aile du nord, rez-de-chaussée, salle n° 14.

377. SIÉGE DE TOURNAY (8 mai 1744).

Le Roi visite le camp devant Tournay.

Tableau du temps, par Lenfant.
Aile du nord, rez-de-chaussée, salle n° 14.

378. **BATAILLE DE FONTENOY** (11 mai 1745).
Attaque du village d'Anthoin.

Par M.

Aile du nord, rez-de-chaussée, salle n° 14.

379. **BATAILLE DE FONTENOY** (11 mai 1745).
Par M.

Aile du nord, rez-de-chaussée, salle n° 14.

380. **BATAILLE DE FONTENOY** (11 mai 1745).
Par M.

Aile du nord, rez-de-chaussée, salle n° 14.

381. **BATAILLE DE FONTENOY** (11 mai 1745)
Par M.

Aile du nord, rez-de-chaussée, salle n° 14.

382. **BATAILLE DE FONTENOY** (11 mai 1745).
Par M. H. Vernet en 1827.

Aile du midi, premier étage, galerie des Batailles, n° 137.

383. **BATAILLE DE FONTENOY** (11 mai 1745).
Prise du village de Vezon.

Par M.

Aile du nord, rez-de-chaussée, salle n° 14.

384. **SIÉGE DE TOURNAY** (11 mai 1745).
Le Roi donne des ordres pour l'attaque de Tournay.

Tableau du temps.

Aile du nord, rez-de-chaussée, salle n° 15.

PEINTURE. 85

385.   SIÉGE DE TOURNAY   (11 mai 1745).
Le Roi donne des ordres pour l'attaque de Tournay.
Gouache par Van Blaremberg.
Partie centrale, premier étage, salle dite de la Vaisselle d'or, n° 127.

386.   COMBAT DE MELLE   (9 juill. 1745).
Tableau du temps, par Parrocel fils.
Aile du nord, rez-de-chaussée, salle n° 14.

387.   COMBAT DE MELLE   (9 juill. 1745).
Gouache par Van Blaremberg.
Partie centrale, premier étage, salle dite de la Vaisselle d'or, n° 127.

388.   SURPRISE DE LA VILLE DE GAND
(10 au 11 juill. 1745).
Gouache par Van Blaremberg.
Partie centrale, premier étage, salle dite de la Vaisselle d'or, n° 127.

389.   PRISE DE GAND   (11 juill. 1745).
Par M. Gigoux en 1837.
Aile du nord, rez-de-chaussée, salle n° 14.

390.   SIÉGE D'OUDENARDE   (17 juill. 1745).
Tableau du temps, par Parrocel fils.
Aile du nord, rez-de-chaussée, salle n° 14.

391.   PRISE D'OUDENARDE   (17 juill. 1745).
Gouache par Van Blaremberg.
Partie centrale, premier étage, salle dite de la Vaisselle d'or, n° 127.

392. SIÉGE D'OSTENDE (août 1745).
Par Rioult en 1837.
Aile du nord, rez-de-chaussée, salle n° 14.

393. SIÉGE D'OSTENDE (août 1745).
Gouache par Van Blaremberg.
Partie centrale, premier étage, salle dite de la Vaisselle d'or, n° 127.

394. SIÉGE D'ATH (2 au 8 oct. 1745).
Gouache par Van Blaremberg.
Partie centrale, premier étage, salle dite de la Vaisselle d'or, n° 127.

395. SIÉGE DE BRUXELLES (févr. 1746).
Par M. Rubio en 1837.
Aile du nord, rez-de-chaussée, salle n° 14.

396. SIÉGE DE BRUXELLES (févr. 1746).
Gouache par Van Blaremberg.
Partie centrale, premier étage, salle dite de la Vaisselle d'or, n° 127.

397. SIÉGE D'ANVERS (mai 1746).
Gouache par Van Blaremberg.
Partie centrale, premier étage, salle dite de la Vaisselle d'or, n° 127.

398. ENTRÉE DE LOUIS XV A ANVERS (4 juin 1746).
Par M. Hipp. Lecomte en 1837.
Aile du nord, rez-de-chaussée, salle n° 14.

399. SIÉGE DE MONS (juill. 1746).
Tableau du temps, par Lenfant.
Aile du nord, rez-de-chaussée, salle n° 14.

PEINTURE.   87

400.   SIÉGE DE MONS   (juill. 1746).

Gouache par Van Blaremberg.
Partie centrale, premier étage, salle dite de la Vaisselle d'or, n° 127.

401.   SIÉGE DE SAINT-GUILLAIN   (juill. 1746).

Tableau du temps, par Parrocel.
Aile du nord, rez-de-chaussée, salle n° 14.

402.   SIÉGE DE CHARLEROI   (2 août 1746).

Tableau du temps, par Parrocel fils.
Aile du nord, rez-de-chaussée, salle n° 14.

403.   SIÉGE DE LA VILLE DE NAMUR
(sept. 1746).

Tableau du temps, par Parrocel.
Aile du nord, rez-de-chaussée, salle n° 14.

404.   SIÉGE DE LA VILLE DE NAMUR
(sept. 1746).

Gouache par Van Blaremberg.
Partie centrale, premier étage, salle dite de la Vaisselle d'or, n° 127.

405.   PRISE DES CHATEAUX DE NAMUR
(30 sept. 1746).

Gouache par Van Blaremberg.
Partie centrale, premier étage, salle dite de la Vaisselle d'or, n° 127.

406.   BATAILLE DE ROCOUX   (11 oct. 1746).

Par M. Roqueplan en 1837.
Aile du nord, rez-de-chaussée, salle n° 14.

PALAIS DE VERSAILLES.

407. BATAILLE DE ROCOUX (11 oct. 1746).

Gouache par Van Blaremberg.

Partie centrale, premier étage, salle dite de la Vaisselle d'or, n° 127.

408. ENTRÉE DE LOUIS XV A MONS (30 mai 1747).

Gouache par Van Blaremberg.

Partie centrale, premier étage, salle dite de la Vaisselle d'or, n° 127.

409. BATAILLE DE LAWFELD (2 juill. 1747).

Par M. Couder en 1836.

Aile du midi, premier étage, galerie des Batailles, n° 137.

410. BATAILLE DE LAWFELD (2 juill. 1747).

Tableau du temps, par Lenfant.

Aile du nord, rez-de-chaussée, salle n° 15.

411. BATAILLE DE LAWFELD (2 juill. 1747).

Tableau du temps, par Parrocel.

Aile du nord, rez-de-chaussée, salle n° 15.

412. BATAILLE DE LAWFELD (2 juill. 1747).

Gouache par Van Blaremberg.

Partie centrale, premier étage, salle dite de la Vaisselle d'or, n° 127.

413. SIÉGE DE LA VILLE DE BERG-OP-ZOOM (juill. 1747).

Investissement de la place.

Par M.

Partie centrale, rez-de-chaussée, salle n° 26.

414. SIÉGE DE LA VILLE DE BERG-OP-ZOOM
(14 au 15 juill. 1747).

Gouache par Van Blaremberg.

Partie centrale, premier étage, salle dite de la Vaisselle d'or, n° 127.

415. PRISE D'ASSAUT DE LA VILLE
DE BERG-OP-ZOOM (16 sept. 1747).

Gouache par Van Blaremberg.

Partie centrale, premier étage, salle dite de la Vaisselle d'or, n° 127.

416. COMBAT DU VAISSEAU L'INTRÉPIDE CONTRE
PLUSIEURS VAISSEAUX ANGLAIS (17 oct. 1747).

Peint par M. Gilbert en 1835, d'après un tableau du temps.

Aile du midi.

417. SIÉGE DE MAESTRICHT. (16 avril 1748).

Gouache par Van Blaremberg.

Partie centrale, premier étage, salle dite de la Vaisselle d'or, n° 127.

418. PRISE DE PORT-MAHON (juin 1756).
Par M.

Partie centrale, rez-de-chaussée, salle n° 25.

419. PRISE DU FORT SAINT-PHILIPPE
(PORT-MAHON) (29 juin 1756).

Par M. Wachsmut en 1837.

Aile du nord, rez-de-chaussée, salle n° 15.

420. BATAILLE D'HASTEMBECK (26 juill. 1757).
Par M. Rioult en 1837.
Aile du nord, rez-de-chaussée, salle n° 15.

421. BATAILLE DE LUTZELBERG (10 oct. 1758).
Par M. Demahis en 1837.
Aile du nord, rez-de-chaussée, salle n° 15.

422. BATAILLE DE BERGHEN (13 avril 1759).
Par M.

423. BATAILLE DE JOHANNESBERG (30 août 1762).
Par M. Amédée Faure en 1837.
Aile du nord, rez-de-chaussée, salle n° 15.

424. LIT DE JUSTICE DE LOUIS XVI (12 nov. 1774).
Rétablissement du Parlement.
Par M. Alaux en 1837.
Partie centrale, premier étage, salle des États-Généraux, n° 129.

425. COMBAT DE LA FRÉGATE FRANÇAISE LA BELLE POULE CONTRE LA FRÉGATE ANGLAISE L'ARÉTHUSE (17 juin 1778).
Peint par M. Jugelet en 1837, d'après le tableau de la galerie du Ministère de la Marine.
Aile du midi.

426. COMBAT NAVAL D'OUESSANT (27 juill. 1778).
Par M. Gudin.
Aile du midi.

427. COMBAT DE LA FRÉGATE FRANÇAISE LA CONCORDE CONTRE LA FRÉGATE ANGLAISE LA MINERVE (22 août 1778).

Par M. Théodore Dubois en 1837, d'après le tableau de la galerie du Ministère de la Marine.

Aile du midi.

428. COMBAT DE LA FRÉGATE FRANÇAISE LA JUNON CONTRE LA FRÉGATE ANGLAISE LE FOX (11 sept. 1778).

Par M. Gilbert en 1837, d'après le tableau de la galerie du Ministère de la Marine.

Aile du midi.

429. COMBAT DU VAISSEAU FRANÇAIS LE TRITON CONTRE LE VAISSEAU ANGLAIS LE JUPITER ET LA FRÉGATE ANGLAISE LA MÉDÉE (20 oct. 1778).

Par M. Gilbert en 1837, d'après le tableau de la galerie du Ministère de la Marine.

Aile du midi.

430. COMBAT DE LA FRÉGATE FRANÇAISE LA MINERVE CONTRE DEUX VAISSEAUX ANGLAIS ET DEUX FRÉGATES ANGLAISES (7 fév. 1779).

Par M. Gilbert en 1837, d'après le tableau de la galerie du Ministère de la Marine.

Aile du midi.

431. PRISE DE L'ÎLE DE LA GRENADE (4 juill. 1779).

Par J.-F. Hue.

Aile du midi.

432. COMBAT NAVAL DE L'ÎLE DE LA GRENADE
(6 juill. 1779).

Par J.-F. HUE.

Aile du midi.

433. COMBAT DES FRÉGATES FRANÇAISES LA JUNON ET LA GENTILLE CONTRE LE VAISSEAU ANGLAIS L'ARDENT
(17 août 1779).

Par M. GILBERT en 1837, d'après le tableau de la galerie du Ministère de la Marine.

Aile du midi.

434. COMBAT DE LA FRÉGATE FRANÇAISE LA SURVEILLANTE CONTRE LA FRÉGATE ANGLAISE LE QUEBEC (7 oct. 1779).

Par M. GILBERT en 1837, d'après le tableau de la galerie du Ministère de la Marine.

Aile du midi.

435. COMBAT NAVAL D'UNE DIVISION FRANÇAISE CONTRE UNE ESCADRE ANGLAISE
(18 déc. 1779).

Par M.

Aile du midi.

436. COMBAT NAVAL EN VUE DE LA DOMINIQUE
(17 avril 1780).

Par M. GILBERT en 1837, d'après le tableau de la galerie du Ministère de la Marine.

Aile du midi.

437. COMBAT NAVAL DE LA PRAYA
(16 avril 1781).

Par M. Gilbert en 1837, d'après le tableau de la galerie du Ministère de la Marine.

Aile du midi.

438. COMBAT NAVAL EN VUE DE LOUISBOURG
(21 juill. 1781).

Par M.

Aile du midi.

439. SIÉGE D'YORK-TOWN. COMBAT NAVAL DEVANT LA CHESAPEACK (5 sept. 1781).

Par M.

Aile du midi.

440. SIÉGE D'YORK-TOWN (6 oct. 1781).
Investissement de la place.

Par M.

Partie centrale, rez-de-chaussée, salle n° 26.

441. SIÉGE D'YORK-TOWN (12 oct. 1781).
Attaque des redoutes.

Gouache par Van Blaremberg.

Partie centrale, premier étage, salle dite de la Vaisselle d'or, n° 127.

442. SIÉGE D'YORK-TOWN (19 oct. 1781).
Le général Rochambeau et Wasinghton donnent les derniers ordres pour l'attaque.

Par M. Couder en 1836.

Aile du midi, premier étage, galerie des Batailles, n° 137.

443. SIÉGE D'YORK-TOWN (19 oct. 1781).
Sortie de la Garnison anglaise.

Gouache par Van Blaremberg.

Partie centrale, premier étage, salle dite de la Vaisselle d'or, n° 127.

444. PRISE DES ÎLES SAINT-CHRISTOPHE ET NEVIS (3 févr. 1782).

Par M.

Aile du midi.

445. COMBAT NAVAL EN VUE DE NEGAPATNAM (6 juill. 1782).

Par M. Théodore Dubois en 1836, d'après le tableau de la galerie du Ministère de la Marine.

Aile du midi.

446. COMBAT DU VAISSEAU FRANÇAIS LE SCIPION CONTRE LES VAISSEAUX ANGLAIS LE LONDON ET LE TORBAY (16 oct. 1782).

Par M. Gilbert en 1837, d'après le tableau de la galerie du Ministère de la Marine.

Aile du midi.

447. COMBAT ENTRE LES FRÉGATES FRANÇAISES LA NYMPHE ET L'AMPHITRITE CONTRE LE VAISSEAU ANGLAIS L'ARGO (11 févr. 1783).

Par M. Gilbert en 1837, d'après le tableau de la galerie du Ministère de la Marine.

Aile du midi.

PEINTURE.   95

448.   COMBAT NAVAL EN VUE DE GOUDELOUR
(20 juin 1783).
Par M.
Aile du midi.

449.   PUBLICATION DU TRAITÉ DE PAIX
DE VERSAILLES ENTRE LA FRANCE
ET L'ANGLETERRE   (25 nov. 1783).
Par M. Van Ysendick en 1837.
Aile du nord, rez-de-chaussée, salle n° 15.

450.   LOUIS XVI DONNE DES INSTRUCTIONS
A M. DE LA PÉROUSE POUR SON VOYAGE
AUTOUR DU MONDE   (juill. 1785).
Par M. Monsiau en 1817.
Aile du nord, rez-de-chaussée, salle n° 15.

451.   VOYAGE DE LOUIS XVI A CHERBOURG
(juin 1786).
Par M. Crépin en 1814.
Aile du nord, rez-de-chaussée, salle n° 15.

452.   LOUIS XVI ABANDONNE LES DROITS
DU DOMAINE SUR LES LAISSES DE MER
AUX RIVERAINS DE LA GUYENNE   (1786).
Par M. Berthon en 1817.
Aile du nord, rez-de-chaussée, salle n° 15.

453.   LOUIS XVI DISTRIBUE DES SECOURS
AUX PAUVRES   (hiver de 1788).
Par M. Hersent en 1817.
Aile du nord, rez-de-chaussée, salle n° 15.

**454.   PROCESSION DES ÉTATS-GÉNÉRAUX
(4 mai 1789).**

Par M. Louis Boulanger en 1837.

Partie centrale, premier étage, salle des États-Généraux, n° 129.

**455.   OUVERTURE DES ÉTATS-GÉNÉRAUX
A VERSAILLES   (5 mai 1789).**

Par M. Couder en 1837.

Partie centrale, premier étage, salle des États-Généraux, n° 129.

**456.   FÉDÉRATION DES GARDES NATIONALES
ET DE L'ARMÉE AU CHAMP DE MARS
A PARIS   (14 juill. 1790).**

Par M.

**457.   LA GARDE NATIONALE DE PARIS PART
POUR L'ARMÉE   (sept. 1792).**

Par M. Léon Cogniet en 1837.

Partie centrale, premier étage, salle de 1792, n° 135.

458.   BATAILLE DE VALMY   (20 sept. 1792).

Par M. Mauzaisse, d'après le tableau de M. Horace Vernet.

Partie centrale, premier étage, salle de 1792, n° 135.

**459. COMBAT DANS LES DÉFILÉS DE L'ARGONNE
(sept. 1792).**

Par M. Eug. Lami en 1835.

Partie centrale, premier étage, salle de 1792, n° 135.

PEINTURE.

460. **PRISE DE CHAMBERY** (25 sept. 1792).
Par M. Adolphe Roehn en 1837.
Partie centrale, premier étage, salle n° 131.

461. **LEVÉE DU SIÉGE DE LILLE** (8 oct. 1792).
Par M.

462. **LEVÉE DU SIÉGE DE THIONVILLE** (16 oct. 1792).
Par M.

463. **PRISE DE VILLEFRANCHE ET INVASION DU COMTÉ DE NICE** (29 sept. 1792).
Par M.
Partie centrale, premier étage, salle n° 131.

464. **PRISE DE SPIRE** (30 sept. 1792).
Par M.

465. **REPRISE DE VERDUN** (14 oct. 1792).
Par M.

466. **ENTRÉE DE L'ARMÉE FRANÇAISE A MAYENCE** (22 oct. 1792).
Par M. Victor Adam en 1837.
Partie centrale, premier étage, salle n° 131.

467. **REPRISE DE LONGWY** (20 oct. 1792).
Par M.

468. PRISE DE FRANCFORT-SUR-LE-MEIN
(23 oct. 1792)

Par M.

469. PRISE DE KOENIGSTEIN (DUCHÉ DE NASSAU, ALORS ÉLECTORAT DE MAYENCE) (26 oct. 1792).

Par M.

470. COMBAT DE BOUSSU (3 nov. 1792).

Par M.

471. BATAILLE DE JEMMAPES (6 nov. 1792).

Par M. Henri Scheffer en 1835, d'après M. H. Vernet.

Partie centrale, premier étage, salle de 1792, n° 135.

472. ENTRÉE DE L'ARMÉE FRANÇAISE A MONS
(7 nov. 1792).

Par M. Bellangé en 1836.

Partie centrale, premier étage, salle de 1792, n° 135.

473. COMBAT D'ANDERLECHT (13 nov. 1792).

Par M. Bellangé en 1836.

Partie centrale, premier étage, salle de 1792, n° 135.

474. SIÉGE ET PRISE D'ANVERS (22 nov. 1792).

Par M. Philippoteaux en 1837.
Partie centrale, premier étage, salle n° 131.

475. COMBAT DE VAROUX (26 nov. 1792).

Par M. Victor Adam en 1837.
Partie centrale, premier étage, salle n° 131.

476. ENTRÉE DE L'ARMÉE FRANÇAISE A LIÉGE (27 déc. 1792).

Par M.

477. SIÉGE DE NAMUR (nov. 1792),
Investissement de la place.

Par M.
Partie centrale, rez-de-chaussée, salle n° 25.

478. SIÉGE ET PRISE DES CHATEAUX DE NAMUR (2 déc. 1792).

Par M. Clément Boulanger en 1837.
Partie centrale, premier étage, salle n° 131.

479. PRISE DE BRÉDA (24 févr. 1793).

Par M. Hipp. Lecomte en 1837.
Partie centrale, premier étage, salle n° 131.

480. PRISE DE GERTRUYDENBERG (5 mars 1793).

Par M. Hipp. Lecomte en 1837.
Partie centrale, premier étage, salle n° 131.

481. COMBAT DE TIRLEMONT ET DE GOIZENHOVEN (16 mars 1793).

Par M. Jouy en 1836.

Partie centrale, premier étage, salle n° 132.

482. PRISE DU CAMP DE PÉRULE (19 avril 1793).

Par M. Adolphe Roehn en 1836.

Partie centrale, premier étage, salle n° 132.

483. COMBAT DU MAS DE ROZ (17 juill. 1793).

Par M. Renoux en 1836.

Partie centrale, premier étage, salle n° 132.

484. BATAILLE DE HONDSCHOOTE (8 sept. 1793).

Par M. Eug. Lami en 1836.

Partie centrale, premier étage, salle n° 131.

485. BATAILLE DE PEYRESTORTES (17 sept. 1793).

Par M. Renoux en 1836.

Partie centrale, premier étage, salle n° 132.

486. ENTRÉE DE L'ARMÉE FRANÇAISE A MOUTIERS (4 oct. 1793).

Par M. Clément Boulanger en 1836.

Partie centrale, premier étage, salle n° 132.

487. BATAILLE DE WATIGNIES (16 oct. 1793).

Par M. Eug. Lami en 1836.

Partie centrale, premier étage, salle n° 131.

PEINTURE.   101

488.   COMBAT DE GILLETTE   (19 oct. 1793).

Par M. Alphonse Roehn en 1836.

Partie centrale, premier étage, salle n° 132.

489.   SIÉGE DE TOULON   (oct. 1793).
Investissement de la place.

Par M.

Partie centrale, rez-de-chaussée, salle n° 25.

490. REPRISE DE LA VILLE ET DU PORT DE TOULON
(19 oct. 1793).

Par M. Péron en 1836.

Partie centrale, premier étage, salle n° 131.

491.   PRISE DE MENIN   (24 oct. 1793).

Par M. Victor Adam en 1836.

Partie centrale, premier étage, salle n° 131.

492.   COMBAT DE WERDT   (22 déc. 1793).

Par M. Victor Adam en 1836.

Partie centrale, premier étage, salle n° 131.

493.   COMBAT DE GEISBERG   (28 déc. 1793).

Par M. Eug. Lami en 1837.

Partie centrale, premier étage, salle n° 132.

494.   COMBAT DE MONTEILLA   (10 avril 1794).

Par M. Renoux en 1837.

Partie centrale, premier étage, salle n° 132.

495. **COMBAT D'ARLON** (17 avril 1794).

Par M. Despinassy en 1837.

Partie centrale, premier étage, salle n° 132.

496. **PRISE DU PETIT SAINT-BERNARD**
(24 avril 1794).

Par M. Pingret en 1836.

Partie centrale, premier étage, salle n° 133.

497. **COMBAT DE MOUCRON** (29 avril 1794).

Par M. Mozin en 1837.

Partie centrale, premier étage, salle n° 132.

498. **PRISE DU CAMP DU BOULOU** (1ᵉʳ mai 1794).

Par M. Renoux en 1836.

Partie centrale, premier étage, salle n° 133.

499. **COMBAT DE COURTRAY** (11 mai 1794).

Par M.

500. **COMBAT DE TURCOING** (18 mai 1794).

Par M. Jollivet en 1836.

Partie centrale, premier étage, salle n° 132.

501. **COMBAT DE MARCHIENNES** (29 mai 1794).
Passage de la Sambre.

Par M.

Partie centrale, premier étage, salle n° 132.

502. COMBAT DE HOOGLÈDE (13 juin 1794).

Par M. Jollivet en 1836.

Partie centrale, premier étage, salle n° 132.

503. PRISE D'YPRES (17 juin 1794).

Par M. Philippoteaux en 1836.

Partie centrale, premier étage, salle n° 132.

504. COMBAT DE LA CROIX DES BOUQUETS (PYRÉNÉES OCCIDENTALES) (23 juin 1794).

Par M. Renoux en 1837.

Partie centrale, premier étage, salle n° 133.

505. PRISE DE CHARLEROI (25 juin 1794).

Par M.

Partie centrale, premier étage, salle n° 132.

506. BATAILLE DE FLEURUS (26 juin 1794).

Par M. Mauzaisse en 1837.

Aile du midi, premier étage, galerie des Batailles, n° 137.

507. BATAILLE DE FLEURUS (26 juin 1794).

Par M. Bellangé en 1836.

Partie centrale, premier étage, salle n° 132.

508. PRISE D'ANVERS (17 juill. 1794).

Par M. Caminade en 1837.

Partie centrale, premier étage, salle n° 133.

509. REPRISE DE BELLEGARDE (17 sept. 1794).

Par M. Renoux en 1837.

Partie centrale, premier étage, salle n° 133.

510. COMBAT D'ALDENHOVEN. PRISE DE JULIERS ET PASSAGE DE LA ROER (2 oct. 1794).

Par M. Mozin en 1837.

Partie centrale, premier étage, salle n° 132.

511. COMBAT ET PRISE DE COBLENTZ (23 oct. 1794).

Par M. Raffet en 1837.

Partie centrale, premier étage, salle n° 132.

512. PRISE DE MAESTRICHT (4 nov. 1794).

Par M. Eug. Lami en 1836.

Partie centrale, premier étage, salle n° 133.

513. ATTAQUE DES LIGNES DE L'ARMÉE ESPAGNOLE (17 nov. 1794).

Bataille de la Muga.

Par M. Grenier en 1837.

Partie centrale, premier étage, salle n° 132.

514. ATTAQUE DES LIGNES DE L'ARMÉE ESPAGNOLE (20 nov. 1794).

Combat de Notre-Dame del Roure et Llers.

Par M. Renoux en 1836.

Partie centrale, premier étage, salle n° 133.

515. **PRISE DE L'ÎLE DE BOMMEL** (28 déc. 1794).

Par M. Mozin en 1837.

Partie centrale, premier étage, salle n° 133.

516. **LA CAVALERIE FRANÇAISE PREND LA FLOTTE BATAVE GELÉE DANS LE TEXEL** (21 janv. 1795).

Par M. Mozin en 1836.

Partie centrale, premier étage, salle n° 134.

517. **PRISE DE ROSES** (3 févr. 1795).

Par M.

Partie centrale, premier étage, salle n° 134.

518. **PRISE DE LUXEMBOURG** (12 juin 1795).

Par M. Renoux en 1837.

Partie centrale, premier étage, salle n° 134.

519. **ENTRÉE DE L'ARMÉE FRANÇAISE A BILBAO** (23 juill. 1795).

Par M.

Partie centrale, premier étage, salle n° 134.

520. **PASSAGE DU RHIN A DUSSELDORF** (6 sept. 1795).

Par M. Beaume en 1836.

Partie centrale, premier étage, salle n° 133.

521. **COMBAT DE SUCCARELLO** (18 sept. 1795).

Par M. Clément Boulanger en 1837.

Partie centrale, premier étage, salle n° 134.

522. BATAILLE DE LOANO (13 nov. 1795).

Par M. Bellangé.

Partie centrale, premier étage, salle n° 134.

523. VILLE ET CHATEAU DE NICE (27 mars 1796).

Le général Bonaparte prend le commandement de l'armée d'Italie.

Par MM. Alaux et Guiaud en 1835.

Aile du nord, rez-de-chaussée, salle n° 61.

524. VILLE ET CHATEAU DE NICE (27 mars 1796).

Le général Bonaparte prend le commandement de l'armée d'Italie.

Aquarelle par Bagetti.

Partie centrale, premier étage, galerie des Aquarelles, n° 140.

525. ARRIVÉE DE L'ARMÉE FRANÇAISE A ALBENGA (5 avril 1796).

Premier quartier du général Bonaparte pour l'ouverture de la campagne.

Aquarelle par Bagetti.

Partie centrale, premier étage, galerie des Aquarelles, n° 140.

526. ENTRÉE DE L'ARMÉE FRANÇAISE A SAVONE (9 avril 1796).

Par MM. Alaux et Guiaud en 1835.

Aile du midi, rez-de-chaussée, salle n° 61.

527. ENTRÉE DE L'ARMÉE FRANÇAISE A SAVONE (9 avril 1796).

Aquarelle par Bagetti.

Partie centrale, premier étage, galerie des Aquarelles, n° 140.

528. COMBAT DE VOLTRI (9 avril 1796).

Aquarelle par Bagetti.

Partie centrale, premier étage, galerie des Aquarelles, n° 140.

529. LE COLONEL RAMPON A LA TÊTE DE LA 32ᵉ DEMI-BRIGADE DÉFEND LA REDOUTE DE MONTELEGINO (10 avril 1796).

Par M. Berthon en 1812.

Aile du midi, rez-de-chaussée, salle n° 61.

530. LE COLONEL RAMPON A LA TÊTE DE LA 32ᵉ DEMI-BRIGADE DÉFEND LA REDOUTE DE MONTELEGINO (10 avril 1796).

Aquarelle par Bagetti.

Partie centrale, premier étage, galerie des Aquarelles, n° 140.

531. BATAILLE DE MONTENOTTE (11 avril 1796).

Par MM. Alaux et Guiaud en 1835.

Aile du midi, rez-de-chaussée, salle n° 61.

532. BATAILLE DE MONTENOTTE (11 avril 1796).

Aquarelle par Bagetti.

Partie centrale, premier étage, galerie des Aquarelles, n° 140.

533. ENTRÉE DE L'ARMÉE FRANÇAISE A CARCARE (12 avril 1796).

Aquarelle par BAGETTI.

Partie centrale, premier étage, galerie des Aquarelles, n° 140.

534. BLOCUS DU CHATEAU DE COSSARIA (13 avril 1796).

Par MM. ALAUX et PARMENTIER en 1835.

Aile du midi, rez-de-chaussée, salle n° 61.

535. BLOCUS DU CHATEAU DE COSSARIA (13 avril 1796).

Aquarelle par BAGETTI.

Partie centrale, premier étage, galerie des Aquarelles, n° 140.

536. ATTAQUE DU CHATEAU DE COSSARIA (14 avril 1796).

Par TAUNAY en 1800.

Aile du midi, rez-de-chaussée, salle n° 61.

537. ATTAQUE DU CHATEAU DE COSSARIA. (14 avril 1796).

Le lieutenant-général Provera, sommé de se rendre, demande à capituler.

Aquarelle par BAGETTI.

Partie centrale, premier étage, galerie des Aquarelles, n° 140.

538. REDDITION DU CHATEAU DE COSSARIA (15 avril 1796).

Aquarelle par BAGETTI.

Partie centrale, premier étage, galerie des Aquarelles, n° 140.

PEINTURE.

539. LE GÉNÉRAL BONAPARTE REÇOIT A MILLESIMO LES DRAPEAUX ENLEVÉS A L'ENNEMI   (avril 1796).

Par M. Adolphe Roehn en 1812.

Aile du midi, rez-de-chaussée, salle n° 61.

540. ATTAQUE GÉNÉRALE DE DÉGO (14 avril 1796).

Aquarelle par Bagetti.

Partie centrale, premier étage, galerie des Aquarelles, n° 140.

541.   COMBAT DE DÉGO   (16 avril 1796).

Attaque de la redoute de Monte Maglione.

Aquarelle par Bagetti.

Partie centrale, premier étage, galerie des Aquarelles, n° 140.

542.   COMBAT DE DÉGO   (16 avril 1796).

Mort du général Causse.

Aquarelle par Bagetti.

Partie centrale, premier étage, galerie des Aquarelles, n° 140.

543.   COMBAT DE DÉGO   (16 avril 1796).

Le général Bonaparte rencontre le général Causse blessé mortellement.

Par M. Mulard en 1812.

Aile du midi, rez-de-chaussée, salle n° 61.

544.   PRISE DE DÉGO   (16 avril 1796).

Aquarelle par Bagetti.

Partie centrale, premier étage, galerie des Aquarelles, n° 140.

545. **PRISE DES HAUTEURS DE MONTEZEMOLO**
(15 avril 1796).

Aquarelle par BAGETTI.
Partie centrale, premier étage, galerie des Aquarelles, n° 140.

546. **PRISE DE LA VILLE DE CEVA** (16 avril 1796).

Évacuation du camp retranché par les Piémontais.

Aquarelle par BAGETTI.
Partie centrale, premier étage, galerie des Aquarelles, n° 140.

547. **PRISE DE LA VILLE DE CEVA** (16 avril 1796).

Les Piémontais se retirent dans le fort.

Aquarelle par BAGETTI.
Partie centrale, premier étage, galerie des Aquarelles, n° 140.

548. **ATTAQUE DE SAINT-MICHEL** (20 avril 1796).

Passage du Tanaro sous le feu des Piémontais.

Aquarelle par BAGETTI.
Partie centrale, premier étage, galerie des Aquarelles, n° 140.

549. **ATTAQUE DE SAINT-MICHEL** (20 avril 1796).

Par MM. ALAUX et GUYON en 1835.
Aile du nord, rez-de-chaussée, salle n° 61.

550. **PRISE DES HAUTEURS DE SAINT-MICHEL**
(20 avril 1796).

Par MM. ALAUX et GUYON en 1835.
Aile du nord, rez-de-chaussée, salle n° 61.

551. PRISE DES HAUTEURS DE SAINT-MICHEL
(20 avril 1796).

Aquarelle par Bagetti.

Partie centrale, premier étage, galerie des Aquarelles, n° 140.

552. BATAILLE DE MONDOVI (22 avril 1796).

Par MM. Alaux et Guyon en 1835.

Aile du midi, rez-de-chaussée, salle n° 61.

553. BATAILLE DE MONDOVI (22 avril 1796).

Aquarelle par Bagetti.

Partie centrale, premier étage, galerie des Aquarelles, n° 140.

554. BATAILLE DE MONDOVI (22 avril 1796).
Mort du général Stengel.

Aquarelle par Bagetti.

Partie centrale, premier étage, galerie des Aquarelles, n° 140.

555. ENTRÉE DE L'ARMÉE FRANÇAISE A BÉNÉ
(24 avril 1796).

Aquarelle par Bagetti.

Partie centrale, premier étage, galerie des Aquarelles, n° 140.

556. ENTRÉE DE L'ARMÉE FRANÇAISE A CHERASCO
(25 avril 1796).

Aquarelle par Bagetti.

Partie centrale, premier étage, galerie des Aquarelles, n° 140.

557. BOMBARDEMENT ET PRISE DE FOSSANO
(26 avril 1796).

Aquarelle par Bagetti.

Partie centrale, premier étage, galerie des Aquarelles, n° 140.

558. ENTRÉE DE L'ARMÉE FRANÇAISE A ALBA POMPÉIA (26 avril 1796).

Aquarelle par BAGETTI.

Partie centrale, premier étage, galerie des Aquarelles, n° 140.

559. PRISE DE CONI (nuit du 28 au 29 avril 1796).

Par MM. ALAUX et LAFAYE en 1835.

Aile du midi, rez-de-chaussée, salle n° 61.

560. PRISE DE CONI (29 avril 1796).

Entrée de l'armée française par la porte de Nice.

Aquarelle par BAGETTI.

Partie centrale, premier étage, galerie des Aquarelles, n° 140.

561. PRISE DE LA CITADELLE DE TORTONE (3 mai 1796).

Passage de la Scrivia et entrée de l'armée française.

Aquarelle par BAGETTI.

Partie centrale, premier étage, galerie des Aquarelles, n° 140.

562. ENTRÉE DE L'ARMÉE FRANÇAISE A ALEXANDRIE (PIÉMONT) (5 mai 1796).

Aquarelle par BAGETTI.

Partie centrale, premier étage, galerie des Aquarelles, n° 140.

563. ENTRÉE DE L'ARMÉE FRANÇAISE A PLAISANCE (7 mai 1796).

Aquarelle par BAGETTI.

Partie centrale, premier étage, galerie des Aquarelles, n° 140.

564. **PASSAGE DU PÔ SOUS PLAISANCE**
(7 mai 1796).

Par M. Boguet en 1799.

Aile du midi, rez-de-chaussée, salle n° 61.

565. **PASSAGE DU PÔ SOUS PLAISANCE**
(7 mai 1796).

Aquarelle par Bagetti.

Partie centrale, premier étage, galerie des Aquarelles, n° 140.

566. **COMBAT DE FOMBIO** (8 mai 1796).

Aquarelle par Bagetti.

Partie centrale, premier étage, galerie des Aquarelles, n° 140.

567. **SURPRISE DU BOURG DE CODOGNO** (8 mai 1796).

Mort du général Laharpe.

Aquarelle par Bagetti.

Partie centrale, premier étage, galerie des Aquarelles, n° 140.

568. **PRISE DE CASAL** (9 mai 1796).

Aquarelle par Bagetti.

Partie centrale, premier étage, galerie des Aquarelles, n° 140.

569. **COMBAT EN AVANT DE LODI** (10 mai 1796).

Aquarelle par Bagetti.

Partie centrale, premier étage, galerie des Aquarelles, n° 140.

570. **BATAILLE DE LODI** (10 mai 1796).

Par MM. Alaux et Lafaye en 1835.

Aile du midi, rez-de-chaussée, salle n° 61.

571.   **BATAILLE DE LODI** (10 mai 1796).
Passage de l'Adda.

Aquarelle par BAGETTI.

Partie centrale, premier étage, galerie des Aquarelles, n° 140.

572.   **PRISE DE CRÉMA** (11 mai 1796).

Aquarelle par BAGETTI.

Partie centrale, premier étage, galerie des Aquarelles, n° 140.

573.   **PRISE DE PIZZIGHETTONE** (12 mai 1796).

Aquarelle par BAGETTI.

Partie centrale, premier étage, galerie des Aquarelles, n° 140.

574.   **PRISE DE CRÉMONE** (12 mai 1796).

Par MM. ALAUX et OSCAR GUÉ en 1835.

Aile du midi, rez-de-chaussée, salle n° 61.

575.   **PRISE DE CRÉMONE** (12 mai 1796).

Aquarelle par BAGETTI.

Partie centrale, premier étage, galerie des Aquarelles, n° 140.

576. **ENTRÉE DE L'ARMÉE FRANÇAISE A PAVIE PAR LA PORTE DE LODI** (13 mai 1796).

Aquarelle par BAGETTI.

Partie centrale, premier étage, galerie des Aquarelles, n° 140.

577. **ENTRÉE DE L'ARMÉE FRANÇAISE A MILAN** (15 mai 1796).

Par MM. ALAUX et LAFAYE en 1835.

Aile du midi, rez-de-chaussée, salle n° 61.

PEINTURE. 115

578. ENTRÉE DE L'ARMÉE FRANÇAISE A MILAN (15 mai 1796).

Aquarelle par BAGETTI.

Partie centrale, premier étage, galerie des Aquarelles, n° 140.

579. PRISE DE SONCINO (24 mai 1796).

Aquarelle par BAGETTI.

Partie centrale, premier étage, galerie des Aquarelles, n° 140.

580. PRISE DE BIGNASCO (25 mai 1796).

Aquarelle par BAGETTI.

Partie centrale, premier étage, galerie des Aquarelles, n° 140.

581. PAVIE ENLEVÉE D'ASSAUT (26 mai 1796).

Aquarelle par BAGETTI.

Partie centrale, premier étage, galerie des Aquarelles, n° 140.

582. BATAILLE D'ALTENKIRCHEN (4 juin 1796).

Par M.

Partie centrale, premier étage, salle n° 134.

583. PASSAGE DU RHIN A KEHL (24 juin 1796).

Par M. TOUSSAINT CHARLET.

Partie centrale, premier étage, salle n° 134.

584. COMBAT DE LIMBOURG (6 juill. 1796).

Par M. COGNIET.

Aile du nord, premier étage, salle n° 76.

585. COMBAT DE SALO (31 juill. 1796).

Par M. HIPP. LECOMTE en 1836.

Aile du midi, rez-de-chaussée, salle n° 61.

586.   COMBAT DE SALO   (31 juill. 1796).

Aquarelle par BAGETTI.

Partie centrale, premier étage, galerie des Aquarelles, n° 140.

587.   VUE DU LAC DE GARDA   (août 1796).

Les chaloupes ennemies font feu sur les voitures de madame Bonaparte.

Par M. HIPP. LECOMTE en 1808.

Aile du midi, rez-de-chaussée, salle n° 61.

588.   BATAILLE DE LONATO   (3 août 1796).

Par MM. ALAUX et HIPP. LECOMTE en 1835.

Aile du midi, rez-de-chaussée, salle n° 61.

589.   BATAILLE DE LONATO   (3 août 1796).

Aquarelle par BAGETTI.

Partie centrale, premier étage, galerie des Aquarelles, n° 140.

590.   COMBAT DE CASTIGLIONE   (3 août 1796).

Prise du bourg et du château de Castiglione.

Aquarelle par BAGETTI.

Partie centrale, premier étage, galerie des Aquarelles, n° 140.

591.   COMBAT DE CASTIGLIONE   (3 août 1796).

Prise des hauteurs de Fontana près Castiglione.

Aquarelle par BAGETTI.

Partie centrale, premier étage, galerie des Aquarelles, n° 140.

592.   PRISE DE GAVARDO   (4 août 1796).

Aquarelle par BAGETTI.

Partie centrale, premier étage, galerie des Aquarelles, n° 140.

PEINTURE. 117

593. **BATAILLE DE CASTIGLIONE** (5 août 1796).

Ordre de Bataille.

Par M.

Partie centrale, rez-de-chaussée, salle n° 25.

594. **BATAILLE DE CASTIGLIONE** (5 août 1796).

Par M. Victor Adam en 1836.

Aile du midi, rez-de-chaussée, salle n° 62.

595. **BATAILLE DE CASTIGLIONE** (5 août 1796).

Aquarelle par Bagetti.

Partie centrale, premier étage, galerie des Aquarelles, n° 140.

596. **PRISE DE CALIANO SUR L'ADIGE** (4 sept. 1796).

Aquarelle par

Partie centrale, premier étage, galerie des Aquarelles, n° 140.

597. **PRISE DU CHATEAU DE LA PIETRA** (4 sept. 1796).

Par M. Mauzaisse en 1836.

Aile du midi, rez-de-chaussée, salle n° 61.

598. **PRISE DU CHATEAU DE LA PIETRA** (4 sept. 1796).

Aquarelle par Bagetti.

Partie centrale, premier étage, galerie des Aquarelles, n° 140.

599. **COMBAT DU PONT DE LAVIS** (5 sept. 1796).

Aquarelle par Bagetti.

Partie centrale, premier étage, galerie des Aquarelles, n° 140.

600. PRISE DU VILLAGE DE PRIMOLANO (7 sept. 1796).

Aquarelle par BAGETTI.

Partie centrale, premier étage, galerie des Aquarelles, n° 140.

601. PASSAGE DE LA BRENTA ET PRISE DU FORT DE COVELO (sept. 1796).

Aquarelle par BAGETTI.

Partie centrale, premier étage, galerie des Aquarelles, n° 140.

602. SIÉGE DE MANTOUE (sept. 1796).

Investissement de la place.

Par M.

Partie centrale, rez-de-chaussée, salle n° 25.

603. SIÉGE DE MANTOUE (sept. 1796).

Bataille de Saint-Georges.

Aquarelle par BAGETTI.

Partie centrale, premier étage, galerie des Aquarelles, n° 140.

604. COMBAT D'ALTENKIRCHEN (20 sept. 1796).

Mort du général Marceau.

Par M. COUDER en 1835.

Aile du midi, rez-de-chaussée, salle n° 61.

605. LE GÉNÉRAL AUGEREAU AU PONT D'ARCOLE (nov. 1796).

Par M. THÉVENIN en 1798.

Aile du midi, rez-de-chaussée, salle n° 61.

PEINTURE. 119

606. LE GÉNÉRAL BONAPARTE AU PONT D'ARCOLE
(nov. 1796).

Aquarelle par BAGETTI.

Partie centrale, premier étage, galerie des Aquarelles, n° 140.

607. BATAILLE D'ARCOLE (15, 16 et 17 nov. 1796).

Par BACLER D'ALBE en 1804.

Aile du midi, rez-de-chaussée, salle n° 61.

608. BATAILLE DE RIVOLI (12 janv. 1797).

Défense de l'armée française à Ferrara.

Aquarelle par BAGETTI.

Partie centrale, premier étage, galerie des Aquarelles, n° 140.

609. BATAILLE DE RIVOLI (14 janv. 1797).

Ordre de Bataille.

Par M.

Partie centrale, rez-de-chaussée, salle n° 25.

610. BATAILLE DE RIVOLI (14 janv. 1797).

Prise des monts Corona et Pipolo.

Aquarelle par BAGETTI.

Partie centrale, premier étage, galerie des Aquarelles, n° 140.

611. BATAILLE DE RIVOLI (14 janv. 1797).

Le général Joubert reprend le plateau de Rivoli.

Par M. AUGUSTE DEBAY en 1835.

Aile du midi, rez-de-chaussée, salle n° 61.

612. **BATAILLE DE RIVOLI** (14 janv. 1797).

Par M. Cogniet.

Aile du midi, premier étage, galerie des Batailles, n° 137.

613. **BATAILLE DE RIVOLI** (14 janv. 1797).

Par Bacler d'Albe en 1804.

Aile du nord, premier étage, salle n° 77.

614. **BATAILLE DE RIVOLI** (14 janv. 1797).

Par M. Lepaulle en 1835, d'après Carle Vernet.

Aile du midi, rez-de-chaussée, salle n° 62.

615. **BATAILLE DE RIVOLI** (14 janv. 1797).

Aquarelle par Bagetti.

Partie centrale, premier étage, galerie des Aquarelles, n° 140.

616. **CHAMP DE BATAILLE PRÈS DU MONTMOSCATO** (14 janv. 1797)

Aquarelle par Bagetti.

Partie centrale, premier étage, galerie des Aquarelles, n° 140.

617. **COMBAT DANS LE DÉFILÉ DE LA MADONNA DELLA CORONA** (14 janv. 1797).

Aquarelle par Bagetti.

Partie centrale, premier étage, galerie des Aquarelles, n° 140.

618. **COMBAT D'ANGHIARI** (14 janv. 1797).

Par MM. Alaux et Oscar Gué en 1835.

Aile du midi, rez-de-chaussée.

619. COMBAT D'ANGHIARI (14 janv. 1792).

Aquarelle par BAGETTI.

Partie centrale, premier étage, galerie des Aquarelles, n° 140.

620. LE GÉNÉRAL BONAPARTE VISITE LE CHAMP DE BATAILLE LE LENDEMAIN DE LA BATAILLE DE RIVOLI (15 janv. 1797).

Par TAUNAY en 1801.

Aile du midi, rez-de-chaussée, salle n° 62.

621. BATAILLE DE LA FAVORITE (16 janv. 1797).

Environs de Mantoue entre le faubourg Saint-Georges et la citadelle.

Aquarelle par BAGETTI.

Partie centrale, premier étage, galerie des Aquarelles, n° 140.

622. COMBAT DE LAVIS (2 févr. 1797).

Aquarelle par BAGETTI.

Partie centrale, premier étage, galerie des Aquarelles, n° 140.

623. REDDITION DE MANTOUE (2 févr. 1797).

Par M. HIPP. LECOMTE en 1812.

Aile du midi, rez-de-chaussée, salle n° 62.

624. PRISE D'ANCÔNE (9 févr. 1797).

Par M. BOGUFT en 1800.

Aile du midi, rez-de-chaussée, salle n° 62.

PALAIS DE VERSAILLES.

625. PASSAGE DU TAGLIAMENTO SOUS VALVASONE (16 mars 1797).

Par M. Hipp. Lecomte en 1835.

Aile du midi, rez-de-chaussée, salle n° 62.

626. PASSAGE DU TAGLIAMENTO (16 mars 1797).

Aquarelle par Bagetti.

Partie centrale, premier étage, galerie des Aquarelles, n° 140.

627. PRISE DE GRADISKA SUR L'ISONZO (16 mars 1797).

Aquarelle par Bagetti.

Partie centrale, galerie des Aquarelles, n° 140.

628. PASSAGE DE L'ISONZO (16 mars 1797).

Par MM. Cogniet et Georges Guyon en 1837.

Aile du nord, premier étage, salle n° 77.

629. PRISE DE LAYBACH (1er avril 1797).

Par M. Cogniet.

Aile du nord, premier étage, salle n° 77.

630. PRÉLIMINAIRES DE LA PAIX SIGNÉS A LÉOBEN (17 avril 1797).

Par Lethière en 1802.

Aile du midi, rez-de-chaussée, salle n° 62.

631. BATAILLE DE NEUWIED (18 avril 1797).

Par M. Victor Adam en 1836.

Aile du midi, rez-de-chaussée, salle n° 62.

632. COMBAT DE DIERDORF (18 avril 1797).

Par MM. Cogniet et Girardet en 1837.

Aile du nord, premier étage, salle n° 77.

633. ENTRÉE DE L'ARMÉE FRANÇAISE A ROME (15 févr. 1798).

Par MM. Alaux et Hipp. Lecomte en 1835.

Aile du midi, rez-de-chaussée, salle n° 62.

634. PRISE DE L'ÎLE DE MALTE (13 juin 1798).

Par MM. Alaux et Guiaud en 1835.

Aile du midi, rez-de-chaussée, salle n° 63.

635. DÉBARQUEMENT DE L'ARMÉE FRANÇAISE EN ÉGYPTE (2 juill. 1798).

Par M. Pingret en 1836.

Aile du midi, rez-de-chaussée, salle n° 63.

636. PRISE D'ALEXANDRIE (BASSE-ÉGYPTE) (3 juill. 1798).

Par M. Pingret en 1836.

Aile du midi, rez-de-chaussée, salle n° 63.

637. BONAPARTE DONNE UN SABRE AU CHEF MILITAIRE D'ALEXANDRIE (juill. 1798).

Par M. Mulard en 1808.

Aile du nord, premier étage, salle n° 77.

638. BATAILLE DE CHEBREISSE (13 juill. 1798).

Par M. Cogniet.

Aile du nord, premier étage, salle n° 77.

639. BATAILLE DES PYRAMIDES (21 juill. 1798).

Par le baron Gros.

Aile du midi, rez-de-chaussée, salle n° 63.

640. BATAILLE DES PYRAMIDES (21 juill. 1798).

Par Vincent en 1802.

Aile du midi, rez-de-chaussée, salle n° 63.

641. BATAILLE DES PYRAMIDES (21 juill. 1798).

Par Hennequin en 1806.

Aile du nord, premier étage, salle n° 77.

642. BATAILLE DE SÉDINAM (HAUTE-ÉGYPTE) (7 oct. 1798).

Par MM. Cogniet et Jules Vignon en 1837.

Aile du nord, premier étage, salle n° 77.

643. RÉVOLTE DU CAIRE (21 oct. 1798).

Par Girodet en 1810.

Aile du nord, premier étage, salle n° 77.

644. LE GÉNÉRAL BONAPARTE, COMMANDANT EN CHEF DE L'ARMÉE D'ÉGYPTE, FAIT GRACE AUX RÉVOLTÉS DU CAIRE (oct. 1798).

Par le baron Guérin en 1808.

Aile du midi, rez-de-chaussée, salle n° 63.

645. COMBAT DE MONTEROSI (4 déc. 1798).

Par M. Cogniet.

Aile du nord, premier étage, salle n° 77.

**646.   COMBAT DE LA FRÉGATE FRANÇAISE
LA BAYONNAISE CONTRE LA FRÉGATE ANGLAISE
L'EMBUSCADE   (14 déc. 1798).**

Par Hue en 1802.
Aile du midi.

**647.   COMBAT DE LA FRÉGATE FRANÇAISE
LA BAYONNAISE CONTRE LA FRÉGATE ANGLAISE
L'EMBUSCADE   (14 déc. 1798).**

Par M. Crépin en 1801.
Aile du midi.

**648.   LE GÉNÉRAL BONAPARTE VISITE
LES FONTAINES DE MOÏSE PRÈS LE MONT SINAÏ
(28 déc. 1798).**

Par Berthélemi en 1808.
Aile du nord, premier étage, salle n° 77.

**649. PRISE DE NAPLES PAR L'ARMÉE FRANÇAISE
(21 janv. 1799).**

Par Taurel en 1799.
Aile du midi, rez-de-chaussée, salle n° 62.

**650. L'ARMÉE FRANÇAISE TRAVERSE LES RUINES
DE THÈBES (HAUTE-ÉGYPTE)   (févr. 1799).**

Par M. Pingret en 1837.
Aile du midi, rez-de-chaussée, salle n° 63.

**651. HALTE DE L'ARMÉE FRANÇAISE A SIENNE
(HAUTE-ÉGYPTE)   (2 févr. 1799).**

Par Tardieu en 1812.
Aile du nord, premier étage, salle n° 77.

652. COMBAT EN AVANT D'HESNEY (12 févr. 1799).

Par M. Cogniet.

Aile du nord, premier étage, salle n° 77.

653. COMBAT D'ABOUMANA (HAUTE-ÉGYPTE) (17 fév. 1799).

Par M. Pingret en 1837.

Aile du midi, rez-de-chaussée, salle n° 63.

654. COMBAT DE BENOUTH (8 mars 1799).

Par M. Charles Langlois en 1818.

Aile du nord, premier étage, salle n° 77.

655. LE GÉNÉRAL BONAPARTE VISITE LES PESTIFÉRÉS DE JAFFA (11 mars 1799).

Par le baron Gros en 1804.

Aile du nord, premier étage, salle n° 77.

656. COMBAT DE NAZARETH (avril 1799).

Par Taunay en 1802.

Aile du nord, premier étage, salle n° 77.

657. BATAILLE DU MONT-THABOR (16 avril 1799).

Par MM. Cogniet et Philippoteaux en 1837.

Aile du nord, premier étage, salle n° 77.

658. BATAILLE D'ABOUKIR (25 juill. 1799).

Ordre de Bataille.

Par M.

Partie centrale, rez-de-chaussée, salle n° 25.

659. BATAILLE D'ABOUKIR (25 juill. 1799).

Par M. Hennequin en 1808.

Aile du nord, rez-de-chaussée, salle n° 77.

660. BATAILLE D'ABOUKIR (25 juill. 1799).

Par le baron Gros en 1806.

Partie centrale, premier étage, salle du Sacre de Napoléon, n° 130.

661. BATAILLE DE ZURICH (25 sept. 1799).

Par M. Bouchot en 1837.

Aile du midi, premier étage, galerie des Batailles, n° 137.

662. LE DIX-HUIT BRUMAIRE (9 nov. 1799).

Par MM. Alaux et Lestang en 1835.

Aile du midi, rez-de-chaussée, salle n° 64.

663. PRISE DE VIVE FORCE DES HAUTEURS A L'EST DE GÊNES (30 avril 1800).

Aquarelle par Bagetti.

Partie centrale, premier étage, galerie des Aquarelles, n° 140.

664. DÉFENSE DU FORT DE L'ÉPERON ET DES HAUTEURS AU NORD DE GÊNES (30 avril 1800).

Aquarelle par Bagetti.

Partie centrale, premier étage, galerie des Aquarelles, n° 140.

665. REVUE DU PREMIER CONSUL BONAPARTE DANS LA COUR DES TUILERIES (1800).

Par MM. Alaux et Lestang en 1835.

Aile du midi, rez-de-chaussée, salle n° 64.

666. COMBAT DE STOCKACH (DUCHÉ DE BADE) (3 mai 1800).

Par M.

Aile du nord, premier étage, salle n° 78.

667. L'ARMÉE FRANÇAISE AU BOURG SAINT-PIERRE TRAVERSE LE GRAND SAINT-BERNARD (20 mai 1800).

Par M. Thévenin en 1806.

Aile du nord, premier étage, salle n° 78.

668. PASSAGE DU GRAND SAINT-BERNARD (20 mai 1800).

Par M. Thévenin en 1808.

Aile du midi, rez-de-chaussée, salle de Marengo, n° 74.

669. PASSAGE DU MONT SAINT-BERNARD PAR L'ARMÉE FRANÇAISE (20 mai 1800).

Par MM. Alaux et Hipp. Lecomte en 1835.

Aile du midi, rez-de-chaussée, salle de Marengo, n° 74.

670. PASSAGE DU GRAND SAINT-BERNARD.

Aquarelle par Bagetti.

Aile du midi, rez-de-chaussée, salle de Marengo, n° 74.

671. LE PREMIER CONSUL PASSE LES ALPES (20 mai 1800).

Par David en 1805.

Aile du midi, rez-de-chaussée, salle de Marengo, n° 74.

672. LE PREMIER CONSUL VISITE L'HÔPITAL DU MONT SAINT-BERNARD (20 mai 1800).

Par M. Lebel en 1810.

Aile du nord, premier étage, salle n° 78.

PEINTURE. 129

673. L'ARMÉE FRANÇAISE DESCEND LE MONT SAINT-BERNARD (20 mai 1800).

Par TAUNAY en 1809.
Aile du nord, premier étage, salle n° 78.

674. L'ARMÉE FRANÇAISE S'EMPARE DU DÉFILÉ FORTIFIÉ DE LA CLUSE (21 mai 1800).

Par MM. ALAUX et VICTOR ADAM en 1835.
Aile du midi, rez-de-chaussée, salle n° 74.

675. L'ARMÉE FRANÇAISE S'EMPARE DU DÉFILÉ FORTIFIÉ DE LA CLUSE (21 mai 1800).

Aquarelle par BAGETTI.
Partie centrale, premier étage, galerie des Aquarelles, n° 140.

676. MARCHE DE L'ARMÉE FRANÇAISE POUR ENTRER DANS LA VALLÉE D'AOSTE (21 mai 1800).

Aquarelle par BAGETTI.
Partie centrale, premier étage, galerie des Aquarelles, n° 140.

677. BATAILLE D'HÉLIOPOLIS (BASSE-ÉGYPTE) (20 mai 1800).

Par MM. COGNIET et GIRARDET en 1837.
Aile du nord, premier étage, salle n° 77.

678. L'ARMÉE FRANÇAISE TRAVERSE LE DÉFILÉ D'ALBAREDO PRÈS DU FORT DE BARD (21 mai 1800).

Par M. MONGIN en 1812.
Aile du nord, premier étage, salle n° 78.

679. PASSAGE DE L'ARTILLERIE FRANÇAISE
SOUS LE FORT DE BARD   (21 mai 1800).

Par Rodolphe Gautier en 1801.

Aile du nord, premier étage, salle n° 78.

680. PASSAGE DE L'ARTILLERIE FRANÇAISE
SOUS LE FORT DE BARD   (21 mai 1800).

Par MM. Alaux et Victor Adam en 1835.

Aile du midi, rez-de-chaussée, salle n° 74.

681. PASSAGE DE L'ARTILLERIE FRANÇAISE
SOUS LE FORT DE BARD   (21 mai 1800).

Aquarelle par Bagetti.

Partie centrale, premier étage, galerie des Aquarelles, n° 140.

682. PRISE DE LA VILLE ET DE LA CITADELLE
D'IVRÉE   (21 mai 1800).

Aquarelle par Bagetti.

Partie centrale, premier étage, galerie des Aquarelles, n° 140.

683. ENTRÉE DE L'ARMÉE FRANÇAISE DANS IVRÉE
(21 mai 1800).

Par MM. Alaux et Victor Adam en 1835.

Aile du midi, rez-de-chaussée, salle n° 74.

684.   DÉFENSE DE GÊNES   (25 mai 1800).
Bombardement de la ville par les Anglais.

Aquarelle par Bagetti.

Partie centrale, premier étage, galerie des Aquarelles, n° 140.

685. COMBAT DU PONT DE LA CHIUSELLA
ENTRE IVRÉE ET TURIN (26 mai 1800).

Par Rodolphe Gautier en 1801.

Aile du nord, premier étage, salle n° 78.

686. PASSAGE DE LA CHIUSELLA (26 mai 1800).

Par MM. Alaux et Hipp. Lecomte en 1835.

Aile du midi, rez-de-chaussée, salle n° 74.

687. PASSAGE DE LA CHIUSELLA (26 mai 1800).

Aquarelle par Bagetti.

Partie centrale, premier étage, galerie des Aquarelles, n° 140.

688. PASSAGE DE LA SESIA ET PRISE DE VERCEIL.

Par MM. Alaux et Hipp. Lecomte en 1835.

Aile du midi, rez-de-chaussée, salle n° 74.

689. PASSAGE DE LA SESIA ET PRISE DE VERCEIL.

Aquarelle par Bagetti.

Partie centrale, premier étage, galerie des Aquarelles, n° 140.

690. PRISE DES HAUTEURS DE VARALLO
(28 mai 1800).

Aquarelle par Bagetti.

Partie centrale, premier étage, galerie des Aquarelles, n° 140.

691. PASSAGE DU TESIN A TURBIGO (31 mai 1800).

Aquarelle par Bagetti.

Partie centrale, premier étage, galerie des Aquarelles, n° 140.

132   PALAIS DE VERSAILLES.

692. ATTAQUE DU FORT D'ARONA (1ᵉʳ juin 1800).

Par MM. Alaux et Hipp. Lecomte en 1835.

Aile du midi, rez-de-chaussée, salle n° 74.

693. ATTAQUE DU FORT D'ARONA (1ᵉʳ juin 1800).

Aquarelle par Bagetti.

Partie centrale, premier étage, galerie des Aquarelles, n° 140.

694. PRISE DE CASTELLETO (1ᵉʳ juin 1800).

Aquarelle par Bagetti.

Partie centrale, premier étage, galerie des Aquarelles, n° 140.

695. ENTRÉE DE L'ARMÉE FRANÇAISE A MILAN (2 juin 1800).

Investissement du château.

Aquarelle par Bagetti.

Partie centrale, premier étage, galerie des Aquarelles, n° 140.

696. ATTAQUE ET PRISE DU PONT DE PLAISANCE (6 juin 1800).

Par MM. Alaux et Victor Adam en 1835.

Aile du midi, rez-de-chaussée, salle n° 74.

697. ATTAQUE ET PRISE DU PONT DE PLAISANCE (6 juin 1800).

Aquarelle par Bagetti.

Partie centrale, premier étage, galerie des Aquarelles, n° 140.

698. PASSAGE DU PÔ A NOCETO (6 juin 1800).

Aquarelle par Bagetti.

Partie centrale, premier étage, galerie des Aquarelles, n° 140.

699. PASSAGE DU PÔ EN FACE BELGIOJOSO (6 juin 1800).

Aquarelle par Bagetti.

Partie centrale, premier étage, galerie des Aquarelles, n° 140.

700. ENTRÉE DE L'ARMÉE FRANÇAISE A PLAISANCE (6 juin 1800).

Aquarelle par Bagetti.

Partie centrale, premier étage, galerie des Aquarelles, n° 140.

701. INVESTISSEMENT DE LA CITADELLE DE PLAISANCE (6 juin 1800).

Aquarelle par Bagetti.

Partie centrale, premier étage, galerie des Aquarelles, n° 140.

702. PRISE DU PONT DE LECCO (6 juin 1800).

Aquarelle par Bagetti.

Partie centrale, premier étage, galerie des Aquarelles, n° 140.

703. BATAILLE DE MONTEBELLO (8 juin 1800).

Première attaque en vue de Casteggio.

Par MM. Alaux et Victor Adam en 1835.

Aile du midi, rez-de-chaussée, salle n° 74.

704. BATAILLE DE MONTEBELLO (8 juin 1800).

Première attaque en vue de Casteggio.

Aquarelle par BAGETTI.

Partie centrale, premier étage, galerie des Aquarelles, n° 140.

705. BATAILLE DE MONTEBELLO (8 juin 1800).

Deuxième attaque, passage du Coppo.

Par MM. ALAUX et VICTOR ADAM en 1835.

Aile du midi, rez-de-chaussée, partie centrale, n° 74.

706. BATAILLE DE MONTEBELLO (8 juin 1800).

Deuxième attaque, passage du Coppo.

Aquarelle par BAGETTI.

Partie centrale, premier étage, galerie des Aquarelles, n° 140.

707. BATAILLE DE MARENGO (14 juin 1800).

Premier engagement des armées.

Aquarelle par BAGETTI.

Partie centrale, premier étage, galerie des Aquarelles, n° 140.

708. BATAILLE DE MARENGO (14 juin 1800).

Par CARLE VERNET en 1806.

Aile du midi, rez-de-chaussée, salle de Marengo. n° 74.

709. **BATAILLE DE MARENGO** (14 juin 1800).

Le général Desaix blessé mortellement.

Par REGNAULT en 1804.

Aile du midi, rez-de-chaussée, salle de Marengo, n° 74.

710. **BATAILLE DE MARENGO** (14 juin 1800).

Le général Desaix blessé mortellement.

Aquarelle par BAGETTI.

Partie centrale, premier étage, galerie des Aquarelles, n° 140.

711. **BATAILLE DE MARENGO** (14 juin 1800).

Aquarelle par BAGETTI.

Partie centrale, premier étage, galerie des Aquarelles, n° 140.

712. **BATAILLE DE MARENGO (ALLÉGORIE)** (14 juin 1800).

Par CALLET en 1804.

Aile du nord, premier étage, salle n° 78.

713. **CONVENTION APRÈS LA BATAILLE DE MARENGO** (15 juin 1800).

Quatorze places fortes remises à l'armée française.

Par M. DROLLING en 1837.

714. **REPRISE DE GÊNES PAR L'ARMÉE FRANÇAISE** (16 au 24 juin 1800).

Par HUE en 1804.

Aile du nord, premier étage, salle n° 78.

715. BATAILLE DE HOCHSTETT (BAVIÈRE) (19 juin 1800).

Par M.

Aile du nord, premier étage, salle n° 78.

716. MARCHE DE L'ARMÉE FRANÇAISE EN ITALIE PENDANT LA CAMPAGNE DE MARENGO (1800).

Aquarelle par Bagetti.

Partie centrale, premier étage, salle des Aquarelles, n° 140.

717. MARCHE DE L'ARMÉE FRANÇAISE EN ITALIE PENDANT LA CAMPAGNE DE MARENGO (1800).

Par M. Justin Ouvrié, d'après Bagetti.

Partie centrale, rez-de-chaussée, salle n° 25.

718. BATAILLE DE HOHENLINDEN (3 déc. 1800).

Par M. Schopin en 1837.

Aile du midi, premier étage, galerie des Batailles, n° 137.

719. PASSAGE DU MINCIO ET BATAILLE DE POZZOLO (25 déc. 1800).

Par M. Jouy en 1836, d'après M. Bellangé.

Aile du nord, premier étage, salle n° 78.

720. ATTAQUE DE VÉRONE (30 déc. 1800).

L'armée française, rangée en bataille, marche à l'ennemi, qui refuse le combat.

Aquarelle par Bagetti.

Partie centrale, premier étage, salle des Aquarelles, n° 140.

PEINTURE. 137

721. COMBAT NAVAL D'ALGÉSIRAS (5 juill. 1801).
Première position.

Aquarelle par
Partie centrale, premier étage, salle des Aquarelles, n° 140.

722. COMBAT NAVAL D'ALGÉSIRAS (5 juill. 1801).
Deuxième position.

Aquarelle par
Partie centrale, premier étage, salle des Aquarelles, n° 140.

723. COMBAT NAVAL DANS LA BAIE D'ALGÉSIRAS (5 juill. 1801).

Par M. Morel Fatio en 1836.
Aile du midi.

724. COMBAT NAVAL DEVANT CADIX (13 juill. 1801).

Par M.
Aile du midi.

725. SIGNATURE DU CONCORDAT ENTRE LA FRANCE ET LE SAINT-SIÉGE (15 juill. 1801).

Par MM. Alaux et Lestang en 1835.
Aile du midi, rez-de-chaussée, salle n° 64.

726. SIGNATURE DU CONCORDAT ENTRE LA FRANCE ET LE SAINT-SIÉGE (15 juill. 1801).

Dessin à la sépia par le baron Gérard en 1803.
Partie centrale, premier étage, salle des Aquarelles, n° 140.

727. COMBAT NAVAL DEVANT BOULOGNE D'UNE PARTIE DE LA FLOTTILLE FRANÇAISE CONTRE LA FLOTTE ANGLAISE.

(Nuit du 15 au 16 août 1801.)

Par M. Crépin en 1806.

Aile du midi.

728. LA CONSULTA DE LA RÉPUBLIQUE CISALPINE RÉUNIE EN COMICES A LYON, DÉCERNE LA PRÉSIDENCE AU PREMIER CONSUL BONAPARTE (26 janv. 1802).

Par M. Monsiau en 1808.

Aile du midi, rez-de-chaussée, salle n° 64.

729. ENTRÉE DE BONAPARTE, PREMIER CONSUL, A ANVERS (18 juill. 1803).

Par M. Van Brée en 1807.

Aile du midi, rez-de-chaussée, salle n° 64.

730. NAPOLÉON REÇOIT A SAINT-CLOUD LE SÉNATUS-CONSULTE QUI LE PROCLAME EMPEREUR DES FRANÇAIS (18 mai 1804).

Par M. Rouget en 1837.

Aile du midi, rez-de-chaussée, salle n° 65.

731. NAPOLÉON AUX INVALIDES DISTRIBUE LES CROIX DE LA LÉGION D'HONNEUR (14 juill. 1804).

Par M. Debret en 1812.

Aile du midi, rez-de-chaussée, salle n° 65.

732. NAPOLÉON VISITE LE CAMP DE BOULOGNE
(juill. 1804).

Par M.

Aile du nord, premier étage, salle n° 78.

CAMP DE BOULOGNE (juill. 1804).

733. Napoléon observe les mouvemens de la flottille anglaise.

Aquarelle par GAUTIER.

Partie centrale, premier étage, galerie des Aquarelles, n° 140.

734. Intérieur du camp.

Aquarelle par GAUTIER.

Partie centrale, premier étage, galerie des Aquarelles, n° 140.

735. Vue du port.

Aquarelle par GAUTIER.

Partie centrale, premier étage, galerie des Aquarelles, n° 140.

736. Travaux du fort.

Aquarelle par GAUTIER.

Partie centrale, premier étage, galerie des Aquarelles, n° 140.

737. Vue du fort.

Aquarelle par GAUTIER.

Partie centrale, premier étage, galerie des Aquarelles, n° 140.

738. NAPOLÉON VISITE LES ENVIRONS DU CHÂTEAU DE BRIENNE (4 août 1804).

Par M. Leroy de Liancourt en 1806.

Aile du nord, premier étage, salle n° 78.

739. NAPOLÉON, AU CAMP DE BOULOGNE, DISTRIBUE LES CROIX DE LA LÉGION-D'HONNEUR (16 août 1804).

Par Hennequin en 1806.

Aile du midi, rez-de-chaussée, salle n° 64.

740. NAPOLÉON, AU CAMP DE BOULOGNE, DISTRIBUE LES CROIX DE LA LÉGION-D'HONNEUR (16 août 1804).

Aquarelle par Parent.

Aile du midi, premier étage, salle des Aquarelles, n° 140.

741. ENTREVUE DE NAPOLÉON ET DU PAPE PIE VII DANS LA FORÊT DE FONTAINEBLEAU (26 nov. 1804).

Par Demarne et Dunoui en 1808.

Aile du nord, premier étage, salle n° 78.

742. ENTREVUE DE NAPOLÉON ET DU PAPE PIE VII DANS LA FORÊT DE FONTAINEBLEAU (26 nov. 1804).

Par MM. Alaux et Gibert en 1835.

Aile du nord, premier étage, salle n° 78.

743. SACRE DE L'EMPEREUR NAPOLÉON ET COURONNEMENT DE L'IMPÉRATRICE JOSÉPHINE DANS L'ÉGLISE DE NOTRE-DAME DE PARIS (2 déc. 1804).

Par DAVID en 1808.

Partie centrale, premier étage, salle du Sacre de Napoléon, n° 130.

744. SACRE DE L'EMPEREUR NAPOLÉON ET COURONNEMENT DE L'IMPÉRATRICE JOSÉPHINE DANS L'ÉGLISE DE NOTRE-DAME DE PARIS (2 déc. 1804).

Par MM. ALAUX et GIBERT en 1835.

Partie centrale, premier étage, salle du Sacre de Napoléon, n° 130.

745. NAPOLÉON DONNE LES AIGLES A L'ARMÉE (5 déc. 1804).

Par DAVID en 1810.

Partie centrale, premier étage, salle du Sacre de Napoléon, n° 130.

746. NAPOLÉON DONNE LES AIGLES A L'ARMÉE (5 déc. 1804).

Par MM. ALAUX et GIBERT en 1835.

Partie centrale, premier étage, salle du Sacre de Napoléon, n° 130.

747. NAPOLÉON REÇOIT AU LOUVRE LES DÉPUTÉS DE L'ARMÉE APRÈS SON COURONNEMENT (8 déc. 1804).

Par SERANGELI en 1808.

Aile du midi, rez-de-chaussée, salle n° 65.

748. NAPOLÉON REÇOIT AUX TUILERIES LA CONSULTA DE LA RÉPUBLIQUE ITALIENNE QUI LE PROCLAME ROI D'ITALIE
(17 mars 1805).

Par M. Goubaud en 1807.

Aile du midi, rez-de-chaussée, salle n° 66.

749. PRISE DU ROCHER LE DIAMANT
(25 juin 1805).

Par M. Mayer en 1837.

Aile du midi, rez-de-chaussée, salle n° 66.

750. L'ARMÉE FRANÇAISE PASSE LE RHIN A STRASBOURG. (25 sept. 1805).

Par MM. Alaux et May en 1835.

Aile du midi, rez-de-chaussée, salle n° 66.

751. L'ARMÉE FRANÇAISE PASSE LE RHIN A STRASBOURG (25 sept. 1805).

Aquarelle par Bagetti.

Partie centrale, premier étage, salle des Aquarelles, n° 140.

752. NAPOLÉON REÇU A ETTLINGEN PAR LE PRINCE ÉLECTEUR DE BADE
(1er oct. 1805).

Par M. Jean-Victor Bertin en 1812.

Aile du midi, rez-de-chaussée, salle n° 66.

753. NAPOLÉON REÇU AU CHATEAU DE LOUISBOURG PAR LE DUC DE WURTEMBERG (2 oct. 1805).

Par M. WATELET en 1812.

Aile du midi, rez-de-chaussée, salle n° 66.

754. COMBAT DE WERTINGEN (8 oct. 1805).

Par M. EUGÈNE LEPOITTEVIN en 1836.

Aile du midi, rez-de-chaussée, salle n° 66.

755. COMBAT DE WERTINGEN (8 oct. 1805).

Aquarelle par M. SIMÉON FORT en 1836.

Partie centrale premier étage, salle des Aquarelles, n° 140.

756. ENTRÉE DE L'ARMÉE FRANÇAISE A MUNICH (8 oct. 1805).

Aquarelle par M. SIMÉON FORT en 1836.

Partie centrale, premier étage, salle des Aquarelles, n° 140.

757. COMBAT D'AÏCHA PRÈS AUGSBOURG (9 oct. 1805).

Par M. JOLLIVET en 1836.

Aile du midi, rez-de-chaussée, salle n° 66.

758. ATTAQUE DU PONT DE GUNZBOURG (9 oct. 1805).

Par MM. ALAUX et LESTANG en 1835.

Aile du midi, rez-de-chaussée, salle n° 66.

759. ATTAQUE DU PONT DE GUNZBOURG (9 oct. 1805).

Aquarelle par BAGETTI.

Partie centrale, premier étage, salle des Aquarelles, n° 140.

760. PRISE DE GUNZBOURG (9 oct. 1805).

Par MM. ALAUX et LESTANG en 1835.

Aile du midi, rez-de-chaussée, salle n° 66.

761. COMBAT DE LANDSBERG (11 oct. 1805).

Par M. HIPP. BELLANGÉ en 1836.

Aile du midi, rez-de-chaussée, salle n° 66.

762. COMBAT D'ALBECK (11 oct. 1805)

Par MM. ALAUX et VICTOR ADAM en 1835.

Aile du midi, rez-de-chaussée, salle n° 66.

763. ENTRÉE DE L'ARMÉE FRANÇAISE A AUGSBOURG (9 oct. 1805).

Aquarelle par BAGETTI.

Partie centrale, premier étage, salle des Aquarelles, n° 140.

764. NAPOLÉON HARANGUE LE 2ᵉ CORPS DE LA GRANDE ARMÉE SUR LE PONT DE LECH A AUGSBOURG (12 oct. 1805).

Par GAUTHEROT en 1808.

Aile du midi, rez-de-chaussée, salle n° 66.

PEINTURE. 145

765. CAPITULATION DE MEMMINGEN
(14 oct. 1805).

Par MM. Alaux et Victor Adam en 1835.
Aile du midi, rez-de-chaussée, salle n° 66.

766. CAPITULATION DE MEMMINGEN
(14 oct. 1805).

Aquarelle par M. Siméon Fort en 1835.
Partie centrale, premier étage, galerie des Aquarelles, n° 140.

767. ENTRÉE DE L'ARMÉE FRANÇAISE
A MEMMINGEN   (14 oct. 1805).

Par MM. Alaux et Oscar Gué en 1835.
Aile du midi, rez-de-chaussée, salle n° 66.

768. COMBAT D'ELCHINGEN   (15 oct. 1805).

Par M. Roqueplan en 1837.
Aile du midi, rez-de-chaussée, salle n° 66.

769. COMBAT D'ELCHINGEN. PASSAGE DU DANUBE
PAR L'ARMÉE FRANÇAISE   (15 oct. 1805).

Aquarelle par Bagetti.
Partie centrale, premier étage, galerie des Aquarelles, n° 140.

770. CAPITULATION DE NORDLINGEN
(18 oct. 1805).

Par M. Victor Adam en 1835.
Aile du midi, rez-de-chaussée, salle n° 66.

771. ATTAQUE ET PRISE DU PONT DU VIEUX CHATEAU DE VÉRONE (18 oct. 1805).

Par MM. Alaux et Lafaye en 1835.

Aile du midi, rez-de-chaussée, salle n° 68.

772. REDDITION D'ULM (20 oct. 1805).

Par M. Thévenin en 1815.

Aile du midi, rez-de-chaussée, salle n° 66.

773. REDDITION D'ULM (20 oct. 1805).

Par M. Berthon en 1806.

Aile du nord, premier étage, salle n° 78.

774. REDDITION D'ULM (ALLÉGORIE) (20 oct. 1805).

Par Callet en 1812.

Aile du nord, premier étage, salle n° 78.

775. ENTRÉE DE L'ARMÉE FRANÇAISE A MUNICH (24 oct. 1805).

Par Taunay en 1808.

Aile du nord, premier étage, salle n° 78.

776. PRISE DE LINTZ (3 nov. 1805).

Par MM. Alaux et Guiaud en 1835.

Aile du midi, rez-de-chaussée, salle n° 68.

777. ENTRÉE DE L'ARMÉE FRANÇAISE A LINTZ (3 nov. 1805).

Par MM. Alaux et Guyon en 1835.

Aile du midi, rez-de-chaussée, salle n° 68.

778. ENTRÉE DE L'ARMÉE FRANÇAISE à LINTZ (3 nov. 1805).

Aquarelle par Bagetti.

Partie centrale, premier étage, galerie des Aquarelles, n° 140.

779. COMBAT DE STEYER (5 nov. 1805).

Aquarelle par M. Siméon Fort en 1835.

Partie centrale, premier étage, galerie des Aquarelles, n° 140.

780. COMBAT D'AMSTETTEN (6 nov. 1805).

Par MM. Alaux et Lafaye en 1835.

Aile du midi, rez-de-chaussée, salle n° 68.

781. COMBAT D'AMSTETTEN (6 nov. 1805).

Aquarelle par M. Siméon Fort en 1837.

Partie centrale, premier étage, galerie des Aquarelles, n° 140.

782. NAPOLÉON REND HONNEUR AU COURAGE MALHEUREUX (6 nov. 1805).

Par M. Debret en 1806.

Aile du midi, rez-de-chaussée, salle n° 68.

783. LE MARÉCHAL NEY REMET AUX SOLDATS DU 76ᵉ RÉGIMENT DE LIGNE LEURS DRAPEAUX RETROUVÉS DANS L'ARSENAL D'INSPRUCK (7 nov. 1805).

Par Meynier en 1808.

Aile du midi, rez-de-chaussée, salle n° 68.

784. L'ARMÉE FRANÇAISE MARCHANT SUR VIENNE TRAVERSE LE DÉFILÉ DE MOLK (10 nov. 1805).

Aquarelle par M. Siméon Fort en 1835.

Partie centrale, premier étage, galerie des Aquarelles, n° 140.

785. OCCUPATION DE L'ABBAYE DE MOLK PAR L'ARMÉE FRANÇAISE (10 nov. 1805).

Par M. Adolphe Roehn en 1808.

Aile du midi, rez-de-chaussée, salle n° 69.

786. COMBAT DE DIERNSTEIN (11 nov. 1805).

Par M. Beaume en 1836.

Aile du midi, rez-de-chaussée, salle n° 66.

787. COMBAT DE DIERNSTEIN (11 nov. 1805).

Aquarelle par M. Siméon Fort en 1835.

Partie centrale, premier étage, galerie des Aquarelles, n° 140.

788. PASSAGE DU TAGLIAMENTO (13 nov. 1805).

Par MM. Alaux et Philippoteaux en 1835.

Aile du midi, rez-de-chaussée, salle n° 68.

789. NAPOLÉON REÇOIT LES CLEFS DE VIENNE (14 nov. 1805).

Par Girodet en 1808.

Aile du midi, rez-de-chaussée, salle n° 69.

790. COMBAT DE GELLERSDORF ET DE HOLLABRUNN (16 nov. 1805).

Par M. Féron en 1837.

Aile du midi, rez-de-chaussée, salle n° 68.

791. ENTRÉE DE L'ARMÉE FRANÇAISE A VIENNE (20 nov. 1805).

Par MM. Alaux et Guiaud en 1835.

Aile du midi, rez-de-chaussée, salle n° 68.

792. BIVOUAC DE L'ARMÉE FRANÇAISE LA VEILLE AU SOIR DE LA BATAILLE D'AUSTERLITZ (1er déc. 1805).

Par Bacler d'Albe en 1809.

Aile du nord, premier étage, salle n° 78.

793. BIVOUAC DE L'ARMÉE FRANÇAISE LA VEILLE AU SOIR DE LA BATAILLE D'AUSTERLITZ (1er déc. 1805).

Par MM. Alaux et Brocas en 1836, d'après Bacler d'Albe.

Aile du midi, rez-de-chaussée, salle n° 69.

PALAIS DE VERSAILLES.

794.   NAPOLÉON DONNANT L'ORDRE AVANT LA BATAILLE D'AUSTERLITZ

(2 déc. 1805).

Par Carle Vernet en 1808.

Aile du midi, rez-de-chaussée, salle n° 69.

795.   BATAILLE D'AUSTERLITZ   (2 déc. 1805).

(Dix heures du matin.)

Attaque des hauteurs de Pratzen.

Aquarelle par M. Siméon Fort en 1835.

Partie centrale, premier étage, galerie des Aquarelles, n° 140.

796.   BATAILLE D'AUSTERLITZ   (2 déc. 1805).

Aquarelle par M. Siméon Fort en 1835.

Partie centrale, premier étage, galerie des Aquarelles, n° 140.

797.   BATAILLE D'AUSTERLITZ   (2 déc. 1805).

Par le baron Gérard en 1808.

Aile du midi, premier étage, galerie des Batailles, n° 137.

798.   MORT DU GÉNÉRAL WALHUBERT

(2 déc. 1805).

Par J.-F.-P. Peyron en 1808.

Aile du nord, premier étage, salle n° 78.

799.   MORT DU GÉNÉRAL WALHUBERT

(2 déc. 1805).

Par MM. Alaux et Brisset en 1835, d'après Peyron.

Aile du midi, rez-de-chaussée, salle n° 69.

800. BATAILLE D'AUSTERLITZ (ALLÉGORIE)
(2 déc. 1805).

Par Callet.

Aile du nord, premier étage, salle n° 78.

801. ENTREVUE DE NAPOLÉON ET DE FRANÇOIS II APRÈS LA BATAILLE D'AUSTERLITZ
(4 déc. 1805).

Par le baron Gros en 1812.

Aile du midi, rez-de-chaussée, salle n° 69.

802. ENTREVUE DE L'EMPEREUR NAPOLÉON ET DE L'ARCHIDUC CHARLES A STAMERSDORFF (BASSE-AUTRICHE) (17 déc. 1805).

Par M. Ponce Camus en 1812.

Aile du nord, premier étage, salle n° 78.

803. LE PREMIER BATAILLON DU 4ᵉ RÉGIMENT DE LIGNE REMET A L'EMPEREUR DEUX ÉTENDARDS PRIS SUR L'ENNEMI A LA BATAILLE D'AUSTERLITZ (23 déc. 1805).

Par M.

Aile du nord, premier étage, salle n° 78.

804. LE SÉNAT REÇOIT LES DRAPEAUX PRIS DANS LA CAMPAGNE D'AUTRICHE
(1ᵉʳ janv. 1806).

Par Regnault en 1808.

Aile du nord, premier étage, salle n° 79.

805. MARIAGE DU PRINCE EUGÈNE DE BEAUHARNAIS ET DE LA PRINCESSE AUGUSTE AMÉLIE DE BAVIÈRE A MUNICH (14 janv. 1806).

Par Menageot en 1807.

Aile du nord, premier étage, salle n° 79.

806. COMBAT NAVAL DE LA FRÉGATE FRANÇAISE LA CANONNIÈRE, CONTRE LE VAISSEAU ANGLAIS LE TREMENDOUS (21 avril 1806).

Par M. Gilbert en 1835.

Aile du midi.

807. ENTREVUE DE NAPOLÉON ET DU PRINCE PRIMAT A ASCHAFFENBOURG (1er oct. 1806).

Par M. Constant Bourgeois en 1812.

Aile du nord, premier étage, salle n° 79.

808. ENTREVUE DE NAPOLÉON ET DU GRAND-DUC DANS LES JARDINS DU PALAIS A WURTZBOURG (2 oct. 1806).

Par M. Hipp. Lecomte en 1812.

Aile du nord, premier étage, salle n° 79.

809. COMBAT DE SAALFELD (10 oct. 1806).

Par M. Desmoulins en 1837.

Aile du nord, premier étage, salle n° 79.

810. COMBAT DE SAALFELD (10 oct. 1806).

Aquarelle par M. Siméon Fort en 1835.

Partie centrale, premier étage, galerie des Aquarelles, n° 140.

PEINTURE.   153

811.   BATAILLE D'IÉNA   (14 oct. 1806).
(Midi.)

Aquarelle par M. Siméon Fort en 1835.

Partie centrale, premier étage, galerie des Aquarelles, n° 140.

812.   BATAILLE D'IÉNA   (14 oct. 1806).

Par M. H. Vernet en 1836.

Aile du midi, premier étage, galerie des Batailles, n° 137.

813.   REDDITION D'ERFURT   (15 oct. 1806).
(Midi.)

Aquarelle par M. Siméon Fort en 1836.

Partie centrale, premier étage, galerie des Aquarelles, n° 140.

814.   LA COLONNE DE ROSBACH RENVERSÉE PAR L'ARMÉE FRANÇAISE   (18 oct. 1806).

Par M. Vafflard en 1810.

Aile du nord, premier étage, salle n° 79.

815.   LA COLONNE DE ROSBACH RENVERSÉE PAR L'ARMÉE FRANÇAISE   (18 oct. 1806).

Par MM. Alaux et Baillif en 1835, d'après M. Vafflard.

Aile du midi, rez-de-chaussée, salle n° 70.

816. ENTRÉE DE L'ARMÉE FRANÇAISE A LEIPSICK   (18 oct. 1806).

Aquarelle par M. Siméon Fort en 1837.

Partie centrale, premier étage, galerie des Aquarelles, n° 140.

817. NAPOLÉON AU TOMBEAU DU GRAND FRÉDÉRIC
(25 oct. 1806).

Par M. Ponce Camus en 1808.

Aile du nord, premier étage, salle n° 79.

818. NAPOLÉON AU TOMBEAU DU GRAND FRÉDÉRIC
(25 oct. 1806).

Par MM. Alaux et Baillif en 1837, d'après M. Ponce Camus.

Aile du midi, rez-de-chaussée, salle n° 70.

819. ENTRÉE DE L'ARMÉE FRANÇAISE A BERLIN
(27 oct. 1806).

Par Meynier en 1810.

Aile du midi, rez-de-chaussée, salle n° 70.

820. NAPOLÉON ACCORDE A LA PRINCESSE DE HATZFELD LA GRACE DE SON MARI.
(28 oct. 1806.)

Par M. de Boisfremont en 1810.

821. CAPITULATION DE PRENTZLOW
(28 oct. 1806).

Aquarelle par M. Siméon Fort en 1837.

Partie centrale, premier étage, galerie des Aquarelles, n° 140.

822. REDDITION DE STETTIN (29 oct. 1806).

Aquarelle par M. Siméon Fort en 1836.

Partie centrale, premier étage, galerie des Aquarelles, n° 140.

823. ENTRÉE DE L'ARMÉE FRANÇAISE A POSEN
(4 nov. 1806).

Aquarelle par M. Siméon Fort en 1836.

Partie centrale, premier étage, salle des Aquarelles, n° 140.

824. CAPITULATION DE MAGDEBOURG
(8 nov. 1806).

Par M. Vauchelet en 1837.

Aile du nord, premier étage, salle n° 79.

825. CAPITULATION DE MAGDEBOURG.
(8 nov. 1806).

Aquarelle par M. Siméon Fort en 1836.

Partie centrale, premier étage, salle des Aquarelles, n° 140.

826. NAPOLÉON REÇOIT AU PALAIS ROYAL DE BERLIN LES DÉPUTÉS DU SÉNAT.
(19 nov. 1806).

Par M. Berthon en 1808.

Aile du midi, rez-de-chaussée, salle n° 70.

827. REDDITION DE GLOGAU (2 déc. 1806).

Aquarelle par M. Siméon Fort en 1836.

Partie centrale, premier étage, salle des Aquarelles, n° 140.

828. PASSAGE DE LA VISTULE A THORN
(Au matin). (6 déc. 1806).

Aquarelle par M. Siméon Fort en 1835.

Partie centrale, premier étage, galerie des Aquarelles, n° 149.

PALAIS DE VERSAILLES.

829. COMBAT D'EYLAU (ATTAQUE DU CIMETIÈRE) (7 fév. 1807).

Aquarelle par M. Siméon Fort en 1836.
Partie centrale, premier étage, galerie des Aquarelles, n° 140.

830. BATAILLE D'EYLAU (8 fév. 1807).

Aquarelle par M. Siméon Fort en 1836.
Partie centrale, premier étage, galerie des Aquarelles, n° 140.

831. NAPOLÉON SUR LE CHAMP DE BATAILLE D'EYLAU (9 fév. 1807).

Par M. Mauzaisse en 1810, d'après le baron Gros.
Aile du midi, rez-de-chaussée, salle n° 70.

832. BIVOUAC D'OSTERODE (mars 1807).

Par M. Hipp. Lecomte en 1808.
Aile du midi, rez-de-chaussée, salle n° 70.

833. NAPOLÉON A OSTERODE ACCORDE DES GRACES AUX HABITANS (mars 1807).

Par M. Ponce Camus en 1810.
Aile du nord, premier étage, salle n° 80.

834. SIÉGE DE DANTZICK (avril 1807).
Investissement de la place.

Par M.
Partie centrale, rez-de-chaussée, salle n° 25.

835.   NAPOLÉON REÇOIT A FINKENSTEIN
       L'AMBASSADEUR DE PERSE (27 avril 1807).
   Par M. MULARD en 1810.
   Aile du nord, premier étage, salle n° 80.

836.   NAPOLÉON REÇOIT A FINKENSTEIN
       L'AMBASSADEUR DE PERSE (27 avril 1807).
   Par MM. ALAUX et RUBIO en 1835, d'après M. Mulard.
   Aile du midi, rez-de-chaussée, salle n° 71.

837. ENTRÉE DE L'ARMÉE FRANÇAISE A DANTZICK.
                                    (juin 1807).
   Par M. ADOLPHE ROEHN en 1812.
   Aile du nord, premier étage, salle n° 79.

838. ENTRÉE DE L'ARMÉE FRANÇAISE A DANTZICK
                                    (juin 1807).
   Par MM. ALAUX et GUIAUD en 1835.
   Aile du midi, rez-de-chaussée, salle n° 71.

839.   COMBAT DE HEILSBERG   (10 juin 1807).
   Par M.
   Aile du nord, premier étage, salle n° 79.

840.   COMBAT DE HEILSBERG   (10 juin 1807).
           (Sept heures du soir.)
   Aquarelle par M. SIMÉON FORT en 1835.
   Partie centrale, premier étage, galerie des Aquarelles, n° 140.

841. **BATAILLE DE FRIEDLAND** (14 juin 1807).

(Sept heures du soir.)

Aquarelle par M. Siméon Fort en 1835.

Partie centrale, premier étage, galerie des Aquarelles, n° 140.

842. **BATAILLE DE FRIEDLAND** (14 juin 1807).

Par M. H. Vernet en 1836.

Aile du midi, premier étage, galerie des Batailles, n° 137.

843. **PRISE DE KOENIGSBERG** (14 et 15 juin 1807).

Aquarelle par M. Siméon Fort en 1836.

Partie centrale, premier étage, galerie des Aquarelles, n° 140.

844. **HÔPITAL MILITAIRE DES FRANÇAIS ET DES RUSSES A MARIEMBOURG** (juin 1807).

Par Adolphe Roehn en 1808.

Aile du nord, premier étage, salle n° 79.

845. **ENTREVUE DE NAPOLÉON ET D'ALEXANDRE SUR LE NIÉMEN** (25 juin 1807).

Par M. Adolphe Roehn en 1808.

Aile du nord, premier étage, salle n° 79.

846. **SIÉGE DE GRAUDENTZ** (juin 1807).

Aquarelle par M. Siméon Fort en 1836.

Aile du midi, premier étage, galerie des Aquarelles, n° 140.

847. NAPOLÉON REÇOIT A TILSITT LA REINE
    DE PRUSSE   (6 juill. 1807).

Par M. Gosse en 1837.

Aile du midi, rez-de-chaussée, salle n° 71.

848. NAPOLÉON REÇOIT A TILSITT LA REINE
    DE PRUSSE   (6 juill. 1807).

Par Tardieu en 1808.

Aile du nord, premier étage, salle n° 80.

849.   ALEXANDRE PRÉSENTE A NAPOLÉON
LES COSAQUES, LES BASKIRS ET LES KALMOUCKS
    DE L'ARMÉE RUSSE.   (8 juill. 1807).

Par M. Bergeret en 1810.

Aile du nord, premier étage, salle n° 80.

850. NAPOLÉON A TILSITT DONNE LA CROIX
    DE LA LÉGION-D'HONNEUR A UN SOLDAT
    DE L'ARMÉE RUSSE QUI LUI EST DÉSIGNÉ
    COMME LE PLUS BRAVE   (9 juill. 1807).

Par M. Debret en 1808.

Aile du midi, rez-de-chaussée, salle n° 71.

851. ADIEUX DE NAPOLÉON ET D'ALEXANDRE
    APRÈS LA PAIX DE TILSITT (9 juill. 1807).

Par Serangeli en 1810.

Aile du midi, rez-de-chaussée, salle n° 71.

852.   PRISE DE STRALSUND   (20 août 1807).

Par MM. Alaux et Hipp. Lecomte en 1835.

Aile du midi, rez-de-chaussée, salle n° 71.

853. MARIAGE DU PRINCE JÉRÔME BONAPARTE ET DE LA PRINCESSE FRÉDÉRIQUE CATHERINE DE WURTEMBERG   (22 août 1807).

Par Regnault en 1810.

Aile du midi, rez-de-chaussée, salle n° 72.

854. ENTRÉE DE LA GARDE IMPÉRIALE A PARIS APRÈS LA CAMPAGNE DE PRUSSE (25 nov. 1807).

Par Taunay en 1810.

Aile du nord, premier étage, salle n° 80.

855.   NAPOLÉON VISITE L'INFIRMERIE DES INVALIDES   (11 févr. 1808).

Par M. Véron Bellecourt en 1812.

Aile du nord, premier étage, salle n° 80.

856.   COMBAT NAVAL LIVRÉ SOUS LA CÔTE DE L'ÎLE DE GROIX (OCÉAN ATLANTIQUE)   (22 mars 1808).

Par M.

Aile du midi.

857. ENTRÉE DE FERDINAND VII EN FRANCE (20 avril 1808).

Par MM. Alaux et Lestang en 1835.

Aile du midi, rez-de-chaussée, salle n° 72.

PEINTURE. 161

858. ENTREVUE DE NAPOLÉON ET D'ALEXANDRE A ERFURT (27 sept. 1808).

Par M. Gosse.

Aile du nord, premier étage, salle n° 80.

859. COMBAT DE SOMMO-SIERRA (ESPAGNE) (30 nov. 1808).

Par MM. Alaux et Hipp. Lecomte en 1835, d'après M. H. Vernet.

Aile du midi, rez-de-chaussée, salle n° 72.

860. NAPOLÉON ACCORDE UNE HEURE A LA VILLE DE MADRID POUR CAPITULER (3 déc. 1808).

Par Carle Vernet en 1810.

Aile du midi, rez-de-chaussée, salle n° 72.

861. NAPOLÉON PRESCRIT AUX DÉPUTÉS DE LA VILLE DE MADRID DE LUI APPORTER LA SOUMISSION DU PEUPLE (3 déc. 1808).

Aquarelle par Gautier.

Aile du midi, premier étage, galerie des Aquarelles, n° 140.

862. CAPITULATION DE MADRID (4 déc. 1808).

Par le baron Gros en 1810.

Aile du midi, rez-de-chaussée, salle n° 72.

863. L'ARMÉE FRANÇAISE TRAVERSE LES DÉFILÉS DU GUADARRAMA (22 au 24 déc. 1808).

Par Taunay en 1812.

Aile du nord, premier étage, salle n° 80.

864. L'ARMÉE FRANÇAISE TRAVERSE LES DÉFILÉS DU GUADARRAMA (22 au 24 déc. 1808).

Par MM. Alaux et Lafaye en 1835, d'après Taunay.

Aile du midi, rez-de-chaussée, salle n° 72.

865. MADEMOISELLE DE SAINT-SIMON SOLLICITANT LA GRACE DE SON PÈRE (déc. 1808).

Par Lafond en 1810.

Aile du nord, premier étage, salle n° 80.

866. MADEMOISELLE DE SAINT-SIMON SOLLICITANT LA GRACE DE SON PÈRE (déc. 1808).

Par MM. Alaux et Lafaye en 1835, d'après Lafond.

Aile du midi, rez-de-chaussée, salle n° 72.

867. NAPOLÉON A ASTORGA ACCORDE LA LIBERTÉ AUX PRISONNIERS ANGLAIS (janv. 1809).

Par M. Hipp. Lecomte en 1810.

Aile du nord, premier étage, salle n° 80.

868. NAPOLÉON A ASTORGA ACCORDE LA LIBERTÉ AUX PRISONNIERS ANGLAIS (janv. 1809).

Par MM. Alaux et Baillif en 1835, d'après M. Hipp. Lecomte.

Aile du midi, rez-de-chaussée, salle n° 72.

869. BATAILLE DE LA COROGNE (16 janv. 1809).

Par M.

Aile du nord, premier étage, salle n° 80.

870. COMBAT DE TANN (BAVIÈRE) (19 avril 1809).

(Après-midi.)

Aquarelle par M. Siméon Fort en 1835.
Partie centrale, premier étage, galerie des Aquarelles, n° 140.

871. NAPOLÉON HARANGUE LES TROUPES BAVAROISES ET WURTEMBERGEOISES A ABENSBERG (20 avril 1809).

Par M. Debret en 1810.
Aile du midi, rez-de-chaussée, salle n° 73.

872. BATAILLE D'ABENSBERG (20 avril 1809).

Aquarelle par M. Storelli en 1835.
Partie centrale, premier étage, galerie des Aquarelles, n° 140.

873. COMBAT ET PRISE DE LANDSHUT (21 avril 1809).

Par M. Hersent en 1810.
Aile du nord, premier étage, salle n° 80.

874. COMBAT DE LANDSHUT (21 avril 1809).

Aquarelle par M. Siméon Fort en 1835.
Partie centrale, premier étage, galerie des Aquarelles, n° 140.

875. BATAILLE D'ECKMUHL (22 avril 1809).

(Midi.)

Aquarelle par M. Siméon Fort en 1835.
Partie centrale, premier étage, galerie des Aquarelles, n° 140.

876. BATAILLE D'ECKMUHL (22 avril 1809).
Par MM. Alaux et Gibert en 1835.
Aile du midi, rez-de-chaussée, salle n° 73.

877. COMBAT DE RATISBONNE (VALLÉE DU DANUBE) (22 avril 1809).
Aquarelle par Bagetti.
Partie centrale, premier étage, galerie des Aquarelles, n° 140.

878. NAPOLÉON BLESSÉ DEVANT RATISBONNE (23 avril 1809).
Par Gautherot en 1810.
Aile du nord, premier étage, salle n° 81.

879. ATTAQUE DE RATISBONNE (23 avril 1809).
Aquarelle par M. Justin Ouvrié en 1835.
Partie centrale, premier étage, galerie des Aquarelles, n° 140.

880. COMBAT ET PRISE DE RATISBONNE (23 avril 1809).
Par M. Thévenin en 1811.
Aile du nord, premier étage, salle n° 80.

881. BATAILLE D'OPORTO (28 avril 1809).
Par M.
Aile du nord, premier étage, salle n° 80.

882. COMBAT D'EBERSBERG (3 mai 1809).
Par Taunay en 1810.
Aile du midi, rez-de-chaussée, salle n° 73.

883. **COMBAT D'EBERSBERG** (3 mai 1809).

Aquarelle par M. Siméon Fort en 1835.

Partie centrale, premier étage, galerie des Aquarelles, n° 140.

884. BIVOUAC DE NAPOLÉON PRÈS LE CHATEAU D'EBERSBERG (4 mai 1809).

Par Mongin en 1810.

Aile du midi, rez-de-chaussée, salle n° 73.

885. BOMBARDEMENT DE VIENNE (11 mai 1809)

Par Bacler d'Albe en 1811.

Aile du nord, premier étage, salle n° 80.

886. **ATTAQUE DE VIENNE**
(nuit du 11 au 12 mai 1809).

Aquarelle par M. Ciceri, d'après Bagetti.

Partie centrale, premier étage, galerie des Aquarelles, n° 140.

887. PASSAGE DU TAGLIAMENTO (11 mai 1809).

Par MM. Alaux et Rigaud en 1835.

Aile du midi, rez-de-chaussée, salle n° 73.

888. NAPOLÉON ORDONNE DE JETER UN PONT SUR LE DANUBE, A EBERSDORF, POUR PASSER DANS L'ÎLE DE LOBAU (mai 1809).

Par Appiani en 1811.

Aile du nord, premier étage, salle n° 80.

889. BATAILLE D'ESSLING (22 mai 1809).

Par MM. Alaux et Lafaye en 1835.

Aile du midi, rez-de-chaussée, salle n° 73.

890. **BATAILLE D'ESSLING** (22 mai 1809).

Aquarelle par M. Pasquieri en 1824.

Partie centrale, premier étage, galerie des Aquarelles, n° 140.

891. **LE MARÉCHAL LANNES, DUC DE MONTEBELLO, BLESSÉ MORTELLEMENT A ESSLING**
(22 mai 1809).

Par Albert Paul Bourgeois en 1810.

Aile du midi, rez-de-chaussée, salle n° 73.

892. **PRISE DE LAYBACH** (22 mai 1809).

Par M. Cogniet.

Aile du nord, premier étage, salle n° 81.

893. **RETOUR DE NAPOLÉON DANS L'ÎLE DE LOBAU APRÈS LA BATAILLE D'ESSLING**
(23 mai 1809).

Par Meynier en 1812.

Aile du nord, premier étage, salle n° 81.

894. **COMBAT DE MAUTERN (EN STYRIE)**
Par M.   (25 mai 1809).

Aile du nord, premier étage, salle n° 81.

495. **BATAILLE DE RAAB (EN HONGRIE)**
Par M.   (14 juin 1809).

Aile du nord, premier étage, salle n° 81.

896. **PRISE DE RAAB (EN HONGRIE)**
(22 juin 1809).

Par MM. Alaux et Philippoteaux en 1835.

Aile du midi, rez-de-chaussée, salle n° 73.

897. L'ARMÉE FRANÇAISE TRAVERSE LE DANUBE A L'ÎLE DE LOBAU (4 juill. 1809).

Par Hue en 1810.

Aile du nord, premier étage, salle n° 80.

898. L'ARMÉE FRANÇAISE TRAVERSE LE DANUBE A L'ÎLE DE LOBAU (4 juill. 1809).

Par MM. Alaux et Lafaye en 1835, d'après Hue.

Aile du midi, rez-de-chaussée, salle n° 73.

899. BATAILLE DE WAGRAM (PREMIÈRE JOURNÉE) (5 juill. 1809).

(Huit heures du matin.)

Aquarelle par M. Siméon Fort en 1835.

Partie centrale, premier étage, galerie des Aquarelles, n° 140.

900. BATAILLE DE WAGRAM (PREMIÈRE JOURNÉE) (5 juill. 1809).

(Sept heures du soir.)

Aquarelle par M. Siméon Fort en 1835.

Partie centrale, premier étage, galerie des Aquarelles, n° 140.

901. BIVOUAC DE NAPOLÉON SUR LE CHAMP DE BAAILLE DE WAGRAM (nuit du 5 au 6 juill. 1809).

Par M. Adolphe Roehn en 1810.

Aile du nord, premier étage, salle n° 80.

902. **BATAILLE DE WAGRAM** (2ᵉ JOURNÉE) (6 juill. 1809).

(Six heures du matin.)

Aquarelle par M. Siméon Fort en 1836.

Partie centrale, premier étage, galerie des Aquarelles, n° 140.

903. **BATAILLE DE WAGRAM** (2ᵉ JOURNÉE) (6 juill. 1809).

(Dix heures du matin.)

Aquarelle par M. Siméon Fort en 1836.

Partie centrale, premier étage, galerie des Aquarelles, n° 140.

904. **BATAILLE DE WAGRAM** (6 juill. 1809).

Par M. Bellangé en 1837.

Aile du nord, premier étage, salle n° 82.

905. **BATAILLE DE WAGRAM** (7 juill. 1809).

Par M. H. Vernet en 1836.

Aile du midi, premier étage, galerie des Batailles, n° 137.

906. **BATAILLE DE WAGRAM** (2ᵉ JOURNÉE) (6 juill. 1809).

(Une heure après midi.)

Aquarelle par M. Siméon Fort en 1836.

Partie centrale, premier étage, galerie des Aquarelles, n° 140.

907. **COMBAT D'HOLLABRUNN** (9 juill. 1809).

Par M.

Aile du nord, premier étage, salle n° 81.

PEINTURE. 169

908. COMBAT D'HOLLABRUNN (9 juill. 1809).
Aquarelle par M. Siméon Fort en 1837.
Partie centrale, premier étage, galerie des Aquarelles, n° 140.

909. COMBAT DE ZNAÏM (10 juill. 1809).
Aquarelle par M. Storelli en 1835, d'après Bagetti.
Aile du midi, premier étage, galerie des Aquarelles, n° 140.

910. LA FLOTTE FRANÇAISE EN PRÉSENCE DE LA FLOTTE ANGLAISE DEVANT ANVERS SUR L'ESCAUT (23 août 1809).
Aquarelle par
Aile du midi, premier étage, galerie des Aquarelles, n° 140.

911. PRISE DE LA FRÉGATE ANGLAISE LE CEYLAN PAR LA FRÉGATE FRANÇAISE LA VÉNUS (sept. 1809).
Par M. Gilbert en 1835.
Aile du midi.

912. BATAILLE D'OCAÑA (18 nov. 1809).
Par M.
Aile du nord, premier étage, salle n° 81.

913. MARIE-LOUISE, AU MOMENT DE PARTIR POUR LA FRANCE, DISTRIBUE SES BIJOUX A SES FRÈRES ET SOEURS (mars 1810).
Par Mme Auzou en 1812.
Aile du nord, premier étage, salle n° 82.

8

914. ARRIVÉE DE MARIE-LOUISE A COMPIÈGNE (28 mars 1810).

Par Mme Auzou en 1810.

Aile du nord, premier étage, salle n° 82.

915. MARIAGE DE L'EMPEREUR NAPOLÉON ET DE MARIE-LOUISE, ARCHIDUCHESSE D'AUTRICHE, AU PALAIS DU LOUVRE (2 avril 1810).

Par M. Rouget en 1814.

Aile du nord, premier étage, salle n° 81.

916. MARIAGE DE L'EMPEREUR NAPOLÉON ET DE MARIE-LOUISE, ARCHIDUCHESSE D'AUTRICHE, AU PALAIS DU LOUVRE (2 avril 1810).

Par M. Rouget en 1836.

Aile du midi, rez-de-chaussée, salle n° 73.

917. SIÉGE DE LÉRIDA (23 avril 1810).

Par M. Rémond en 1836.

Aile du nord, premier étage, salle n° 82.

918. NAPOLÉON ET MARIE-LOUISE VISITENT L'ESCADRE MOUILLÉE DANS L'ESCAUT DEVANT ANVERS (1er mai 1810).

Par M. Van Brée en 1811.

Aile du nord, premier étage, salle n° 82.

919. NAPOLÉON ET MARIE-LOUISE VISITENT L'ESCADRE MOUILLÉE DANS L'ESCAUT DEVANT ANVERS (1er mai 1810).

Par M. Van Brée en 1811.
Aile du midi.

920. LE FRIEDLAND DE 80 CANONS LANCÉ DANS LE PORT D'ANVERS (2 mai 1810).

Par M. Van Brée en 1811.
Aile du nord, premier étage, salle n° 82.

921. LE FRIEDLAND DE 80 CANONS LANCÉ DANS LE PORT D'ANVERS (2 mai 1810).

Par M. Van Brée en 1811.
Aile du midi.

922. BATAILLE D'ALMEIDA (24 juill. 1810).
Par M.
Aile du nord, rez-de-chaussée, salle n° 82.

923. COMBAT NAVAL DU GRAND PORT OU FORT ROYAL (24 août 1810).

Par M. Gilbert en 1836.
Aile du midi.

924. REDDITION DE TORTOSE (2 janv. 1811).
Par M. Rémond en 1836.
Aile du nord, premier étage, salle n° 82.

925. COMBAT NAVAL DE LA FRÉGATE FRANÇAISE LA POMONE CONTRE LES FRÉGATES ANGLAISES L'ALCESTE ET L'ACTIVE (29 nov. 1811).

Par M. Gilbert en 1836.

Aile du midi.

926. COMBAT NAVAL EN VUE DE L'ÎLE D'AIX (27 déc. 1811).

Par M.

Aile du midi.

927. PASSAGE DU NIÉMEN (24 juin 1812). (Matin.)

Aquarelle par M. Siméon Fort en 1836.

Partie centrale, premier étage, galerie des Aquarelles, n° 140.

928. COMBAT DE CASTALLA (21 juill. 1812).

Par M. Ch. Langlois en 1837.

Aile du nord, premier étage, salle n° 82.

929. BATAILLE DE SMOLENSK (17 août 1812).

Par M.

Aile du nord, premier étage, salle n° 82.

930. COMBAT DE POLOTSK (18 août 1812).

Par M. Ch. Langlois.

Aile du nord, premier étage, salle n° 82.

PEINTURE. 173

931. BATAILLE DE LA MOSKOWA (7 sept. 1812).

Par M. Ch. Langlois en 1837.

Aile du nord, premier étage, salle n° 82.

932. DÉFENSE DU CHATEAU DE BURGOS (oct. 1812).

Par M. Heim en 1814.

Aile du nord, premier étage, salle n° 82.

933. COMBAT DE KRASNOË (18 nov. 1812, 9 heures du matin).

Aquarelle par M. Siméon Fort en 1836.

Partie centrale, premier étage, galerie des Aquarelles, n° 140.

934. COMBAT NAVAL EN VUE DES ÎLES DE LOZ (7 févr. 1813).

Par M. Crépin en 1814.

Aile du midi.

935. BATAILLE DE LUTZEN (2 mai 1813).

Par M. Beaume en 1837.

Aile du midi, premier étage, salle n° 83.

936. BATAILLE DE BAUTZEN (19 et 20 mai 1813).

Par M. Beaume.

Aile du nord, premier étage, salle n° 83.

937. PRISE DE HAMBOURG (30 mai 1813).

Par M.

Aile du nord, premier étage, salle n° 83.

938.   PRISE DE TARRAGONE   (15 août 1813).

Par M. Rémond en 1837.

Aile du nord, premier étage, salle n° 83.

939.   BATAILLE DE HANAU   (30 oct. 1813).

Par M. Féron en 1835, d'après M. H. Vernet.

Aile du nord, premier étage, salle n° 83.

940. COMBAT NAVAL DANS LA RADE DE TOULON DU VAISSEAU FRANÇAIS LE WAGRAM CONTRE PLUSIEURS VAISSEAUX ANGLAIS (5 nov. 1813).

Par M. Mayer.

Aile du midi.

941. COMBAT DE CHAMP-AUBERT (10 févr. 1814).

Par M.

Aile du nord, premier étage, salle n° 83.

942. BATAILLE DE MONTMIRAIL (11 févr. 1814).

Par M. Henri Scheffer en 1835, d'après M. H. Vernet.

Aile du nord, premier étage, salle n° 83.

943. COMBAT DU VAISSEAU FRANÇAIS LE ROMULUS CONTRE TROIS VAISSEAUX ANGLAIS, A L'ENTRÉE DE LA RADE DE TOULON   (13 févr. 1814).

Par M. Gilbert en 1837.

Aile du midi.

PEINTURE. 175

944. BATAILLE DE MONTEREAU (18 févr. 1814).

Par M.

Aile du nord, premier étage, salle n° 83.

945. DÉFENSE DE BERG-OP-ZOOM (8 mars 1814).

Par M.

946. COMBAT DE CLAYE (27 mars 1814).

Par M. Eug. Lami en 1831.

Aile du nord, premier étage, salle n° 83.

947. BATAILLE DE TOULOUSE (10 avril 1814).

Par M.

Aile du nord, premier étage, salle n° 83.

948. NAPOLÉON SIGNE SON ABDICATION A FONTAINEBLEAU (11 avril 1814).

Par M.

Aile du nord, premier étage, salle n° 83.

949. ADIEUX DE NAPOLÉON A LA GARDE IMPÉRIALE A FONTAINEBLEAU (20 avril 1814).

Par M.

Aile du nord, premier étage, salle n° 85.

950. ARRIVÉE DE LOUIS XVIII A CALAIS (24 avril 1814).

Par M.

Aile du nord, premier étage, salle n° 84.

951. LOUIS XVIII AUX TUILERIES (1814).

Par Marigny en 1824, d'après le tableau du baron Gérard.

Aile du nord, premier étage, salle n° 84.

952. SÉANCE ROYALE POUR L'OUVERTURE DES CHAMBRES ET LA PROCLAMATION DE LA CHARTE CONSTITUTIONNELLE (2 juin 1814).

Par M.

Aile du nord, premier étage, salle n° 84.

953. NAPOLÉON S'EMBARQUE A PORTO FERRAIO (ÎLE D'ELBE) POUR REVENIR EN FRANCE (1er mars 1815).

Par M. Beaume en 1836.

Aile du nord, premier étage, salle n° 84.

954. LOUIS XVIII QUITTE LE PALAIS DES TUILERIES (nuit du 19 au 20 mars 1815).

Par le baron Gros en 1816.

Aile du nord, premier étage, salle n° 84.

955. CHAMP DE MAI (1er juin 1815).

Par M.

956. MARIAGE DU DUC DE BERRY ET DE CAROLINE FERDINANDE LOUISE, PRINCESSE DES DEUX SICILES (17 juin 1816).

Par M.

957. RÉTABLISSEMENT DE LA STATUE
DE HENRI IV SUR LE PONT-NEUF
(25 août 1818).

Par M.

Aile du nord, premier étage, salle n° 84.

958. SÉPULTURE DE NAPOLÉON A SAINTE-HÉLÈNE
(1821).

Par M. Alaux en 1837, d'après M. H. Vernet et le baron Gérard.

Aile du nord, premier étage, salle n° 84.

959. LOUIS XVIII OUVRE LA SESSION
DES CHAMBRES AU LOUVRE (28 janv. 1823).

Par M.

Aile du nord, premier étage, salle n° 84.

960. ENTRÉE DES FRANÇAIS A MADRID
(24 mai 1823).

Par M.

961. PRISE DES RETRANCHEMENS
DEVANT LA COROGNE (15 juill. 1823).

Par M. Hipp. Lecomte en 1824.

Aile du nord, premier étage, salle n° 84.

962. COMBAT DE CAMPILLO D'ARENAS
(28 juill. 1823).

Par Ch. Langlois en 1824.

Aile du nord, premier étage, salle n° 84.

963.   ATTAQUE ET PRISE DU FORT
            DE L'ÎLE VERTE   (15 août 1823).
Par M. Gilbert.
Aile du nord, premier étage, salle n° 84.

964.   PRISE DU TROCADÉRO   (31 août 1823).
Par M. Paul Delaroche en 1827.
Aile du nord, premier étage, salle n° 84.

965.   COMBAT DE LLERS   (16 sept. 1823).
Par M.

966.   PRISE DE PAMPELUNE   (16 sept. 1823).
Par Carle Vernet en 1824.
Aile du nord, premier étage, salle n° 84.

967.   PRISE DU FORT SANTI-PETRI
                                (21 sept. 1823).
Par M. Gilbert en 1835.
Aile du midi.

968.   BOMBARDEMENT DE CADIX
     PAR L'ESCADRE FRANÇAISE (23 sept. 1823).
Par M.
Aile du midi.

969.   COMBAT DE PUERTO DE MIRAVETE
                                (30 sept. 1823).
Par M. Eug. Lami en 1825.
Aile du nord, premier étage, salle n° 84.

970. ENTRÉE DU ROI CHARLES X A PARIS
(27 sept. 1824).

Par M.

Aile du nord, premier étage, salle n° 85.

971. SACRE DE CHARLES X A REIMS (25 mai 1825).

Par le baron GÉRARD en 1827.

Aile du nord, premier étage, salle n° 85.

972. RÉCEPTION DES CHEVALIERS
DU SAINT-ESPRIT DANS LA CATHÉDRALE
DE REIMS   (30 mai 1825).

Par M.

Aile du nord, premier étage, salle n° 85.

973. REVUE DE LA GARDE ROYALE A REIMS
PAR CHARLES X.   (31 mai 1825).

Par le baron GROS en 1827.

Aile du nord, premier étage, salle n° 85.

974. REVUE DE LA GARDE NATIONALE
AU CHAMP-DE-MARS PAR CHARLES X (1825).

Par M. H. VERNET.

Aile du nord, premier étage, salle n° 85.

975. BATAILLE DE NAVARIN (20 oct. 1827).

Par M. GARNERAY en 1830.

Aile du nord, premier étage, salle n° 85.

976. **BATAILLE DE NAVARIN** (20 oct. 1827).

Par M. Bouterwek en 1837, d'après M. Ch. Langlois.

Aile du nord, premier étage, salle n° 85.

977. **MORT DE BISSON** (5 nov. 1827).

Par Mme Rang en 1837.

Aile du nord, premier étage, salle n° 85.

978. **ENTRÉE DE CHARLES X A COLMAR** (10 sept. 1828).

Par M.

Aile du nord, premier étage, salle n° 85.

979. **ENTREVUE DU GÉNÉRAL MAISON ET D'IBRAHIM PACHA A NAVARIN** (sept. 1828).

Par M.

Aile du nord, premier étage, salle n° 85.

980. **PRISE DE PATRAS** (4 oct. 1828).

Par M.

Aile du nord, premier étage, salle n° 85.

981. **PRISE DE CORON** (4 oct. 1828).

Par M.

Aile du nord, premier étage, salle n° 85.

982. **PRISE DU CHATEAU DE MORÉE (GRÈCE)** (30 oct. 1828).

Par M. Ch. Langlois en 1836.

Aile du nord, premier étage, salle n° 85.

983. BAL DONNÉ AU ROI DE NAPLES FRANÇOIS Ier PAR LE DUC D'ORLÉANS AU PALAIS-ROYAL (31 mai 1830).

Par M.

Aile du nord, premier étage, salle n° 85.

984. DÉBARQUEMENT DE L'ARMÉE FRANÇAISE A SIDI FERRUCH (14 juin 1830).

Par M. Gudin en 1831.

Aile du nord, premier étage, salle n° 85.

985. BATAILLE DE STAOUELI (19 juin 1830).

Par M. Carbillet en 1837, d'après M. Ch. Langlois.

Aile du nord, premier étage, salle n° 85.

986. ATTAQUE D'ALGER PAR MER (3 juill. 1830).

Par M.

Aile du nord, premier étage, salle n° 85.

987. PRISE DU FORT DE L'EMPEREUR (4 juill. 1830).

Par M.

Aile du nord, premier étage, salle n° 85.

988. ENTRÉE DE L'ARMÉE FRANÇAISE A ALGER (5 juill. 1830).

Prise de possession de la Casauba.

Par M.

Aile du nord, premier étage, salle n° 85.

989. ARRIVÉE DU DUC D'ORLÉANS AU PALAIS-ROYAL (30 juill. 1830).

Par M. Carbillet en 1836, d'après M. H. Vernet.

Aile du nord, premier étage, salle n° 86.

990. LE DUC D'ORLÉANS SIGNE LA PROCLAMATION DE LA LIEUTENANCE-GÉNÉRALE DU ROYAUME (31 juill. 1830).

Par M. Court en 1836.

Aile du nord, premier étage, salle n° 86.

991. LE DUC D'ORLÉANS PART DU PALAIS-ROYAL POUR SE RENDRE A L'HÔTEL-DE-VILLE.

Par M. H. Vernet en 1833.

Aile du nord, premier étage, salle n° 86.

992. ARRIVÉE DU DUC D'ORLÉANS SUR LA PLACE DE L'HÔTEL-DE-VILLE.

Par M. Larivière en 1836.

Aile du midi, premier étage, salle de 1830, n° 138.

993. ARRIVÉE DU DUC D'ORLÉANS SUR LA PLACE DE L'HÔTEL-DE-VILLE.

Par M. Féron en 1836, d'après M. Larivière.

Aile du nord, premier étage, salle n° 86.

994. LECTURE A L'HÔTEL-DE-VILLE DE LA DÉCLARATION DES DÉPUTÉS ET DE LA PROCLAMATION DU LIEUTENANT-GÉNÉRAL DU ROYAUME (31 juill. 1830).

Par le baron GÉRARD en 1836.

Aile du midi, premier étage, salle de 1830, n° 138.

995. LECTURE A L'HÔTEL-DE-VILLE DE LA DÉCLARATION DES DÉPUTÉS ET DE LA PROCLAMATION DU LIEUTENANT-GÉNÉRAL DU ROYAUME (31 juill. 1830).

Par M. FRANÇOIS DUBOIS en 1836, d'après le baron Gérard.

Aile du nord, premier étage, salle n° 86.

996. LE LIEUTENANT-GÉNÉRAL DU ROYAUME REÇOIT A LA BARRIÈRE DU TRÔNE LE 1er RÉGIMENT DE HUSSARDS COMMANDÉ PAR LE DUC DE CHARTRES (4 août 1830).

Par M. ARY SCHEFFER en 1835.

Aile du midi, premier étage, salle de 1830, n° 138.

997. LE LIEUTENANT-GÉNÉRAL DU ROYAUME REÇOIT A LA BARRIÈRE DU TRÔNE LE 1er RÉGIMENT DE HUSSARDS COMMANDÉ PAR LE DUC DE CHARTRES (4 août 1830).

Par M. ARY SCHEFFER en 1837.

Aile du nord, premier étage, salle n° 86.

998. LE DUC D'ORLÉANS, LIEUTENANT-GÉNÉRAL DU ROYAUME, ET LE DUC DE CHARTRES, A LA TÊTE DU 1er RÉGIMENT DE HUSSARDS, RENTRENT AU PALAIS-ROYAL (4 août 1830).
Par M.
Aile du nord, premier étage, salle n° 86.

999. LA CHAMBRE DES DÉPUTÉS PRÉSENTE AU DUC D'ORLÉANS L'ACTE QUI L'APPELLE AU TRÔNE ET LA CHARTE DE 1830 (7 août 1830).
Par M. HEIM en 1832.
Aile du nord, premier étage, salle n° 86.

1000. LA CHAMBRE DES PAIRS PRÉSENTE AU DUC D'ORLÉANS SON ADHÉSION A LA DÉCLARATION DE LA CHAMBRE DES DÉPUTÉS (7 août 1830).
Par M. HEIM en 1837.
Aile du nord, premier étage, salle n° 86.

1001. LE ROI PRÊTE SERMENT, EN PRÉSENCE DES CHAMBRES, DE MAINTENIR LA CHARTE DE 1830 (9 août 1830).
Par M. EUG. DEVÉRIA en 1836.
Aile du midi, premier étage, salle de 1830, n° 138.

1002. LE ROI PRÊTE SERMENT, EN PRÉSENCE DES CHAMBRES, DE MAINTENIR LA CHARTE DE 1830 (9 août 1830).
Par M. EUG. DEVÉRIA en 1836.
Aile du midi, premier étage, salle de 1830, n° 138.

PEINTURE. 185

1003. LE ROI DONNE LES DRAPEAUX A LA GARDE NATIONALE DE PARIS ET DE LA BANLIEUE (29 août 1830).

Par M. COURT en 1836.

Aile du midi, premier étage, salle de 1830, n° 138.

1004. LE ROI DONNE LES DRAPEAUX A LA GARDE NATIONALE DE PARIS ET DE LA BANLIEUE (29 août 1830).

Par MM. FRANÇOIS et ÉT. DUBOIS en 1831.

Aile du nord, premier étage, salle n° 86.

1005. LA GARDE NATIONALE CÉLÈBRE DANS LA COUR DU PALAIS-ROYAL L'ANNIVERSAIRE DE LA NAISSANCE DU ROI (6 oct. 1830).

Par M.

Aile du nord, premier étage. salle n° 86.

1006. LES QUATRE MINISTRES SIGNATAIRES DES ORDONNANCES DU 25 JUILLET 1830 SONT RECONDUITS A VINCENNES APRÈS LEUR JUGEMENT (21 déc. 1830).

Par M. BIARD en 1837.

Aile du nord, premier étage, salle n° 86.

1007. LE ROI REFUSE LA COURONNE OFFERTE PAR LE CONGRÈS BELGE AU DUC DE NEMOURS (17 févr. 1831).

Par M. GOSSE en 1836.

Aile du nord. premier étage, salle n° 86.

1008. LE ROI DISTRIBUE AU CHAMP-DE-MARS LES DRAPEAUX A L'ARMÉE (27 mars 1831).

Par M. François Dubois en 1831.

Aile du nord, premier étage, salle n° 86.

1009. LE ROI VISITANT LE CHAMP DE BATAILLE DE VALMY, Y RENCONTRE UN VIEUX SOLDAT AMPUTÉ A CETTE BATAILLE, AUQUEL IL DONNE LA CROIX DE LA LÉGION-D'HONNEUR ET UNE PENSION (8 juin 1831).

Par M. Mauzaisse en 1837.

Aile du nord, premier étage, salle n° 86.

1010. ENTRÉE DU ROI A STRASBOURG (19 juin 1831).

Par M.

Aile du nord, premier étage, salle n° 86.

1011. LA FLOTTE FRANÇAISE FORCE L'ENTRÉE DU TAGE (11 juill. 1831).

Par M. Mayer en 1837, d'après M. Gilbert.

Aile du nord, premier étage, salle n° 86.

1012. ENTRÉE DE L'ARMÉE FRANÇAISE EN BELGIQUE (9 août 1831).

Par M. Larivière.

Aile du nord, premier étage, salle n° 86.

1013. OCCUPATION D'ANCÔNE PAR LES TROUPES FRANÇAISES (23 févr. 1832).

Par M.

Aile du nord, premier étage, salle n° 86.

1014. PRISE DE BONE (27 mars 1832).

Par M. Bouterwek en 1836, d'après M. H. Vernet.

Aile du nord, premier étage, salle n° 86.

1015. LE ROI AU MILIEU DE LA GARDE NATIONALE DANS LA NUIT DU 5 JUIN 1832.

Par M. Biard en 1836.

Aile du nord, premier étage, salle n° 86.

1016. LE ROI PARCOURT PARIS ET CONSOLE LES BLESSÉS SUR SON PASSAGE (6 juin 1832).

Par M. Rubio en 1836, d'après M. Auguste Debay.

Aile du nord, premier étage, salle n° 86.

1017. MARIAGE DU ROI DES BELGES AVEC S. A. R. LA PRINCESSE LOUISE D'ORLÉANS, AU PALAIS DE COMPIÈGNE (9 août 1832).

Par M. Court en 1837.

Aile du nord, premier étage, salle n° 86.

1018. SIÉGE D'ANVERS (1832).

Investissement de la place.

Par M.

Partie centrale, rez-de-chaussée, salle n° 25.

1019. LE DUC D'ORLÉANS DANS LA TRANCHÉE AU SIÉGE DE LA CITADELLE D'ANVERS
(nuit du 29 au 30 nov. 1832).

Par M. Lugardon en 1836, d'après M. Roger.

Aile du nord, premier étage, salle n° 86.

1020. LE DUC DE NEMOURS DANS LA TRANCHÉE AU SIÉGE DE LA CITADELLE D'ANVERS
(déc. 1832).

Par MM. Eug. Lami et Amédée Faure.

Aile du nord, premier étage, salle n° 86.

1021. PRISE DE LA LUNETTE SAINT-LAURENT
(14 déc. 1832).

Par M. Jouy en 1836, d'après M. Bellangé.

Aile du nord, premier étage, salle n° 86.

1022. ARMEMENT DE LA BATTERIE DE BRÈCHE
(nuit du 19 au 20 déc. 1832).

Par M. Eug. Lami en 1833.

Aile du nord, premier étage, salle n° 86.

1023. COMBAT DE DOEL (23 déc. 1832).

D'après M. Gudin.

Aile du nord, premier étage, salle n° 86.

1024. LA GARNISON HOLLANDAISE MET BAS LES ARMES DEVANT LES FRANÇAIS SUR LES GLACIS DE LA CITADELLE D'ANVERS (24 déc. 1832).

Par M. Philippoteaux en 1836.

Aile du nord, premier étage, salle n° 86.

1025. LE ROI DISTRIBUE SUR LE CHAMP-DE-MARS A LILLE LES RÉCOMPENSES A L'ARMÉE DU NORD (15 janv. 1833).

Par M.

Aile du midi, premier étage, salle n° 86.

1026. INAUGURATION DE LA STATUE DE NAPOLÉON SUR LA COLONNE DE LA PLACE VENDÔME (28 juill. 1833).

Par M.

Aile du midi, premier étage, salle n° 86.

1027. LE ROI SUR LA RADE A CHERBOURG (3 sept. 1833).

Par M. Gudin en 1833.

Aile du nord, premier étage, salle n° 86.

1028. FUNÉRAILLES DES VICTIMES DE L'ATTENTAT DU 28 JUILLET 1835, CÉLÉBRÉES AUX INVALIDES (5 août 1835).

Par M. Alfred Johannot en 1836.

Aile du nord, premier étage, salle n° 86.

1029.   COMBAT DE L'HABRAH   (3 déc. 1835)

Par M. Théodore Leblanc en 1836.

Aile du nord, premier étage, salle n° 86.

1030.   MARCHE DE L'ARMÉE FRANÇAISE APRÈS LA PRISE DE MASCARA   (9 déc. 1835)

Par M. Théodore Leblanc en 1836.

RÉSIDENCES ROYALES, etc.

1031. CHATEAU DE MEUDON vers 1710.
Tableau du temps, par Martin.

1032. CHATEAU DE CHAMBORD vers 1705.
Tableau du temps, par Martin.

1033. CHATEAU DU GRAND-TRIANON en 1705.
Tableau du temps, par Martin.

1034. CHATEAU DE VINCENNES vers 1669.
Tableau du temps, par Vandermeulen.

1035. CHATEAU DE VERSAILLES vers 1669.
Tableau du temps, par Vandermeulen.

1036. CHATEAU DE CLAGNY en 1778.
Tableau du temps.

1037. CHATEAU ET JARDINS DE SAINT-CLOUD vers 1715.
Tableau du temps.

1038. CHATEAU DE VERSAILLES (1722).

(Côté de la cour).

Tableau du temps, par MARTIN.

1039. CHATEAU DE MADRID en 1724.

Tableau du temps.

1040. CHATEAU DE SAINT-HUBERT vers 1722.

Tableau du temps, par MARTIN.

1041. CHATEAU ET JARDINS DE MARLY vers 1722.

Tableau du temps, par MARTIN.

1042. CHATEAU DE FONTAINEBLEAU en 1722.

Tableau du temps, par MARTIN.

1043. JARDINS DE VERSAILLES,

Bosquet de la fontaine des Dômes en 1690.

1044. JARDINS DE VERSAILLES,

Bosquet des Trois-Fontaines et partie nord du Château en 1690.

1045. JARDINS DE VERSAILLES,

Bosquet du bassin Dauphin en 1690.

1046. JARDINS DE VERSAILLES,
Bassin des Trois-Fontaines en 1690.

1047. JARDINS DE VERSAILLES,
Partie basse du bassin de l'Arc-de-Triomphe en 1690.

1048. JARDINS DE VERSAILLES,
Bosquet de la salle de Bal en 1690.

1049. JARDINS DE VERSAILLES,
Bosquet et bassin de l'Ile d'Amour en 1690.

1050. JARDINS DE VERSAILLES,
Bassin de Neptune (côté du midi) en 1690.

1051. JARDINS DE VERSAILLES,
Bassin du Dragon en 1690.

1052. JARDINS DE VERSAILLES,
Parterre de l'Orangerie et pièce d'Eau des Suisses en 1690.

1053. JARDINS DE VERSAILLES,
Bosquet de la fontaine de l'Encelade en 1690.

Les onze tableaux qui précèdent, depuis le n° 1043 jusqu'au n° 1053, ont été exécutés par Cottel vers 1700, et les vingt-trois tableaux, depuis le n° 1033 jusqu'au n° 1051, sont placés au rez-de-chaussée, partie centrale, salle des Résidences Royales, n° 30.

1054. JARDINS DE VERSAILLES,

Bassin de Neptune et partie nord du Château vers 1688.

Tableau du temps, par Martin.

1055. CHATEAU DE VERSAILLES,

Cour d'Honneur et des Ministres, grandes et petites Écuries du Roi en 1714.

Tableau du temps, par Martin.

1056. JARDINS DE VERSAILLES,

Parterre du Nord vers 1690.

Tableau du temps, par Allegrain.

1057. CHATEAU DE VERSAILLES,

Vue prise des étangs de Montboron vers 1700.

Tableau du temps, par Martin.

1058. JARDINS DE VERSAILLES,

Orangerie et pièce d'Eau des Suisses vers 1700.

Tableau du temps, par Martin.

1059. JARDINS DE VERSAILLES,

Bosquet de l'Ile Royale ou d'Amour vers 1700.

Tableau du temps, par Allegrain.

1060. JARDINS DE VERSAILLES,
Bosquet de la fontaine de l'Obélisque (salle des Festins, ou montagne d'Eau) en 1710.

Tableau du temps, par ALLEGRAIN.

1061. GRAND-TRIANON,
Parterre dit des Quatre Pucelles vers 1700.

Tableau du temps, par ALLEGRAIN.

1062. JARDINS DE VERSAILLES,
Ancien emplacement de l'Obélisque en 1700.

Tableau du temps, par ALLEGRAIN.

Les neuf tableaux qui précèdent, depuis le n° 1054 jusqu'au n° 1062, sont placés au rez-de-chaussée, partie centrale, salle des Résidences Royales, n° 31.

1063. CHATEAU DE VINCENNES en 1724.

Tableau du temps, par MARTIN.

1064. JARDINS DE VERSAILLES,
Fontaine d'Apollon en 1710.

Tableau du temps, par MARTIN.

1065. CASCADE DU JARDIN DU GRAND-TRIANON vers 1714.

Tableau du temps, par ALLEGRAIN.

1066. CHATEAU DE SAINT-GERMAIN en 1724.

Tableau du temps, par MARTIN.

1067. CHATEAU DU GRAND TRIANON en 1724.

Tableau du temps, par MARTIN.

1068.   **JARDINS DE VERSAILLES,**
   Salle des Empereurs (anciennement bassin
          des Pucelles) en 1724.

Tableau du temps, par Allegrain.

1069.   **JARDINS DE VERSAILLES,**
   Bosquet des Bains d'Apollon en 1710.

Tableau du temps, par Martin.

1070.   **CHATEAU DE MARLY en 1724.**

Tableau du temps, par Martin.

Les huit tableaux qui précèdent, depuis le n° 1063 jusqu'au n° 1070, sont placés au rez-de-chaussée, partie centrale, salle des Résidences Royales, n° 32.

1071.   **PROJET POUR LE PONT-NEUF.**
              Paris vers 1585.

Tableau du temps.

1072.   **CHATEAU DES TUILERIES.**
              Paris vers 1620.

Tableau du temps.

1073.   **MACHINE DE MARLY (1686).**

Tableau du temps, par Martin.

1074.   **CHATEAU DES TUILERIES.**
              Paris vers 1785.

1075.   **CHATEAU DES TUILERIES.**
Carrousel donné par Louis XIV le 5 juin 1662.

1076. **CHATEAU DES TUILERIES.**

Paris vers 1785.

1077. **STATUE D'HENRI IV.**

Pont-Neuf, Tour de Nesle, etc., vers 1670.

1078. **CHATEAU DE PAU.**

1079. **LE PETIT CHATELET.**

Paris vers 1786.

1080. **LE PONT-AU-CHANGE,**

Paris vers 1786.

1081. **PROJET POUR LE CHATEAU DE VERSAILLES**

vers 1650.

1082. **JARDINS DE VERSAILLES,**

Bosquet du Labyrinthe.

Le Duc et les Oiseaux.

Vers 1690.

1083. **JARDINS DE VERSAILLES,**

Bosquet du Labyrinthe.

Le Renard et la Grue, — La Grue et le Renard.

Vers 1690.

1084. **JARDINS DE VERSAILLES,**
Bosquet de l'Arc-de-Triomphe vers 1690.

1085. **JARDINS DE VERSAILLES,**
Bosquet du Théâtre d'Eau vers 1690.

1086. **JARDINS DE VERSAILLES,**
Bosquet.

1087. **JARDINS DE VERSAILLES,**
Bosquet de la Colonnade vers 1690.

1088. **JARDINS DE VERSAILLES,**
Bosquet du Parterre d'Eau vers 1690.

1089. **JARDINS DE VERSAILLES,**
Parterre de l'Orangerie vers 1690.

1090. **JARDINS DE VERSAILLES,**
Partie inférieure du Théâtre d'Eau vers 1690.

1091. **PARTERRE DU GRAND TRIANON vers 1690.**

Les dix tableaux qui précèdent, depuis le n° 1082 jusqu'au n° 1091, ont été exécutés par Cottel vers 1700, et les vingt et un tableaux depuis le n° 1071 jusqu'au n° 1091, sont placés au rez-de-chaussée, partie centrale, salle des Résidences Royales, n° 33.

PEINTURE.

SECONDE PARTIE.
PORTRAITS.

PALAIS DE VERSAILLES.

PEINTURE.

SECONDE PARTIE.

PORTRAITS. — ROIS.

Les Portraits des Rois sont placés au rez-de-chaussée,
(partie centrale, salle n° 29).

1092. PHARAMOND, roi des Francs en 420.
Mort en 427.

1093. CLODION, roi des Francs en 427.
Mort en 448.

1094. MÉROVÉE, roi des Francs en 448.
Mort en 458.

1095. CHILDÉRIC Ier, roi des Francs en 458.
Mort en 481.

1096. **CLOVIS Ier**, roi de France en 481.

Mort en 511.

Par M. Dejuinne en 1837.

1097. **CHILDEBERT Ier**, roi de France en 511.

Mort en 558.

1098. **CLOTAIRE Ier**, roi de France en 558.

Mort en 561.

1099. **CARIBERT**, roi de France en 561.

Mort en 567.

1100. **CHILPÉRIC Ier**, roi de France en 567.

Mort en 584.

Par Mme Varcollier.

1101. **CLOTAIRE II**, roi de France en 584.

Mort en 628.

Par M. Monvoisin.

1102. **DAGOBERT Ier**, roi de France en 628.

Mort en 638.

1103. **CLOVIS II**, roi de France, 19 janvier 638.

Mort en 656.

1104. **CLOTAIRE III**, roi de France, 5 sept. 656.

Mort en 670.

PEINTURE. 203

1105. CHILDÉRIC II, roi de France en 670.
Mort en 674.

1106. THIERRY Ier, roi de France en 674.
Mort en 691.

1107. CLOVIS III, roi de France en 691.
Mort en 695.

1108. CHILDEBERT II, dit *le Juste*, roi de France en 695.
Mort en 711.

1109. DAGOBERT II, roi de France, avril 711.
Mort en 715.

1110. CHILPÉRIC II, roi de France, juin 715.
Mort en 720.

Par M. MONVOISIN.

1111. THIERRY II, dit *de Chelles*, roi de France en 720.
Mort en 737.

1112. CHILDÉRIC III, roi de France en 742.
Mort en 754.

1113. PÉPIN, dit *le Bref,* roi de France en 752.

Mort en 768.

Par M. Amiel.

1114. CHARLEMAGNE OU CHARLES Ier, dit *le Grand,* roi de France en 768.

Mort en 814.

Par M. Amiel.

1115. LOUIS Ier, dit *le Débonnaire,* roi de France, janvier 814.

Mort en 840.

Par M. Dassy.

1116. CHARLES II, dit *le Chauve,* roi de France, juin 840.

Mort en 877.

Par M. Steuben.

1117. LOUIS II, dit *le Bègue,* roi de France, octobre 877.

Mort en 879.

1118. LOUIS III et CARLOMAN, rois de France en 879.

Morts, le premier en 882, le second en 884.

Par M. Steuben.

1119. CHARLES III, dit *le Gros,* roi de France en 884.

Mort en 888.

1120. EUDES OU ODON, roi de France, janvier 888.

Mort en 898.

Par M. STEUBEN.

1121. CHARLES IV, dit *le Simple,* roi de France, janvier 898.

Mort en 929.

1122. RAOUL OU RODOLPHE, roi de France en 923.

Mort en 936.

1123. LOUIS IV, dit *d'Outremer,* roi de France, janvier 936.

Mort en 954.

1124. LOTHAIRE, roi de France, octobre 954.

Mort en 986.

1125. LOUIS V, dit *le Fainéant,* roi de France, mars 986.

Mort en 987.

1126. HUGUES CAPET, roi de France, mai 987.

Mort en 996.

Par M. STEUBEN.

1127. ROBERT, dit *le Pieux,* roi de France, octobre 996.

Mort en 1031.

Par M. BLONDEL.

1128. **HENRI Ier**, roi de France, juillet 1031.

Mort en 1060.

Par M. BLONDEL.

1129. **PHILIPPE Ier**, roi de France, août 1060.

Mort en 1108.

Par M. SAINT-EVRE.

1130. **LOUIS VI**, dit *le Gros*, roi de France, juillet 1108.

Mort en 1137.

Par M. BLONDEL.

1131. **LOUIS VII**, dit *le Jeune*, roi de France, août 1137.

Mort en 1180.

Par M. DECAISNE.

1132. **PHILIPPE II**, surnommé *Auguste*, roi de France, septembre 1180.

Mort en 1223.

Par M. AMIEL.

1133. **LOUIS VIII**, dit *le Lion*, roi de France, juillet 1223.

Mort en 1226.

Par M. LEHMANN.

1134. **LOUIS IX (SAINT-LOUIS)**, roi de France, novembre 1226.

Mort en 1270.

Par M. DE CREUSE.

PEINTURE. 207

1135. PHILIPPE III, dit *le Hardi*, roi de France,
août 1270.
Mort en 1285.

Par M. Saint-Évre.

1136. PHILIPPE IV, dit *le Bel*, roi de France,
octobre 1285.
Mort en 1314.

Par M. Bezard.

1137. LOUIS X, dit *le Hutin*, roi de France,
novembre 1314.
Mort en 1316.

Par M. Tassaert.

1138. JEAN Ier, roi de France, novembre 1316.
Mort en 1316.

1139. PHILIPPE V, dit *le Long*, roi de France,
novembre 1316.
Mort en 1322.

Par M. Debacq.

1140. CHARLES IV, dit *le Bel*, roi de France,
janvier 1322.
Mort en 1328.

Par Mme Dehérain.

1141. PHILIPPE VI, dit *de Valois*, roi de France,
mai 1328.
Mort en 1350.

Par M. Robert-Fleury.

1142. JEAN II, dit *le Bon*, roi de France,
       août 1350.
                                        Mort en 1364.
  Par M. Lugardon.

1143. CHARLES V, dit *le Sage*, roi de France,
       avril 1364.
                                        Mort en 1380.
  Par M. Dejuinne.

1144. CHARLES VI, roi de France, septembre 1380.
                                        Mort en 1422.
  Par M. Lehmann.

1145. CHARLES VII, roi de France, octobre 1422.
                                        Mort en 1461.
  Par M. Lehmann.

1146. LOUIS XI, roi de France, juillet 1461.
                                        Mort en 1483.
  Par M. Claude Thevenin.

1147. CHARLES VIII, roi de France, août 1483.
                                        Mort en 1498.
  Par M. Gigoux.

1148. LOUIS XII, dit *le Père du Peuple*, roi de
       France, avril 1498.
                                        Mort en 1515.
  Par M. Adolphe Brune.

1149. FRANÇOIS Ier, roi de France, janvier 1515.
                                        Mort en 1547.
  Par Mlle Clotilde Gérard.

1150. HENRI II, roi de France, mars 1547.

Mort en 1559.

Par M. Naigeon.

1151. FRANÇOIS II, roi de France, juillet 1559.

Mort en 1560.

Par M. Rauch.

1152. CHARLES IX, roi de France, décembre 1560.

Mort en 1574.

Par M. Adolphe Brune.

1153. HENRI III, roi de France, le 30 mai 1574.

Mort en 1589.

Par M. Rubio.

1154. HENRI IV, roi de France, août 1589.

Mort en 1610.

Par Mme Léomenil.

1155. LOUIS XIII, roi de France, mai 1610.

Mort en 1643.

Par M. Lestang.

1156. LOUIS XIV, roi de France, mai 1643.

Mort en 1715.

Par Rigaud.

1157. LOUIS XV, roi de France, septembre 1715.

Mort en 1774.

Par Vanloo.

1158. LOUIS XVI, roi de France, mai 1774.

Mort en 1793.

Par CALLET.

1159. NAPOLÉON, empereur des Français, le 18 mai 1804.

Mort en 1821.

Par ROBERT-LEFEVRE.

1160. LOUIS XVIII, roi de France, le 31 mars 1814.

Mort en 1824.

Par M. PIERRE FRANQUE, d'après le baron Gérard.

1161. CHARLES X, roi de France, le 16 septembre 1824.

Mort en 1836.

Par M. PIERRE FRANQUE.

1162. LOUIS-PHILIPPE 1er, roi des Français, le 9 août 1830.

AMIRAUX. (1)

Les Portraits des Amiraux sont placés au rez-de-chaussée
(partie centrale, salle n° 41).

1163.   **FLORENT DE VARENNES.**
Amiral de France en 1270.

1164.   **ENGUERRAND DE COUCY.**
Amiral de France en 1285.

1165. **MONTMORENCY** (Mathieu, IVe du nom, seigneur de).
Amiral de France en 1285.
Mort en 1305.

1166.   **HARCOURT** (Jean, IIe du nom, sire d').
Amiral et Maréchal de France.
Mort en 1302.

1167.   **OTHON DE TOCY.**
Amiral de France en 1296.
Mort en 1297.

---

(1) Cette Collection, qui avait été formée par ordre du comte de Toulouse, a été long-temps placée au château d'Anet; devenue la propriété du Roi, elle a été donnée par S. M. pour être exposée dans les galeries du palais de Versailles.

1168.   **BENOIST-ZACHARIE.**
Amiral de France en 1297.
Mort après 1314.

1169. **RAINIER DE GRIMAUT OU GRIMALDI**
(IIe du nom).
Amiral de France en 1302.
Mort en 1314.

1170. **CHEPOY** (Thibaut, sire de), ou **CEPOY**.
Amiral de France en 1306.
Mort en 1315.

1171.   **BERENGER-BLANC.**
Amiral de France en 1315.
Mort vers 1326.

1172.   **TRISTAN** (Gentien).
Amiral de France en 1324.

1173.   **MIÈGE** (Pierre).
Amiral de France en 1326.

1174. **CHEPOY** (Jean, IIe du nom, seigneur de).
Amiral de France.
Mort vers 1335.

1175. **QUIERET** (Hugues, seigneur de).
Amiral de France en 1336.
Mort en 1340.

1176. DORIA (Aithon).

Amiral de France en 1339.

1177. BEUCHET OU BEHUCHET (Nicolas), seigneur de Musy, etc.

Amiral de France en 1339.
Mort en 1340.

1178. D'ESPAGNE (Louis de la Cerda).

Amiral de France, 13 mars 1341.
Mort après 1351.

1179. FLOTTE (Pierre), Floton de Revel.

Amiral de France en 1345.
Mort en 1350.

1180. Frère JEAN DE NANTEUIL, de l'ordre de Saint-Jean de Jérusalem.

Amiral de France, 4 décembre 1347.
Mort vers 1356.

1181. QUIERET (Enguerrand), seigneur de Fransu.

Amiral de France en 1357.
Mort vers 1359.

1182. MENTENAY (Enguerrand de).

Amiral de France, 23 avril 1359.

1183. DE LA HEUSE (Jean), dit *le Baudran*.

Amiral de France, 3 juin 1359.

1184. PÉRILLEUX (François de), vicomte de Rodde.

Amiral de France en 1368.

Mort après 1369.

1185. NARBONNE (Aimery X ou Amaury, vicomte de).

Amiral de France, 28 décembre 1369.

Mort en 1382.

1186. VIENNE (Jean de), seigneur de Rollans.

Amiral de France, 27 décembre 1373.

Mort en 1396.

1187. DE TRIE (Renaud), seigneur de Serifontaine.

Amiral de France, 20 octobre 1397.

Mort en 1406.

1188. DE BRÉBAN (Pierre), dit *Clignet*.

Amiral de France, 1er avril 1405.

1189. DAMPIERRE (Jacques de Châtillon, 1er du nom, sire de).

Amiral de France, 23 avril 1408.

Mort en 1415.

1190. BRAQUEMONT (Robert de), dit Robinet.

Amiral de France, 22 avril 1417.

1191. DE POIX (Jeannet).

Amiral de France en 1418.

Mort en 1418.

1192. RECOURT (Charles de), dit de Les,

Amiral de France, 6 juin 1418.

Mort après 1419.

1193. DE BEAUVOIR (Georges) DE CHASTELLUS.

Amiral de France en 1420.

1194. CULANT (Louis, seigneur de).

Amiral de France en 1422.

Mort en 1444.

1195. LOHEAC (André de Laval, seigneur de), et de Rais.

Amiral de France en 1439.

Mort en 1486.

1196. **COËTIVY** (Prégent, seigneur de), VIIe du nom.

Amiral de France en 1439.

Mort en 1450.

1197. **BUEIL** (Jean, V^e du nom, sire de).

Amiral de France en 1450.

1198. **MONTAUBAN** (Jean, sire de).

Amiral de France, 8 octobre 1461.

Mort en 1466.

1199. **BOURBON** (Louis, bâtard de), comte de Roussillon.

Amiral de France en 1466.

Mort en 1486.

1200. **GRAVILLE** (Louis Malet, sire de).

Amiral de France en 1489.

Mort en 1516.

1201. **AMBOISE** (Charles d') IIe du nom, seigneur de Chaumont.

Amiral de France, le 31 janvier 1508.

Mort en 1511.

1202. BONNIVET (Guillaume Gouffier, seigneur de).

Amiral de France.

Mort en 1524.

1203. CHABOT (Philippe), comte de Charny, et de Buzançois.

Amiral de France.

Mort en 1543.

1204. ANNEBAUT (Claude d'), baron de Retz et de le Hunaudaye.

Amiral de France.

Mort en 1552.

1205. COLIGNY (Garpard de), IIe du nom, comte de Coligny, seigneur de Châtillon, etc.

Amiral de France.

Mort en 1572.

1206. VILLARS (Honorat de Savoye, marquis de), comte de Teadc et de Sommerive, etc.

Amiral de France.

Mort en 1580.

1207. MAYENNE (Charles de Lorraine, duc de).

Amiral de France le 28 avril 1578.

Mort en 1611.

1208. **JOYEUSE** (Anne, duc de).

Amiral de France en juin 1582.

Mort en 1587.

1209. **ÉPERNON** (Jean-Louis) de Nogaret de la Valette, duc d').

Amiral de France le 7 novembre 1587.

Mort en 1642.

1210. **NANGIS** (Antoine de Brichanteau, marquis de).

Amiral de France le 20 février 1589.

Mort en 1617.

1211. **LAVALETTE** (Bernard de Nogaret, seigneur de).

Amiral de France en 1589.

Mort en 1592.

1212. **BIRON** (Charles de Gontaut, duc de).

Amiral de France le 4 octobre 1592.

Mort en 1602.

1213. **VILLARS** (André-Baptiste de Brancas, seigneur de).

Amiral de France le 23 août 1594.

Mort en 1595.

1214. DAMVILLE (Charles de Montmorency, duc de)

Amiral de France le 21 janvier 1596.

Mort en 1612.

1215. MONTMORENCY (Henri IIe du nom, duc de) et de Damville.

Amiral de France le 17 janvier 1612.

Mort en 1632.

1216. RICHELIEU (Armand-Jean du Plessis, cardinal, duc de) et de Fronsac.

Grand-maître, chef et surintendant général de la navigation et commerce de France en 1626.

Mort en 1642.

1217. ANNE D'AUTRICHE (Marie-Maurice), infante d'Espagne, reine de France.

Grand-maître, chef et surintendant général de la navigation et commerce de France le 4 juillet 1646.

Morte en 1666.

1218. MAILLÉ (Armand de), duc de Brézé.

Grand-maître, chef et surintendant de la navigation et du commerce de France, le 5 décembre 1682.

Mort en 1646.

1219. VENDÔME (César, duc de), Beaufort, d'Étampes, de Mercœur, etc.

Amiral de France le 12 mai 1650.

Mort en 1665.

1220. BEAUFORT (François de Vendôme, duc de).

Amiral de France le 1ᵉʳ juin 1650.

Mort en 1669.

1221. VERMANDOIS (Louis de Bourbon, comte de).

Amiral de France le 12 novembre 1669.

Mort en 1683.

1222. TOULOUSE (Louis-Alexandre de Bourbon, comte de).

Amiral de France en novembre 1683.

Mort en 1737.

1223. PENTHIÈVRE (Louis-Jean-Marie de Bourbon, duc de)

Amiral de France.

Mort en 1793.

1224. MURAT (Joachim, prince), grand duc de Clèves et de Berg.

Amiral de France le 1ᵉʳ février 1805.

Mort en 1815.

1225. ANGOULÊME (Louis-Ant. d'Artois, duc d').

Amiral de France le 18 mai 1814.

CONNÉTABLES.

Les portraits des Connétables sont placés au rez-de-chaussée.
(Partie centrale, salle n° 42).

1226.   ALBÉRIC DE MONTMORENCY
     Connétable de France vers 1060.
Par M. Lavauden.

1227.   THIBAUT, 1er du nom, seigneur
         de Montmorency.
     Connétable de France en 1083.
                    Mort vers 1090.
Écusson.

1228.   ADELELME OU ALEAUME.
     Connétable de France vers 1071 ou 1072.
Écusson.

1229.   DREUX.
         Connétable de France.
Écusson.

1230.   GASTON DE CHAUMONT.
         Connétable de France.
Écusson.

1231.   HUGUES.
     Connétable de France en 1111.
Écusson.

1232. GUY.

>Connétable de France en 1115.

Écusson.

1233. HUGUES DE CHAUMONT, dit *le Borgne*.

>Connétable de France en 1118.
>
> Mort en 1138.

Écusson.

1234. MONTMORENCY (Mathieu, Ier du nom, seigneur de).

>Connétable de France en 1138.
>
> Mort en 1160.

Écusson.

1235. RAOUL, Ier du nom, comte de Clermont en Beauvoisis.

>Connétable de France.
>
> Mort en 1191.

Écusson.

1236. DE MELLO (Dreux), IVe du nom.

>Connétable de France en 1193.
>
> Mort en 1219.

Écusson.

1237. MONTMORENCY (Mathieu II, le Grand, seigneur de), d'Écouen, de Conflans-Sainte-Honorine, d'Attichy, etc.

>Connétable de France en 1219.
>
> Mort en 1230.

Par M. LUGARDON.

1238. MONTFORT (Amaury, IVe du nom, comte de)

Connétable de France en 1230.
Mort en 1241.
Par M. Henri Scheffer.

1239. TRASIGNIES (Gille, dit *le Brun*, seigneur de).

Connétable de France vers 1250.
Mort en 1276.
Écusson.

1240. BEAUJEU (Humbert de), sire de Montpensier.

Connétable de France en 1277.
Mort en 1285.
Écusson.

1241. NESLE (Raoul de Clermont, IIe du nom, seigneur de).

Connétable de France en 1285.
Mort en 1302.
Écusson.

1242. CHATILLON (Gaucher de), comte de Porcéan, seigneur de Châtillon-sur-Marne, etc.

Connétable de France le 11 juillet 1302.
Mort en 1329.
Par M. Monvoisin.

1243. EU (Raoul de Brienne, Ier du nom, comte d') et de Guines.

Connétable de France en 1327.
Mort en 1344.
Écusson.

1244. GUINES (Raoul de Brienne, IIe du nom, comte d'Eu et de).

Connétable de France le 18 janvier 1344.

Mort en 1350.

Écusson.

1245. ESPAGNE (Charles de Castille, dit d'), comte d'Angoulême, etc.

Connétable de France en janvier 1351.

Mort en 1354.

Par M. Couder.

1246. MARCHE (Jacques de Bourbon, Ier du nom, comte de la) et de Ponthieu, etc.

Connétable de France le 8 janvier 1354.

Mort en 1361.

Par M. Blondel.

1247. ATHÈNES (Gauthier de Brienne, duc d').

Connétable de France le 6 mai 1356.

Mort en 1356.

Par M. Rubio.

1248. FIENNES (Robert, seigneur de), dit *Moreau*.

Connétable de France en 1356.

Mort en 1382.

Écusson.

1249. DU GUESCLIN (Bertrand), duc de Molina et de Transtamare en Castille, etc.

Connétable de France le 2 octobre 1370.

Mort en 1380.

Par M. Féron.

1250. CLISSON (Olivier, IVᵉ du nom, sire de), comte de Porhoët, seigneur de Belleville, de Montagu, etc.

Connétable de France le 28 novembre 1380.

Mort en 1407.

Par M. Ary Scheffer.

1251. EU (Philippe d'Artois, comte d').

Connétable de France le 25 novembre 1392.

Mort en 1397.

Par M. Mauzaisse.

1252. SANCERRE (Louis de Champagne, comte de), chevalier, seigneur de Charenton, etc.

Connétable de France le 26 juillet 1397.

Mort en 1402.

Par M. Ziegler.

1253. ALBRET (Charles, Iᵉʳ du nom, sire d') comte de Dreux.

Connétable de France le 6 février 1402.

Mort en 1415.

Écusson.

1254. SAINT-POL (Walereau de Luxembourg, IIIᵉ du nom, comte de).

Connétable de France en 1411.

Mort en 1413.

Écusson.

1255. ARMAGNAC (Bernard, VIIᵉ du nom, comte d').

Connétable de France le 30 décembre 1415.

Mort en 1418.

Écusson.

1256. BUCHAN (Jean Stewart, comte de).
Connétable de France le 24 avril 1424.
Mort en 1424.
Par M. Blondel.

1257. RICHEMONT (Arthus de Bretagne, comte de),
de Dreux, d'Étampes et de Monfort, etc.
Connétable de France le 7 mars 1425.
Mort en 1458.
Par M. Xavier Dupré.

1258. SAINT-POL (Louis de Luxembourg, comte de),
de Brienne, de Ligny, et seigneur d'Enghien.
Connétable de France le 5 octobre 1465.
Mort en 1475.
Par M. Steuben.

1259. BOURBON (Jean, IIe du nom, duc de)
et d'Auvergne, comte de Clermont, etc.
Connétable de France le 23 octobre 1483.
Mort en 1488.
Par M. Lugardon.

1260. BOURBON (Charles III, duc de)
et de Chatelleraut, Dauphin, et duc d'Auvergne.
Connétable de France le 12 janvier 1515.
Mort en 1527.
Par M. Gaillot.

1261. MONTMORENCY (Anne, duc de), premier
baron chrétien.
Connétable de France le 10 février 1538.
Mort en 1567.
Par M. Amiel.

1262. MONTMORENCY (Henri, 1er du nom, duc de), comte de Dammartin et d'Aletz, seigneur de Chantilly, etc.

Connétable de France le 8 décembre 1593.

Mort en 1614.

Par M. ETEX.

1263. LUYNES (Charles d'Albert, duc de).

Connétable de France le 2 avril 1621.

Mort en 1621.

Par M. ROBERT FLEURY.

1264. LESDIGUIÈRES (François de Bonne, duc de).

Connétable de France le 27 septembre 1609.

Mort en 1626.

Par M. ROBERT FLEURY.

MARÉCHAUX.

Les portraits des Maréchaux sont placés au rez-de-chaussée,
(Partie centrale, salles n°s 43 à 49).

1265.   PIERRE.
   Maréchal de France vers 1185.
Écusson.

1266. CLÉMENT (Albéric), seigneur du Mez.
   Maréchal de France sous Philippe-Auguste,
            vers 1190.
                              Mort en 1191.
Écusson.

1267. BOURNEL (Guillaume), surnommé
         en latin *Burgonelli*.
   Maréchal de France vers 1192.
Écusson.

1268.   ARRAS (Névelon d').
   Maréchal de France vers 1192.

1269. CLÉMENT (Henri), 1er du nom, seigneur
         du Mez et d'Argentan.
   Maréchal de France vers 1204.
                              Mort en 1214.
Écusson.

1270. CLÉMENT (Jean), seigneur du Mez
         et d'Argentan.
   Maréchal de France en août 1214.
                              Mort vers 1262.
Écusson.

1271. **CHALLERANGES** (Ferry Pasti, seigneur de).

Maréchal de France vers 1240.
Écusson.

1272. **BEAUMONT** (Jean DE), chevalier.

Maréchal de France vers 1250.
Écusson.

1273. **NEMOURS** (Gautier, IIIe du nom, seigneur de).

Maréchal de France en novembre 1257.
Écusson.

1274. **ARGENTAN** (Henri-Clément d'), IIe du nom, seigneur de.

Maréchal de France vers 1262.
Mort en 1265.
Par M. COUDER.

1275. **BEAUJEU** (Héric de), seigneur d'Hermenc.

Maréchal de France en 1265.
Mort en 1270.
Écusson.

1276. **PRÉSSIGNY** (Renaud de).

Maréchal de France en 1265.
Mort en 1270.
Écusson.

1277. **ESTRÉES** (Raoul d').

Maréchal de France en 1270.
Écusson.

PEINTURE.   231

1278.   SAINT-MAARD (Lancelot de).
     Maréchal de France en 1270.
Écusson.

1279.   VERNEUIL (Ferry de).
     Maréchal de France vers 1278.
Écusson.

1280. CRESPIN (Guillaume), v^e du nom,
     dit *le Jeune*, seigneur du Bec-Crespin, etc.
     Maréchal de France vers 1282.
Écusson.

1281. HARCOURT (Jean, IIe du nom, sire de),
     chevalier.
     Maréchal de France en 1283.
                              Mort en 1302.
Écusson.

1282. LE FLAMENC (Raoul), v^e du nom,
     seigneur de Cany, etc.
     Maréchal de France en 1285.
Écusson.

1283   VARENNES (Jean de).
     Maréchal de France en 1288.
Écusson.

1284.   MELUN (Simon de), seigneur
     de la Loops, etc. chevalier.
     Maréchal de France en 1290.
                              Mort en 1302.
Écusson.

1285. NESLÉ (Guy de Clermont, 1er du nom, dit de), seigneur de Breteuil et d'Offemont.

Maréchal de France en 1292.

Mort en 1302.

Écusson.

1286. MERLE (Foucaud, dit *Foulques*, seigneur de).

Maréchal de France en juillet 1302.

Écusson.

1287. NOYERS (Mises, VIe du nom, seigneur de), porte-oriflamme, et grand conseiller de France.

Maréchal de France en juillet 1302.

Mort en 1350.

Écusson.

1288. GREZ (Jean de Corbeil, dit de), chevalier, seigneur de Jalemain.

Maréchal de France en 1308.

Mort en 1318.

Écusson.

1289. BEAUMONT (Jean de), dit *le Dérame*, chevalier, seigneur de Clichy et de Courcelles-la-Garenne.

Maréchal de France en 1315.

Mort en 1318.

Écusson.

1290. TRIE (Mathieu de), seigneur de Vaumain et d'Araines.

Maréchal de France en juillet 1318.

Mort en 1344.

Écusson.

1291. BARRES (Jean des), chevalier, seigneur de Chaumont-sur-Yonne.

Maréchal de France en novembre 1318.

Écusson.

1292. MOREUIL (Bernard, IIe du nom, seigneur de), chevalier, conseiller du roi.

Maréchal de France en 1326.

Mort en 1350.

Écusson.

1293. BRIQUEBEC (Robert-Bertrand, VIIe du nom, baron de), chevalier.

Maréchal de France le 5 juillet 1328.

Mort en 1347.

Écusson.

1294. MONTMORENCY (Charles de).

Maréchal de France en mars 1344.

Mort en 1381.

Par M. BLONDEL.

1295. **SAINT-VENANT** (Robert de Waurin, sire de), chevalier.

Maréchal de France en novembre 1344.

Mort en 1360.

Écusson.

1296. **BEAUJEU** (Édouard, sire de) et de Dombes.

Maréchal de France en 1347.

Mort en 1351.

Écusson.

1297. **OFFEMONT** (Guy de Neelle, IIe du nom, seigneur d')

Maréchal de France le 22 août 1348.

Mort en 1352.

Écusson.

1298. **AUDENEHAM** (Arnoul, sire d') ou d'Andrehan, chevalier.

Maréchal de France le 1er septembre 1351.

Mort en 1370.

Écusson.

1299. **HANGEST** (Rogues, seigneur de) et d'Avesnecourt.

Maréchal de France le 1er septembre 1352.

Mort en 1352.

Écusson.

PEINTURE. 235

1300. CLERMONT (Jean de), seigneur
de Chantilly, etc.

Maréchal de France le 10 décembre 1352.

Mort en 1356.

Écusson.

1301. BOUCICAULT (Jean le Meingre, dit)
1er du nom, chevalier.

Maréchal de France le 21 octobre 1366.

Mort en 1368.

Écusson.

1302. BLAINVILLE (Jean de Mauquenchy,
IIe du nom, dit *Mouton*, sire de).

Maréchal de France le 20 juin 1368.

Mort en 1391.

Écusson.

1303. SANCERRE (Louis de Champagne,
comte de), chevalier.

Maréchal de France le 20 juin 1368.

Mort en 1402.

Écusson.

1304. BOUCICAULT (Jean le Meingre, IIe du nom,
dit), comte de Beaufort et d'Alois.

Maréchal de France le 23 décembre 1391.

Mort en 1421.

Par M. PICOT.

1305. RIEUX (Jean, IIe du nom, sire de)
et de Rochefort, etc.

Maréchal de France le 19 décembre 1397.

Mort en 1417.

Par M. Couder.

1306. ROCHEFORT (Pierre de Rieux, dit de),
seigneur d'Acerac et de Derval.

Maréchal de France le 12 août 1417.

Mort en 1439.

Par M. Paulin Guérin.

1307. BEAUVOIR (Claude de), seigneur
de Chastelus.

Maréchal de France le 2 juin 1418.

Mort en 1453.

Par M. Henri Scheffer.

1308. ILE-ADAM (Jean de Villiers, seigneur de),
chevalier de la Toison-d'Or.

Maréchal de France le 2 juin 1418.

Mort en 1437.

Écusson.

1309. MONTBERON (Jacques, sire de).

Maréchal de France le 27 juillet 1418.

Mort en 1422.

Écusson.

1310. LAFAYETTE (Gilbert-Motier, IIIe du nom, seigneur de).

Maréchal de France le 20 mai 1421.

Mort en 1464.

Écusson.

1311. VERGY (Antoine de), comte de Dammartin.

Maréchal de France le 22 janvier 1422.

Mort en 1439.

Écusson.

1312. BEAUME (Jean de la), Ier du nom, comte de Montrevel.

Maréchal de France le 22 janvier 1422.

Mort en 1435.

Écusson.

1313. SEVERAC (Amaury, baron de).

Maréchal de France le 1er février 1424.

Mort en 1427.

Écusson.

1314. BOUSSAC (Jean de Brosse, Ier du nom, seigneur de Saint-Sévère et de).

Maréchal de France en 1427.

Mort en 1433.

Écusson.

1315. RAIZ (Gilles de Laval, seigneur de).

Maréchal de France le 21 juin 1429.

Mort en 1440.

Par M. Féron.

1316. LOHÉAC (André de Montfort de Laval, seigneur de).

Maréchal de France en 1439.

Mort en 1486.

Par M. Féron.

1317. JALOIGNES (Philippe de Culant, seigneur de), chevalier.

Maréchal de France.

Mort en 1454.

Écusson.

1318. XAINTRAILLES (Jean, dit *Poton*, seigneur de), de Roques, de Salignac, vicomte de Bruillez.

Maréchal de France en 1454.

Mort en 1461.

Par M. Monvoisin.

1391. COMMINGES (Jean, *bâtard* d'Armagnac, surnommé *de Lescun*, comte de).

Maréchal de France.

Mort en 1473.

Écusson.

PEINTURE.

1320. GAMACHES (Joachim Rouault, seigneur de), de Boismenars, de Châtillon, de Fronsac, etc.

Maréchal de France le 3 août 1461.

Mort en 1 478.

Par M. BLONDEL.

1321. BORZELLE (Wolfart de), chevalier de la Toison-d'Or.

Maréchal de France.

Mort en 1487.

Écusson.

1322. GIÉ (Pierre de Rohan, chevalier, seigneur de), du Verger et de Ham, comte de Marle.

Maréchal de France le 16 mai 1476.

Par M. MONVOISIN.

1323. DESQUERDES (Philippe de Crevecœur, seigneur).

Maréchal de France le 2 septembre 1483.

Mort en 1494.

Par M. EUG. DEVÉRIA.

1324. BAUDRICOURT (Jean, seigneur de), chevalier de l'Ordre de Saint-Michel.

Maréchal de France le 21 janvier 1486.

Mort en 1499.

Écusson.

1325. **TRIVULCE** (Jean-Jacques), marquis de Vigevano, seigneur de Mufocco, etc.

Maréchal de France le 11 mai 1469.

Mort en 1518.

Par M. Monvoisin.

1326. **CHAUMONT** (Charles d'Amboise, iie du nom, seigneur de).

Maréchal de France en février 1506.

Mort en 1511.

Écusson.

1327 **LAUTREC** (Odet, comte de Foix et de Comminges, seigneur de).

Maréchal de France le 11 mars 1511.

Mort en 1528.

Par M. Trézel.

1328. **AUBIGNY** (Robert Stewart, comte de Beaumont-le-Roger, seigneur d').

Maréchal de France le 1er avril 1514.

Mort en 1544.

Par M. Blondel.

1329. **CHABANNES** (Jacques de), iie du nom, seigneur de la Palice.

Maréchal de France le 7 janvier 1515.

Mort en 1525.

Par M. de Lansac.

1330. CHATILLON (Gaspard de Coligny.
    Ier du nom, seigneur de).

Maréchal de France le 5 décembre 1516.

                            Mort en 1522.

Écusson.

1331. LESCUN (Thomas de Foix, seigneur de).

Maréchal de France le 6 décembre 1518.

                            Mort en 1525.

Par M. ZIEGLER.

1332. MONTMORENCY (Anne, duc de).

Maréchal de France le 6 août 1522.

                            Mort en 1567.

Écusson.

1333. LAMARCK (Robert de), IIIe du nom,
    duc de Bouillon, de Sedan.

Maréchal de France le 23 mars 1526.

                            Mort en 1537.

Par M. PICOT.

1334. TRIVULCE (Théodore), comte de Cauria.

Maréchal de France le 23 mars 1526.

                            Mort en 1531.

Par M. ROUGET.

1335. MONTÉJAN (René, seigneur de), de Sillé, de Chollet.

Maréchal de France le 10 février 1538.

Mort en 1539.

Par M. Couder.

1336. ANNEBAUT (Claude d'), baron de Retz.

Maréchal de France le 10 février 1538.

Mort en 1562.

Par M. Adolphe Brune.

1337. BIEZ (Oudart, seigneur du).

Maréchal de France le 15 juillet 1542.

Mort en 1553.

Écusson.

1338. MONTPEZAT (Antoine de Lettes, dit *Des Prez*, seigneur de).

Maréchal de France le 13 mars 1544.

Mort en 1544.

Écusson.

1339. MELPHES (Jean Caraccioli, prince de).

Maréchal de France le 4 décembre 1544.

Mort en 1550.

Par M. Couder.

1340. SAINT-ANDRÉ (Jacques d'Albon, marquis de Fronsac, seigneur de).

Maréchal de France le 29 avril 1547.

Mort en 1562.

Par M. Delorme.

1341. BOUILLON (Robert de La Marck, IVe du nom, duc de).

Maréchal de France le 29 avril 1547.

Mort en 1556.

Écusson.

1342. BRISSAC (Charles de Cossé, Ier du nom, comte de).

Maréchal de France le 21 août 1550.

Mort en 1563.

Par M. Eug. Deveria.

1343. STROZZI (Pierre de) seigneur d'Epernay et de Belleville.

Maréchal de France le 27 avril 1544.

Mort en 1558.

Par M. Rouget.

1344. THERMES (Paul de La Barthe, seigneur de), comte de Comminges.

Maréchal de France le 24 juin 1558.

Mort en 1562.

Par M. Adolphe Brune.

1345. **MONTMORENCY** (François, duc de).

Maréchal de France le 11 octobre 1559.

Mort en 1579.

Par Dejuinne.

1346. **VIEILLEVILLE** (François de Scepeaux, seigneur de), comte de Duretal.

Maréchal de France le 21 décembre 1562.

Mort en 1571.

Par M. Sotta.

1347. **BOURDILLON** (Imbert de La Platière, seigneur de), de Fresnay, de Montigny, etc.

Maréchal de France le 6 avril 1594.

Mort en 1597.

Par M. Blondel.

1348. **MONTMORENCY** (Henri, 1er du nom, duc de).

Maréchal de France le 10 février 1566.

Mort en 1614.

Écusson.

1349. **COSSÉ** (Arthur de), comte de Secondigny.

Maréchal de France le 4 avril 1567.

Mort en 1582.

Par M. Ravbrat.

1350. TAVANNES (Gaspard de Saulx, seigneur de),

Maréchal de France le 28 novembre 1570.

Mort en 1573.

Par M. Tassaert.

1351. VILLARS (Honorat de Savoie, marquis de).

Maréchal de France le 30 novembre 1571.

Mort en 1580.

Écusson.

1352. RETZ (Albert de Gondy, comte, puis duc de).

Maréchal de France le 6 juillet 1573.

Mort en 1602.

Par M. Lécurieux.

1353. BELLEGARDE (Roger de Saint-Lary, seigneur de).

Maréchal de France le 6 septembre 1574.

Mort en 1579.

Par M. J. M. Langlois.

1354. MONLTUC (Blaise de Montesquiou-Lasseran-Massencôme, seigneur de).

Maréchal de France le 25 septembre 1574.

Mort en 1577.

Par Henri Scheffer.

1355. BIRON (Armand de Gontaut, baron de),
Maréchal de France le 2 octobre 1577.

Mort en 1592.

Par M. ROBERT FLEURY.

1356. MATIGNON (Jacques, IIe du nom, sire de)
et de Lespare, prince de Mortagne,
comte de Thorigny,

Maréchal de France le 14 juillet 1579.

Mort en 1597.

Par M. J. M. LANGLOIS.

1357. AUMONT (Jean d'), VIe du nom, comte de
Château-Roux, baron d'Estrabonne, etc.

Maréchal de France le 23 décembre 1579.

Mort en 1595.

Par M. BILFELD.

1358. JOYEUSE (Guillaume, IIe du nom,
vicomte de).

Maréchal de France le 20 janvier 1582.

Mort en 1592.

Écusson.

1359. BOUILLON (duc de), Henri de la Tour
d'Auvergne, vicomte de Turenne,
prince de Sédan, etc.

Maréchal de France le 9 mars 1592.

Mort en 1623.

Par M. BLONDEL.

1360. BIRON (Charles de Gontaut, duc de).

Maréchal de France le 26 janvier 1594.

Mort en 1602.

Par M. GALLAIT.

1361. LA CHATRE (Claude de), IIe du nom, baron de la Maison-Fort.

Maréchal de France le 29 février 1594.

Mort en 1614.

Écusson.

1362. BRISSAC (Charles de Cossé, IIe du nom, comte, puis duc de).

Maréchal de France le 30 mars 1594.

Mort en 1621.

Par M. ALAUX.

1363. BALAGNY (Jean de Montluc, seigneur de).

Maréchal de France le 31 mai 1594.

Mort en 1603.

Par M. WEBER.

1364. LAVARDIN (Jean de Beaumanoir, IIIe du nom, marquis de), comte de Négrepelisse, baron de Launge.

Maréchal de France le 19 octobre 1595.

Mort en 1614.

Par M. MONVOISIN.

1365. **JOYEUSE** (Henri, duc de).

Maréchal de France le 22 janvier 1596.

Mort en 1608.

Par M. Eug. Goyet.

1366. **BOIS-DAUPHIN** (Urbain de Montmorency-Laval, 1ᵉʳ du nom, marquis de), comte de Bresteau, marquis de Sablé.

Maréchal de France le 25 juillet 1597.

Mort en 1629.

Par M. Mauzaisse.

1367. **ORNANO** (Alphonse Corse, dit d').

Maréchal de France le 20 septembre 1597.

Mort en 1610.

Par M. Quecq.

1368. **FERVAQUES** (Guillaume de Hautemer, IVᵉ du nom, seigneur de), duc de Grancey, baron de Mauny.

Maréchal de France le 26 septembre 1597.

Mort en 1613.

Par M. Dedreux Dorcy.

1369. **LESDIGUIÈRES** (François de Bone, duc de).

Maréchal de France le 27 septembre 1609.

Mort en 1626.

Écusson.

1370. ANCRE (Concino-Concini, marquis d'),
Maréchal de France le 18 novembre 1613.
Mort en 1617.
Par M. LECOQ.

1371. SOUVRÉ (Gilles de), marquis de Courtenvaux.
Maréchal de France le 15 novembre 1614.
Mort en 1626.
Par M. CHASSELAT SAINT-ANGE.

1372. ROQUELAURE (Antoine, seigneur de).
Maréchal de France le 27 décembre 1614.
Mort en 1625.
Écusson.

1373. CHATRE (Louis de la),
baron de la Maison-Fort.
Maréchal de France le 26 mai 1616.
Mort en 1630.
Écusson.

1374. THÉMINES (Pons de Lauzières,
marquis de).
Maréchal de France le 1er septembre 1616.
Mort en 1627.
Par M. MAUZAISSE.

1375. MONTIGNY (François de la Grange,
seigneur de).
Maréchal de France le 1er septembre 1616.
Mort en 1617.
Écusson.

1376. VITRY (Nicolas de l'Hôpital, duc de).
Maréchal de France le 24 avril 1617.
Mort en 1644.
Par M. BLONDEL.

1377. PRASLIN (Charles de Choiseul, marquis de).
Maréchal de France le 24 août 1619.
Mort en 1626.
Par M. FÉRON.

1378. SAINT-GÉRAN (Jean-François de La Guiche, comte de).
Maréchal de France le 24 août 1619.
Mort en 1632.
Par M. DEBACQ.

1379. CHAULNES (Honoré d'Albert, duc de).
Maréchal de France le 6 décembre 1619.
Mort en 1649.
Par M. LECOQ.

1380. AUBETERRE (François d'Esparbès de Lussan, vicomte d').
Maréchal de France le 18 septembre 1620.
Mort en 1628.
Par Mlle CLOTILDE GÉRARD.

1381. CRÉQUI (Charles de Blanchefort, sire de).
Maréchal de France le 27 décembre 1621.
Mort en 1638.
Par M. TASSAERT.

1382. CHATILLON (Gaspard de Coligny, IIIᵉ du nom, duc de).

Maréchal de France le 21 février 1622.

Mort en 1646.

Par M. Paulin Guérin.

1383. LA FORCE (Jacques Nompar de Caumont, duc de).

Maréchal de France le 24 mai 1622.

Mort en 1652.

Par M. Picot.

1384. BASSOMPIERRE (François, marquis de).

Maréchal de France le 29 août 1622.

Mort en 1646.

Par M. Alaux.

1385. SCHOMBERG (Henri de), comte de Nanteuil.

Maréchal de France le 16 juin 1625.

Mort en 1632.

Par M. Rouget.

1386. ORNANO (Jean-Baptiste d'), comte de Montlor.

Maréchal de France le 7 janvier 1626.

Mort en 1626.

Écusson.

1387. ESTRÉES (François-Annibal, duc d').

Maréchal de France le 10 octobre 1626.

Mort en 1670.

Par M. J. M. Langlois.

1388. SAINT-LUC (Thimoléon d'Espinay, marquis de).

Maréchal de France le 30 janvier 1627.

Mort en 1644.

Écusson.

1389. MARILLAC (Louis de), comte de Beaumont-le-Roger.

Maréchal de France le 1er juin 1629.

Mort en 1632.

Par Mlle Cogniet.

1390. MONTMORENCY (Henri, IIe du nom, duc de).

Maréchal de France le 11 décembre 1630.

Mort en 1632.

Par M. Picot.

1391. TOIRAS (Jean de Saint-Bonnet, seigneur de).

Maréchal de France le 13 décembre 1630.

Mort en 1636.

Par M. Henri Scheffer.

PEINTURE. 253

1392. EFFIAT (Antoine Coiffier, *Ruzé*, marquis d').
Maréchal de France le 1er janvier 1631.
Mort en 1632.
Par M. Gigoux.

1393. BRÉZÉ (Urbain de Maillé, marquis de).
Maréchal de France le 28 octobre 1632.
Mort en 1650.
Par M. J. M. Langlois.

1394. SULLY (Maximilien de Béthune, duc de).
Maréchal de France le 13 septembre 1634.
Mort en 1641.
Par M. Norblin.

1395. SCHOMBERG (Charles de), duc d'Halwin.
Maréchal de France le 26 octobre 1637.
Mort en 1656.
Par M. Rouillard.

1396. LA MEILLERAYE (Charles de La Porte, duc de).
Maréchal de France le 30 juin 1639.
Mort en 1664.
Par M. Mauzaisse.

1397. GRAMONT (Antoine IIIe du nom, duc de).
Maréchal de France le 22 septembre 1641.
Mort en 1678.
Par Mlle Bresson.

1398. GUÉBRIANT (Jean-Baptiste Budes, comte de).

Maréchal de France le 22 mars 1642.

Mort en 1643.

Par M. Rouget.

1399. LA MOTHE-HOUDANCOURT (Philippe de), duc de Cardonne.

Maréchal de France le 2 avril 1642.

Mort en 1657.

Par M. Blondel.

1400. L'HOPITAL (François de), seigneur du Hallier.

Maréchal de France le 23 avril 1643.

Mort en 1660.

Par M. Rouget.

1401. TURENNE (Henri de la Tour d'Auvergne, vicomte de).

Maréchal de France le 16 mai 1643.

Mort en 1675.

Par M. Mauzaisse.

1402. GASSION (Jean de).

Maréchal de France le 17 novembre 1643.

Mort en 1647.

Par M. Alaux.

PEINTURE.

1403. PLESSIS-PRASLIN (César, duc de Choiseul, comte du).

Maréchal de France le 20 juin 1645.

Mort en 1675.

Par M. Saint-Èvre.

1404. RANTZAU (Josias, comte de).

Maréchal de France le 30 juin 1645.

Mort en 1650.

Par M. Alaux.

1405. VILLEROI (Nicolas de Neufville, duc de).

Maréchal de France le 20 octobre 1646.

Mort en 1685.

Par M. Robert Fleury.

1406. AUMONT (Antoine, duc d').

Maréchal de France le 2 janvier 1651.

Mort en 1669.

Par M. Mauzaisse.

1407. ESTAMPES (Jacques d'), marquis de La Ferté Imbault.

Maréchal de France le 3 janvier 1651.

Mort en 1668.

Par M. Lugardon.

1408. HOCQUINCOURT (Charles de Monchy, marquis d').

Maréchal de France le 4 janvier 1651.

Mort en 1658.

Par M. Caminade.

1409. FERTÉ (Henri de Senneterre, IIe du nom, duc de la).

Maréchal de France le 5 janvier 1651.

Mort en 1680.

Par M. Heim.

1410. GRANCEY (Jacques Rouxel, comte de).

Maréchal de France le 6 janvier 1651.

Mort en 1680.

Écusson.

1411. FORCE (Armand de Caumont, duc de la).

Maréchal de France le 24 août 1652.

Mort en 1675.

Écusson.

1412. CLÉREMBAULT (Philippe de), comte de Palluau.

Maréchal de France le 24 août 1652.

Mort en 1665.

Par M. Couder.

1413. ALBRET (César-Phébus d'), comte de Miossens.

Maréchal de France le 24 août 1652.

Mort en 1776.

Par M. Mauzaisse.

1414. FOUCAULT (Louis), comte du Daugnon.

Maréchal de France le 20 mars 1653.

Mort en 1659.

Écusson.

1415. SCHULEMBERG (Jean de),
comte de Montdejeu.

Maréchal de France le 26 juin 1658.

Mort en 1671.

Par M. Heim.

1416. FABERT (Abraham de), marquis d'Esternay.

Maréchal de France le 28 juin 1658.

Mort en 1662.

Par M. Schnetz.

1417. CASTELNAU (Jacques, marquis de).

Maréchal de France le 30 juin 1658.

Mort en 1658.

Par M. Decaisne.

1418. BELLEFONDS (Bernardin Gigault,
marquis de).

Maréchal de France le 8 juillet 1668.

Mort en 1694.

Écusson.

1419. CRÉQUI (Blanchefort François,
marquis de).

Maréchal de France le 8 juillet 1668.

Mort en 1687.

Par M. Decaisne.

1420. HUMIÈRES (Louis de Crévant, duc de).

Maréchal de France le 8 juillet 1668.

Mort en 1687.

Par M. Mauzaisse.

1421. ESTRADES (Godefroy, comte d').

Maréchal de France le 30 juillet 1675.

Mort en 1686.

Par M. Heim.

1422. NAVAILLES (Philippe de Montault-Benac, duc de).

Maréchal de France le 30 juillet 1675.

Mort en 1684.

Écusson.

1423. SCHOMBERG (Frédéric-Armand, comte de).

Maréchal de France le 30 juillet 1675.

Mort en 1690.

Tableau du temps.

1424. DURAS (Jacques-Henri de Durfort, duc de).

Maréchal de France, le 30 juillet 1675.

Mort en 1704.

Par Mlle Clotilde Gérard.

1425. FEUILLADE (François d'Aubusson, IIIe du nom, duc de la).

Maréchal de France le 30 juillet 1675.

Mort en 1691.

Par M. Dedreux-Dorcy.

1426. VIVONNE (Louis-Victor de Rochechouart, duc de).

Maréchal de France le 30 juillet 1675.

Mort en 1688.

Tableau du temps.

1427. LUXEMBOURG (François-Henri de Montmorency, duc de).

Maréchal de France le 30 juillet 1675.

Mort en 1695.

Par M. WACHSMUT.

1428. ROCHEFORT (Henri-Louis d'Aloigny, marquis de).

Maréchal de France le 30 juillet 1675.

Mort en 1676.

Écusson.

1429. LORGES (Guy-Aldonce de Durfort, duc de).

Maréchal de France le 21 février 1676.

Mort en 1702.

Par M. BLONDEL.

1430. ESTRÉES (Jean, comte d').

Maréchal de France le 24 mars 1681.

Mort en 1707.

Écusson.

1431. CHOISEUL (Claude, comte de), marquis de Francières.

Maréchal de France le 27 mars 1693.

Mort en 1711.

Par Mme HAUDEBOURT.

1432. JOYEUSE (Jean-Armand de Joyeuse-Grandpré, marquis de).

Maréchal de France le 27 mars 1693.

Mort en 1710.

Écusson.

1433. VILLEROI (François de Neufville, duc de).

Maréchal de France le 27 mars 1693.

Mort en 1730.

Par M. CAMINADE.

1434. BOUFFLERS (Louis François, duc de).

Maréchal de France le 27 mars 1693.

Mort en 1711.

Par M. COUDER.

1435. TOURVILLE (Anne-Hilarion de Costentin, comte de).

Maréchal de France le 27 mars 1693.

Mort en 1701.

Par M. DELACROIX.

PEINTURE. 261

1436. NOAILLES (Anne-Jules, duc de).

Maréchal de France le 27 mars 1693.
Mort en 1708.
Par M. Monvoisin.

1437. CATINAT (Nicolas), seigneur de Saint-Gratien.

Maréchal de France le 27 mars 1693.
Mort en 1712.
Par M. Jollivet.

1438. VILLARS (Louis-Claude-Hector, duc de).

Maréchal de France le 20 octobre 1702.
Mort en 1734.
Par M. Pierre Franque.

1439. CHAMILLY (Noël-Bouton, marquis de).

Maréchal de France le 14 janvier 1703.
Mort en 1715.
Par M. Heim.

1440. ESTRÉES (Victor-Marie, duc d').

Maréchal de France le 14 janvier 1703.
Mort en 1737.
Tableau du temps.

1441. CHATEAUREGNAUD (François-Louis Rousselet, marquis de).

Maréchal de France le 14 janvier 1703.
Mort en 1716.
Tableau du temps.

1442. VAUBAN (Sébastien Le Prestre, seigneur de).

Maréchal de France le 14 janvier 1703.

Mort en 1707.

Par M. Larivière.

1443. BOLWEILLER (Conrad de Rosen, comte de).

Maréchal de France le 14 janvier 1703.

Mort en 1715.

Écusson.

1444. HUXELLES (Nicolas du Blé, marquis d').

Maréchal de France le 14 janvier 1703.

Mort en 1730.

Ecusson.

1445. TESSÉ (Réné comte de).

Maréchal de France le 14 janvier 1703.

Mort en 1725.

Écusson.

1446. TALLARD (Camille, d'Hostun, comte de).

Maréchal de France le 14 janvier 1703.

Mort en 1728.

Écusson.

1447. MONTREVEL (Nicolas-Auguste de la Baume, marquis de).

Maréchal de France le 14 janvier 1703.

Mort en 1716.

Par M. Saint-Evre.

PEINTURE.

1448. HARCOURT (Henri, duc d'),

Maréchal de France le 14 janvier 1703.

Mort en 1718.

Par M. Schnetz.

1449. MARSIN (Ferdinand comte de).

Maréchal de France le 12 octobre 1703.

Mort en 1706.

Écusson.

1450. BERWICK (Jacques de Fitz-James duc de),

Maréchal de France le 15 février 1706.

Mort en 1734.

Par M. Champmartin.

1451. MATIGNON (Charles-Auguste Goyon de), comte de Gacé.

Maréchal de France le 18 février 1708.

Mort en 1729.

Par M. Schnetz.

1452. BEZONS (Jacques-Bazin, seigneur de).

Maréchal de France le 15 mai 1709.

Mort en 1733.

Écusson.

1453. MONTESQUIOU D'ARTAGNAN (Pierre de).

Maréchal de France le 15 septembre 1709.

Mort en 1725.

Par Mlle Bresson.

1454. BROGLIE (Victor-Maurice, comte de).
Maréchal de France le 2 février 1724.
Mort en 1727.
Par M. Rauch.

1455. ROQUELAURE (Antoine-Gaston-Jean-Baptiste, duc de).
Maréchal de France le 2 février 1724.
Mort en 1738.
Écusson.

1456. MEDAVY (Jacques-Léonor Rouxel, de Grancey, comte de).
Maréchal de France le 2 février 1724.
Mort en 1725.
Par M. Mauzaisse.

1457. BOURG (Léonor-Marie du Maine, comte du).
Maréchal de France le 2 février 1724.
Mort en 1739.
Écusson.

1458. ALÉGRE (Yves, marquis d').
Maréchal de France le 2 février 1724.
Mort en 1733.
Écusson.

1459. AUBUSSON (Louis d', duc de la Feuillade).
Maréchal de France le 2 février 1724.
Mort en 1725.
Par M. Bilfeld.

PEINTURE. 265

1460. GRAMONT (Antoine de Gramont, v^e du nom, duc de).

Maréchal de France le 2 février 1724.

Mort en 1725.

Mme BRUYÈRE.

1461. COETLOGON (Alain-Emmanuel, marquis de).

Maréchal de France le 1er juin 1730.

Mort en 1730.

Tableau du temps.

1462. BIRON (Armand-Charles de Gontaut, duc de).

Maréchal de France le 14 juin 1734.

Mort en 1756.

Écusson.

1463. PUYSÉGUR (Jacques-François de Chastenet, marquis de), etc.

Maréchal de France le 14 juin 1734.

Mort en 1743.

Par M. LATIL.

1464. ASFELD (Claude-François Bidal, marquis d').

Maréchal de France le 14 juin 1734.

Mort en 1743.

Par M. SCHOPIN.

12

1465. NOAILLES (Adrien-Maurice, duc de).

Maréchal de France le 14 juin 1734.

Mort en 1766.

Par M. Féron.

1466. MONTMORENCY (Chrétien-Louis de), prince de Tingry, etc.

Maréchal de France le 14 juin 1734.

Mort en 1746.

Écusson.

1467. COIGNY (François de Franquetot, duc de).

Maréchal de France le 14 juin 1734.

Mort en 1759.

Par M. Paulin Guérin.

1468. BROGLIE (François-Marie, duc de).

Maréchal de France le 14 juin 1734.

Mort en 1745.

Par Mme Haudebourt.

1469. BRANCAS (Louis, marquis de).

Maréchal de France le 11 février 1741.

Mort en 1750.

Par M. Gallait.

1470. CHAULNES (Louis-Auguste d'Albert-d'Ailly, duc de).

Maréchal de France le 11 février 1741.

Mort en 1744.

Écusson.

PEINTURE. 267

1471. NANGIS (Louis-Armand de Brichanteau, marquis de).

Maréchal de France le 11 février 1741.

Mort en 1742.

Écusson.

1472. ISENGHIEN (Louis de Gand-Villain, prince d').

Maréchal de France le 11 février 1741.

Mort en 1767.

Écusson.

1473. DURAS (Jean-Baptiste de Durfort, duc de).

Maréchal de France le 11 février 1741.

Mort en 1770.

Écusson.

1474. MAILLEBOIS (Jean-Baptiste-François Desmaretz, marquis de).

Maréchal de France le 11 février 1741.

Mort en 1762.

Par M. CAMINADE.

1475. BELLE-ISLE (Charles-Louis-Auguste Fouquet, duc de).

Maréchal de France le 11 février 1741.

Mort en 1761.

Tableau du temps.

1476. SAXE (Arminius-Maurice, comte de).

Maréchal de France le 26 mars 1744.

Mort en 1750.

Par M. Couder.

1477. MAULEVRIER-LANGERON (Jean-Baptiste-Louis Andrault, marquis de).

Maréchal de France le 30 mars 1745.

Mort en 1754.

Écusson.

1478. BALINCOURT (Claude-Guillaume Testu, marquis de).

Maréchal de France le 19 octobre 1746.

Mort en 1770.

Par M. Caminade.

1479. LA FARE (Philippe-Charles, marquis de).

Maréchal de France le 19 octobre 1746.

Mort en 1752.

Par M. Serrur.

1480. HARCOURT (François, duc d').

Maréchal de France le 19 février 1746.

Mort en 1750.

Écusson.

PEINTURE. 269

1481. MONTMORENCY (Guy-Claude-Roland, comte DE LAVAL-).

Maréchal de France le 17 septembre 1747.
Mort en 1751.

Écusson.

1482. CLERMONT-TONNERRE (Gaspard, duc de).

Maréchal de France le 17 septembre 1747.
Mort en 1781.

Par M. AMIEL.

1483. LA MOTHE-HOUDANCOURT (Louis-Charles, marquis de).

Maréchal de France le 17 septembre 1747.
Mort en 1755.

Écusson.

1484. LOWENDAL (Ulric-Frédéric-Woldemar, comte de).

Maréchal de France le 17 septembre 1747.
Mort en 1755.

Par M. COUDER.

1485. RICHELIEU (Louis-François-Armand du Plessis, duc de).

Maréchal de France le 11 octobre 1748.
Mort en 1788.

Par M. COUDER.

1486. Senneterre (Jean-Charles, marquis de).

Maréchal de France le 24 février 1757.

Mort en 1772.

Écusson.

1487. la tour-maubourg (Jean-Hector de Fay, marquis de).

Maréchal de France le 24 février 1757.

Mort en 1764.

Par M. Paulin Guérin.

1488. lautrec (Daniel-François de Gelas de Voisins d'Ambres, vicomte de).

Maréchal de France le 24 février 1757.

Mort en 1762.

Écusson.

1489. biron (Louis-Antoine de Gontaut, duc de).

Maréchal de France le 24 février 1757.

Mort en 1788.

Par M. Court.

1490. luxembourg (Charles-François de Montmorency, duc de).

Maréchal de France le 24 février 1757.

Mort en 1764.

Écusson.

1491. ESTRÉES (Louis-César Le Tellier, comte d').

Maréchal de France le 24 février 1757.

Mort en 1771.

Par M. CAMINADE.

1492. THOMOND (Charles O'Brien, de Clare, comte de)

Maréchal de France le 24 février 1757.

Mort en 1761.

Écusson.

1493. MIREPOIX (Gaston-Charles-Pierre de Levis, duc de).

Maréchal de France le 24 février 1757.

Mort en 1757.

Par Mme HAUDEBOURT.

1494. BERCHENY (Ladislas-Ignace, comte de).

Maréchal de France le 15 mars 1758.

Mort en 1778.

Par M. LATIL.

1495. CONFLANS (Hubert, comte de).

Maréchal de France le 18 mars 1758.

Mort en 1777.

Par M. ROUGET.

1496. CONTADES (Georges-Erasme, marquis de).

Maréchal de France le 24 août 1758.

Mort en 1775.

Par M. Gosse.

1497. SOUBISE (Charles de Rohan-Rohan, prince de).

Maréchal de France le 19 octobre 1758.

Mort en 1787.

Tableau du temps.

1498. BROGLIE (Victor-François, duc de).

Maréchal de France le 16 décembre 1759.

Mort en 1804.

Par M. Caminade.

1499. LORGES (Guy-Michel de Durfort, duc de).

Maréchal de France le 1er janvier 1768.

Mort en 1773.

Par Mme Haudebourt.

1500. ARMENTIÈRES (Louis de Conflans, marquis d').

Maréchal de France le 1er janvier 1768.

Mort en 1773.

Par M. Rouget.

PEINTURE. 273

1501. BRISSAC (Jean-Paul-Timoléon, de Cossé, duc de).

Maréchal de France le 1er janvier 1768.

Mort en 1780.

Par M. GALLAIT.

1502. HARCOURT (Anne-Pierre, duc de).

Maréchal de France le 24 mars 1775.

Mort en 1783.

Par M. SCHNETZ.

1503. NOAILLES (Louis, duc de).

Maréchal de France le 24 mars 1775.

Mort en 1793.

Par Mme BRUYÈRE.

1504. NICOLAÏ (Antoine-Chrétien, chevalier de).

Maréchal de France le 24 mars 1775.

Mort en 1777.

Par M. FRANÇOIS DUBOIS.

1505. FITZ-JAMES (Jean-Charles, duc de).

Maréchal de France le 24 mars 1775.

Mort en 1787.

Par Mme HAUDEBOURT.

1506. MOUCHY (Philippe de Noailles, duc de).

Maréchal de France le 24 mars 1775.

Mort en 1794.

Par M. CAMINADE.

1507. DURAS (Emmanuel-Félicité de Durfort, duc de).

Maréchal de France le 24 mars 1775.

Mort en 1789.

Par M. ALBRIER.

1508. MUY (Louis-Nicolas-Victor de Félix d'Olières, comte du).

Maréchal de France le 24 mars 1775.

Mort en 1775.

Tableau du temps.

1509. LAVAL-MONTMORENCY (Guy-André, duc de), premier baron chrétien et premier baron de la Marche, etc.

Maréchal de France le 13 juin 1783.

Mort en 1798.

Par M. ANSIAUX.

1510. CASTRIES (Charles-Eugène-Gabriel de la Croix, marquis de).

Maréchal de France le 13 juin 1783.

Mort en 1801.

Tableau du temps.

1511. BEAUVAU-CRAON (Charles-Just, prince de).

Maréchal de France le 13 juin 1783.

Mort en 1793.

Par Mme BRUYÈRE.

1512. MAILLY (Augustin-Joseph de),
marquis d'Haucourt.

Maréchal de France le 13 juin 1783.

Mort en 1794.

Par M. SCHNETZ.

1513. AUBETERRE (Joseph-Henri d'Esparbès
de Lussan, marquis d').

Maréchal de France le 13 juin 1783.

Mort en 1790.

Par M. JOUY.

1514. SÉGUR (Philippe-Henri, marquis de).

Maréchal de France le 13 juin 1783.

Mort en 1801.

Par M. FRANÇOIS DUBOIS.

1515. CROY (Emmanuel, duc de).

Maréchal de France le 13 juin 1783.

Mort en 1784.

Par M. VAUCHELET.

1516. VAUX (Noël Jourda, comte de).

Maréchal de France le 13 juin 1783.

Mort en 1788.

Par M. CAMINADE.

1517. CHOISEUL-STAINVILLE (Jacques, marquis de).

Maréchal de France le 13 juin 1783.

Mort en 1789.

Par M. Vauchelet.

1518. LEVIS (François-Gaston, duc de).

Maréchal de France le 13 juin 1783.

Mort en 1787.

Par Mme Haudebourt.

1519. ESTAING (Charles-Hector, comte d').

Amiral le 15 mai 1791.

Mort en 1794.

1520. ORLÉANS (Louis-Philippe-Joseph, duc d').
Amiral le 15 mai 1791.

Mort en 1793.

Par M. Larivière.

1521. DU CHAFFAULT (Julien-Gilbert-Charles).

Amiral de France le 15 mai 1791.

Par M. Marlet.

1522. LUCKNER (Nicolas, baron de).

Maréchal de France le 28 décembre 1791.

Mort en 1794.

Par M. Couder.

1523. ROCHAMBEAU (Jean-Baptiste-Donatien de Vimeur, comte de).

Maréchal de France le 28 décembre 1791.

Mort en 1804.

Par M. LARIVIÈRE.

1524. BERTHIER (Alexandre), prince de Neuchatel et de Wagram.

Maréchal de France le 19 mai 1804.

Mort en 1815.

Par PAJOU.

1525. MURAT (Joachim), grand-duc de Clèves, de Berg.

Maréchal de France le 19 mai 1804.

Mort en 1815.

Par le baron GÉRARD.

1526. MONCEY (Bon-Adrien-Jeannot), duc de Conegliano.

Maréchal de France le 19 mai 1804.

Par M. BARBIER-WALBONNE.

1527. JOURDAN (Jean-Baptiste, comte).

Maréchal de France le 19 mai 1804.

Mort en 1833.

Par JOSEPH-MARIE VIEN.

1528. MASSÉNA (André), duc de Rivoli.

Maréchal de France le 19 mai 1804.

Mort en 1817.

Par le baron Gros.

1529. AUGEREAU (Pierre-François-Charles), duc de Castiglione.

Maréchal de France le 19 mai 1804.

Mort en 1816.

Par Robert-Lefevre.

1530. BERNADOTTE (Jean-Baptiste-Jules), prince de Ponte Corvo.

Maréchal de France le 19 mai 1804.

Par M. Kinson.

1531. SOULT (Jean-de-Dieu), duc de Dalmatie.

Maréchal de France le 19 mai 1804.

Par M. Broc.

1532. BRUNE (Guillaume-Marie-Anne, comte).

Maréchal de France le 19 mai 1804.

Mort en 1815.

Par Mme Benoist.

1533. LANNES (Jean), duc de Montebello.

Maréchal de France le 19 mai 1804.

Mort en 1809.

Par Perrin.

PEINTURE. 279

1534. **MORTIER** (Édouard-Adolphe-Casimir-Joseph), duc de Trévise.

Maréchal de France le 19 mai 1804.
Mort en 1835.

Par M. Ponce-Camus.

1535. **NEY** (Michel), duc d'Elchingen, prince de la Moskowa.

Maréchal de France le 19 mai 1804.
Mort en 1815.

Par M. J.-M. Langlois.

1536. **DAVOUST** (Louis-Nicolas), duc d'Auerstaëdt, prince d'Eckmuhl.

Maréchal de France le 19 mai 1804.
Mort en 1823.

Par Gautherot.

1537. **BESSIÈRES** (Jean-Baptiste), duc d'Istrie.

Maréchal de France le 4 mai 1804.
Mort en 1813.

Par Riesner.

1538. **KELLERMANN** (François-Christophe), duc de Valmy.

Maréchal de France le 19 mai 1804.
Mort en 1820.

Par M. Ansiaux.

1539. LEFEBVRE (François-Joseph), duc de Dantzick.

Maréchal de France le 19 mai 1804.

Mort en 1820.

Par Mme Davin Mirvault.

1540. PÉRIGNON (Dominique-Catherine, comte).

Maréchal de France le 19 mai 1804.

Mort en 1818.

Par Hennequin.

1541. SERRURIER (Jeanne-Mathieu-Philibert, comte).

Maréchal de France le 19 mai 1804.

Mort en 1819.

Par Laneuville.

1542. BELLUNE (Victor-Claude Perrin, duc de).

Maréchal de France le 13 juillet 1807.

Par le baron Gros.

1543. OUDINOT (Charles-Marie), duc de Reggio.

Maréchal de France le 12 juillet 1809.

Par Robert Lefebvre.

1544. MARMONT (Auguste-Frédéric-Louis Viesse de), duc de Raguse.

Maréchal de France le 12 juillet 1809.

Par M. Paulin Guérin.

PEINTURE. 281

1545. MACDONALD (Étienne-Jacques-Joseph-Alexandre), duc de Tarente.

Maréchal de France le 12 juillet 1809.

Par F. CASANOVA.

1546. SUCHET (Louis-Gabriel), duc d'Albufera.

Maréchal de France le 8 juillet 1811.

Mort en 1826.

Par M. PAULIN GUÉRIN.

1547. GOUVION-SAINT-CYR (Laurent, marquis de).

Maréchal de France le 27 août 1812.

Mort en 1830.

Par M. H. VERNET.

1548. PONIATOWSKI (Joseph-Antoine, prince).

Maréchal de France le 16 octobre 1813.

Mort en 1813.

Par M. VAUCHELET.

1549. COIGNY (Marie-François-Henri de Franquetot, duc de).

Maréchal de France le 3 juillet 1816.

Mort en 1821.

Par M. ROUGET.

1550. BEURNONVILLE (Pierre de Riel, marquis de).

Maréchal de France le 3 juillet 1816.

Mort en 1821.

Par M. RATHIER.

1551. CLARKE (Henri-Jacques-Guillaume),
duc de Feltre.

Maréchal de France le 3 juillet 1816.

Mort en 1818.

Par M. Descamps.

1552. VIOMENIL (Charles-Joseph-Hyacinthe
du Houx, marquis de).

Maréchal de France le 3 juillet 1816.

Mort en 1827.

Par M. Delaval.

1553. LAURISTON (Jacques-Alexandre-Bernard
Law, marquis de).

Maréchal de France le 6 juin 1823.

Mort en 1828.

Par Mlle Godefroid, d'après le baron Gérard.

1554. MOLITOR (Gabriel-Jean-Joseph, comte).

Maréchal de France le 9 octobre 1823.

Par M. H. Vernet.

1555. HOHENLOHE (Charles-Joseph-Justin-Ernest
de), prince de Hohenlohe-Barteinstein-Jaxtberg.

Maréchal de France le 8 mars 1827.

Mort en 1829.

1556. MAISON (Nicolas-Joseph, marquis).

Maréchal de France le 22 février 1829.

Par M. Cogniet.

1557. BOURMONT (Louis-Auguste-Victor de Ghaisne, comte de).

Maréchal de France le 14 juillet 1830.

Démissionnaire par refus de serment le 9 août 1830.

1558. DUPERRÉ (Victor-Guy, baron).

Amiral le 13 août 1830.

Par M. Court.

1559. GÉRARD (Étienne-Maurice, comte).

Maréchal de France le 17 août 1830.

Par M. Larivière.

1560. CLAUSEL (Bertrand, comte).

Maréchal de France le 30 juillet 1831.

Par M. Champmartin.

1561. LOBAU (Georges Mouton, comte de).

Maréchal de France le 30 juillet 1831.

Par M. Ary Scheffer.

1562. TRUGUET (Laurent-Jean-François, comte).

Amiral le 19 novembre 1831.

Par M. Paulin Guérin.

1563. GROUCHY (Emmanuel, marquis de).

Maréchal de France (honoraire) le 19 novembre 1831.

Par M. Rouillard.

GUERRIERS CÉLÈBRES.

Les portraits des guerriers célèbres sont placés au rez-de-chaussée
(partie centrale, salles n°s 57 et 58.)

1564.   **GODEFROY DE BOUILLON.**

Roi de Jérusalem le 23 juillet 1099.

Mort en 1100.

Écusson.

1565.   **RAOUL**, comte de Vermandois.

Sénéchal de France en 1131.

Mort en 1152.

Écusson.

1566. **CHAMPAGNE** (Thibauld de), 1er du nom, comte de Blois.

Sénéchal en 1152.

Mort en 1191.

Par M. GIRAUD.

1567. **BOURBON** (Louis, 1er du nom, duc de),

Mort en 1341.

Par M. AMIEL.

1568. **PHILIPPE-LE-HARDI**, duc de Bourgogne.

Mort en 1404.

Par Mme DEHÉRAIN.

1569. ORLÉANS (Louis de France, 1ᵉʳ du nom, duc d').

Mort en 1407.

Par M. Steuben.

1570. BOURBON (Louis, IIᵉ du nom, duc de).

Mort en 1410.

Par M. Rubio.

1571. JEAN-SANS-PEUR, duc de Bourgogne.

Mort en 1419.

Par M. Steuben.

1572. JEANNE D'ARC (la Pucelle d'Orléans).

Morte en 1431.

Par M. Schnetz.

1573. LAHIRE (Étienne de Vignoles, dit).

Mort en 1442.

Par M. Dassy.

1574. TANNEGUY DU CHATEL.

Mort en 1449.

Par M. Lugardon.

1575. DUNOIS (Jean, bâtard d'Orléans, comte de).

Mort en 1468.

Par M. Tassaert.

1576. VENDÔME (François de Bourbon, comte de).

Mort en 1495.

Par M. Montjoye.

PEINTURE. 287

1577. MONTPENSIER (Gilbert de Bourbon, comte de).

Mort en 1496.

Par M. Xavier Dupré.

1578. NEMOURS (Louis d'Armagnac, duc de).

Mort en 1503.

Par M. Steuben.

1579. AUBUSSON (Pierre d').

Mort en 1503.

Par M. Amiel.

1580. LIGNY (Louis de Luxembourg, comte de).

Mort en 1503.

Par M. Schopin.

1581. GASTON DE FOIX, duc de Nemours.

Mort en 1512.

Par Ph. de Champaigne.

1582. LA ROCHE-SUR-YON (Louis de Bourbon, 1er du nom, prince de).

Mort en 1520.

Par M. Xavier Dupré.

1583. BAYARD (Pierre du Terrail, chevalier).

Mort en 1524.

Par M. Fragonard.

1584. LA TRÉMOUILLE (Louis, 11ᵉ du nom, sire de).
Amiral de la Guyenne et de Bretagne.

Mort en 1524.

Par M. Féron.

1585. VILLIERS DE L'ILE-ADAM (Philippe de).
Grand-maître de l'Ordre de Saint-Jean de Jérusalem.

Mort en 1534.

Par M. Saint-Èvre.

1586. VENDÔME (Charles de Bourbon, duc de).

Mort en 1537.

Par M. Linssen.

1587. ENGHIEN (François de Bourbon, comte d').

Mort en 1546.

Par M. Monvoisin.

1588. SAINT-POL (François de Bourbon, 1ᵉʳ du nom, comte de).

Mort en 1545.

Écusson.

1589. GUISE (Claude de Lorraine, duc de).

Mort en 1550.

Par M. Riondet.

1590. FROELICH (Guillaume).
Colonel-général des Suisses.

Mort en 1562.

Par M. Lugardon.

1591. GUISE (François de Lorraine, duc de).

Mort en 1563.

Par M. GIGOUX.

1592. PARISOT DE LA VALETTE (Jean).

Grand-maître de l'Ordre de Saint-Jean de Jérusalem.

Mort en 1568.

Par M. XAVIER DUPRÉ.

1593. ESTRÉES (Jean), seigneur de Cœuvres.

Grand-maître de l'artillerie de France.

Mort en 1571.

Par M. SCHOPIN.

1594. GUISE (Henri de Lorraine, duc de).

Mort en 1588.

Par Mlle ROBERT.

1595. MONTGOMMERY (Jacques de), le capitaine de Lorges.

Capitaine de la garde écossaise du Roi, en 1545.

Mort en 1562.

Écusson.

1596. DE LA NOUE (François), dit Bras-de-fer,

Mort en 1591.

Par M. EUGÈNE GOYET.

1597. CRILLON (Louis de Balbis de Berton, seigneur de).

Mort en 1615.

Par M. GAILLOT.

1598. ROHAN (Henri, IIe du nom, duc de).

Pair de France.

Mort en 1638.

Par M. Tassaert.

1599. CARIGNAN (Thomas-François de Savoie, prince de).

Mort en 1656.

Par M. Albrier.

1600. HARCOURT (Henri de Lorraine, comte de).

Mort en 1666.

Par M. Schnetz.

1601. CONDÉ (le Grand Condé), (Louis de Bourbon, IIe du nom, prince de).

Mort en 1686.

Par M. Bezard.

1602. DUQUESNE (Abraham, marquis).

Lieutenant-général des armées navales de France.

Mort en 1688.

Portrait du temps.

1603. ORLÉANS (Philippe de France, Monsieur, duc d').

Mort en 1701.

Par M. Bralle.

PEINTURE. 291

1604. VENDÔME (Louis-Joseph de Bourbon, duc de).

Mort en 1712.

Par M. Henri Scheffer.

1605. BARTH (Jean), chevalier.

Chef d'escadre.

Mort en 1702.

Portrait en buste du temps.

1606. ORLÉANS (Philippe, IIe du nom, duc d').

Régent du Royaume.

Mort en 1723.

Par M. Delanoë.

1607. DUGUAY-TROUIN (René).

Lieutenant-général des armées navales.

Mort en 1736.

1608. CHEVERT (François de).

Lieutenant-général des armées du Roi.

Mort en 1769.

Par M. Larivière.

1609. CONTI (Louis-François de Bourbon, prince de).

Mort en 1769.

Par Mlle Clotilde Gérard.

1610. SUFFREN SAINT-TROPEZ (Pierre-André).

Vice-amiral de France.

Mort en 1788.

Par M. Latil.

1611. LAFAYETTE (Marie-Paul-Joseph-Yves-Gilbert Mottier, marquis de).

Général en chef des gardes nationales de France.

Mort en 1834.

Par M. Henri Scheffer.

1612. BIRON (Armand-Louis de Gontaut, duc de).

Général en chef des armées du Rhin et du Var.

Mort en 1793.

Par Mlle Revest.

1613. CUSTINE (Adam-Philippe, comte de).

Général en chef des armées du Rhin et du Nord.

Mort en 1793.

Par Mlle Le Baron.

1614. DUMOURIEZ (Charles-François).

Général en chef de l'armée du Nord.

Mort en 1823.

Par M. Rouillard.

PEINTURE. 293

1615. DAMPIERRE (Auguste-Henri-Marie Picot, comte de).

Général en chef des armées du Nord.

Mort en 1793.

Par Monvoisin.

1616. HOUCHARD (Jean-Nicolas).

Général en chef des armées du Rhin, de la Moselle et du Nord.

Mort en 1793.

Par Mlle Montfort.

1617. DUGOMMIER (Jean-François Coquille).

Général en chef de l'armée des Pyrénées Orientales.

Mort en 1793.

Par M. Rouget.

1618. DAGOBERT DE FONTENILLE (Louis-Simon-Auguste).

Général de division.

Mort en 1794.

Par M. Maurin.

1619. AUBERT DU BAYET (Jean-Baptiste-Annibal).

Général en chef de l'armée des côtes de Cherbourg.

Mort en 1797.

Par M. Paulin Guérin.

1620. MARCEAU (Joseph-Maurice).

Général en chef de l'armée de l'Ouest.

Mort en 1796.

Par M. Bouchot.

1621. JOUBERT (Barthélemy-Catherine).

Général en chef de l'armée d'Italie.

Mort en 1799.

Par M. Bouchot.

1622. CHAMPIONNET (Jean-Étienne).

Général en chef des armées de Naples, des Alpes et d'Italie.

Mort en 1800.

Par M. Rouillard.

1623. HOCHE (Louis-Lazare).

Général en chef des armées de la Moselle, de l'Ouest et de Sambre-et-Meuse.

Mort en 1797.

Par M. Ary Scheffer.

1624. KLÉBER (Jean-Baptiste).

Général en chef des armées du Rhin, de Sambre-et-Meuse et d'Orient.

Mort en 1800.

Par M. Ansiaux.

1625. DESAIX (Louis-Charles-Antoine).

Général de division.

Mort en 1800.

Par M. Steuben.

1626. LECLERC (Charles-Emmanuel).

Général en chef de l'armée de Saint-Domingue.

Mort en 1802.

1627. HATRY (Jacques-Maurice).

Général en chef de l'armée de Hollande.

Mort en 1802.

Par M. Schwiter.

1628. PICHEGRU (Jean-Claude).

Général en chef des armées du Nord et de Rhin-et-Moselle.

Mort en 1804.

1629. LASALLE (Antoine-Charles-Louis, comte).

Général de division.

Mort en 1809.

Par M. Boyer, d'après le baron Gros.

1630. MOREAU (Victor).

Général en chef de l'armée du Rhin.

Mort en 1813.

1631. JUNOT (Jean-Andoche), duc d'Abrantès.
Général en chef de l'armée du Portugal.
Mort en 1813.
Par M. Raverat.

1632. VANDAMME (Dominique-Joseph), comte d'Unebourg.
Lieutenant-général.
Mort en 1830.
Par M. Rouillard.

1633. LA TOUCHE-TRÉVILLE (Louis-René-Madeleine Levassor de).
Vice-amiral.
Mort en 1804.
Par M.

1634. LECOURBE (Claude-Jacques).
Général en chef de l'armée du Haut-Rhin.
Mort en 1815.
Par M. Vauchelet.

1635. RAPP (Jean, comte).
Général en chef de l'armée du Rhin.
Mort en 1821.
Par M. Cibot, d'après le baron Gros.

1636. VILLARET JOYEUSE (Louis-Thomas comte).
Vice-amiral.
Mort en 1812.
Par M. Paulin Guérin.

1637. REYNIER (Jean-Louis-Ebnezer, comte).

Commandant du 7ᵉ corps de la Grande Armée en 1812.

Mort en 1814.

Par M. Philippoteaux.

1638. BEAUHARNAIS (Eugène-Napoléon de).

Duc de Leuchtenberg, vice-roi d'Italie.

Mort en 1824.

Par Henri Scheffer.

1639. HÉDOUVILLE (Gabriel-Marie-Théodore-Joseph, comte de).

Général en chef de l'armée des côtes de Brest.

Mort en 1825.

Par M. Paulin Guérin.

SALLE DE 1792.

Les portraits de cette salle sont placés au premier étage de l'aile du Nord, n° 135.

1640. Napoléon BONAPARTE.

Lieutenant-colonel au 1er bataillon de la Corse en 1792.

NAPOLÉON Ier.

Empereur des Français en 1804.

Par M. AMÉDÉE FAURE.

1641. Adam-Philippe, comte DE CUSTINE.

Lieutenant-général en 1791.

Général en chef de l'armée du Rhin en 1792, de la Moselle, du Nord et des Ardennes, en 1793.

Par M. COURT.

1642. Anne-Pierre, marquis DE MONTESQUIOU.

Lieutenant-général en 1791,

Général en chef de l'armée du Midi en 1792.

Par M. DUBUFE.

1643. Pierre de Riel, marquis DE BEURNONVILLE.

Lieutenant-général en 1792,

Général en chef de l'armée de la Moselle en 1792,

Maréchal de France en 1816.

Par M. HEIM.

1644. Alexandre-François-Marie, vicomte
DE BEAUHARNAIS.
Maréchal-de-camp chef d'état-major en 1792,
Général en chef de l'armée du Rhin en 1793.
Par M. Rouget.

1645. Marie-Adélaïde Cyrus, comte DE VALENCE.
Lieutenant-général en 1792,
Général en chef de l'armée des Ardennes en 1792.
Par M. Blondel.

1646. Armand-Louis de Gontaut, duc DE BIRON.
Lieutenant-général en 1792,
Général en chef de l'armée du Rhin en 1792.
Par M. Court.

1647. Nicolas, baron DE LUCKNER.
Maréchal de France en 1791,
Général en chef des armées du Rhin et du Nord en 1792.
Par M. Couder.

1648. Jean-Baptiste-Donatien de Vimeur,
comte DE ROCHAMBEAU.
Maréchal de France en 1791,
Général en chef de l'armée du Nord en 1792.
Par M. Larivière.

1649. Marie-Paul-Joseph-Yves-Gilbert Mottier, marquis DE LAFAYETTE.

Général commandant en chef de l'armée du centre en 1791,

Général en chef des gardes nationales de France en 1830.

Par M. COURT.

1650. Charles-François DUMOURIEZ.

Lieutenant-général en 1792,

Général en chef de l'armée du Nord en 1792.

Par M. ROUILLARD.

1651. François-Christophe KELLERMANN.

Général en chef de l'armée de la Moselle en 1792.

F.-C. KELLERMANN, duc de Valmy.

Maréchal de France en 1804.

Par M. ROUGET.

1652. Louis-Philippe d'Orléans, duc DE CHARTRES.

Lieutenant-général en 1792.

LOUIS-PHILIPPE Ier.

Roi des Français en 1830.

Par M. COGNIET.

1653. Georges-Félix, baron DE WIMPFEN.

Lieutenant-général, commandant de Thionville en 1792.

Par M. EUGÈNE GOYET.

1654. Arthur, comte DE DILLON.

Lieutenant-général,
commandant en chef l'armée du Nord en 1792.

Par M. BELLOC.

1655. Jean-Étienne Desprez DE CRASSIER.

Lieutenant-général en 1792,
Général en chef de l'armée des Pyrénées-Occidentales en 1798.

Par M. THÉVENIN.

1656. Antoine-Philippe D'ORLÉANS,
duc de Montpensier.

Lieutenant-colonel adjudant-général en 1792.

Par M. AMÉDÉE FAURE.

1657. Nicolas BEAUREPAIRE.

Lieutenant-colonel au 1er bataillon de Maine-et-Loire,
commandant de Verdun en 1792.

Par M. MONVOISIN.

1658. François MIRANDA.

Lieutenant-général,
commandant en chef l'armée du Nord en 1792.

Par M. ROUGET.

1659. Auguste-Marie-Henri Picot,
comte DE DAMPIERRE.
Maréchal-de-camp en 1792,
Général en chef de l'armée du Nord en 1793.
Par M. MONVOISIN.

1660. Augustin-Daniel BELLIARD.
Capitaine au 1er bataillon de la Vendée en 1792.

A.-D., comte BELLIARD.
Général de division en 1800,
Colonel-général des cuirassiers en 1812.
Par M. FRANÇOIS DUBOIS.

1661. Claude-Joseph LECOURBE.
Lieutenant-colonel au 7e bataillon du Jura en 1792,
Général de division en 1799.
Par M. LIBOUR.

1662. Antoine RICHEPANSE.
Lieutenant au 1er de chasseurs à cheval en 1792,
Général de division en 1799.
Par M. DURUPT.

1663. Jacques-Maurice HATRY.
Chef de bataillon au 77e de ligne en 1792,
Général de division en 1793.
Par M. SCHWITER.

1664.   Aubert DUBAYET.
Général de brigade en 1792.
Par M. PAULIN GUÉRIN.

1665.   Joseph-Maurice MARCEAU.
Volontaire au 1ᵉʳ bataillon d'Eure-et-Loir en 1792,
Général de division,
commandant en chef l'armée de l'Ouest en 1793.
Par M. VINCHON.

1666.   Gabriel-Marie-Théodore-Joseph,
comte D'HÉDOUVILLE,
Capitaine au 6ᵉ de chasseurs à cheval en 1792,
Général en chef de l'armée des Côtes de l'Ouest en 1797.
Par M. PAULIN GUÉRIN.

1667. Jean-Mathieu-Philibert SERRURIER.
Lieutenant-colonel au 68ᵉ de ligne en 1792.

J.-M.-P., comte SERRURIER.
Maréchal de France en 1804.
Par M. DELANOE.

1668.   Dominique-Catherine PÉRIGNON.
Lieutenant-colonel, légion des Pyrénées, en 1792.

D.-C., marquis DE PÉRIGNON.
Maréchal de France en 1804.
Par M. AMIEL.

1669. Bertrand CLAUSEL.
Capitaine au 43ᵉ de ligne en 1792.

B., comte CLAUSEL.
Maréchal de France en 1831.

Par M. Rouget.

1670. Jacques-Alexandre-Bernard Law
DE LAURISTON.
Capitaine au 8ᵉ d'artillerie en 1792.

J.-A.-B. LAW DE LAURISTON, marquis de Lauriston.
Maréchal de France en 1823.

Par M. Caminade.

1671. Emmanuel, marquis DE GROUCHY.
Colonel du 2ᵉ dragons en 1792.
Colonel-général des chasseurs en 1809.
Maréchal de France en 1831.

Par M. Rouget.

1672. Laurent-Jean-François TRUGUET.
Capitaine de vaisseau en 1792.

L.-J.-F., comte TRUGUET.
Amiral en 1831.

Par M. Paulin Guérin.

1673.   Claude-Perrin VICTOR.

Lieutenant-colonel du 5ᵉ bataillon des Bouches-du Rhône en 1792.

C.-P. VICTOR, duc de Bellune.
Maréchal de France en 1807.

Par M. ROUGET.

1674.   Jean-Claude PICHEGRU.

Adjudant au 2ᵉ régiment d'artillerie en 1792, Général en chef de l'armée du Rhin en 1793, du Nord en 1794, et de Rhin-et-Moselle en 1795

Par M. CAMINADE.

1675.   Guillaume-Marie-Anne BRUNE.

Capitaine-adjoint aux adjudans-généraux en 1792

G.-M.-A., comte BRUNE.
Maréchal de France en 1804.

Par M. VINCHON.

1676.   Jean-Baptiste BESSIÈRES.

Adjudant, légion des Pyrénées, en 1792.

J.-B. BESSIÈRES, duc d'Istrie.
Maréchal de France en 1804.

Par M. PAULIN GUÉRIN.

1677. Jean LANNES.

Sous-lieutenant au 2ᵉ bataillon du Gers en 1792.

J. LANNES, duc de Montebello.
Maréchal de France en 1804.

Par M. PAULIN GUÉRIN.

1678. Pierre-François-Charles AUGEREAU.

Adjudant-major, légion germanique, en 1792.

P.-F.-C. AUGEREAU, duc de Castiglione.
Maréchal de France en 1804.

Par M. THÉVENIN.

1679. Louis-Alexandre BERTHIER.

Maréchal-de-camp chef d'état-major en 1792.

L.-A. BERTHIER, prince de Neuchatel
et de Wagram.
Maréchal de France en 1804.

Par M. LÉPAULLE, d'après le baron Gros.

1680. Louis-Nicolas DAVOUST.

Lieutenant-colonel du 3ᵉ bataillon de l'Yonne
en 1792.

L.-N. DAVOUST, duc d'Auerstaëdt,
prince d'Eckmull.
Maréchal de France en 1804.

Par M. ALEXIS PÉRIGNON.

1681. Gabriel-Jean-Joseph MOLITOR.
Capitaine au 4ᵉ bataillon de la Moselle en 1792.

G.-J.-J. MOLITOR.
Maréchal de France en 1823.

Par M. Adolphe Brune.

1682. André MASSÉNA.
Lieutenant-colonel au 2ᵉ bataillon du Var en 1792.

A. MASSÉNA, duc de Rivoli, prince d'Essling.
Maréchal de France en 1804.

Par M. Wachsmut.

1683. Victor-Guy DUPERRÉ.
Matelot en 1792.

V.-G., baron DUPERRÉ.
Amiral en 1830.

Par M. Rouget.

1684. Nicolas-Charles OUDINOT.
Lieutenant-colonel au 3ᵉ bataillon de la Meuse en 1792.

N.-C. OUDINOT, duc de Reggio.
Maréchal de France en 1804.

Par M. Monvoisin.

685. **Louis-Gabriel** SUCHET.
Lieutenant-colonel au 4ᵉ bataillon de l'Ardèche en 1792.

L.-G. SUCHET, duc d'Albuféra.
Maréchal de France en 1811.

Par M. RAVERAT.

686. **Laurent** GOUVION-SAINT-CYR.
Capitaine au 1ᵉʳ bataillon de chasseurs de Paris en 1792.

L., marquis DE GOUVION-SAINT-CYR.
Maréchal de France en 1812.

Par M. ROUGET.

687. **François-Joseph** LEFEBVRE.
Capitaine au 13ᵉ bataillon d'infanterie légère en 1792.

F.-J. LEFEBVRE, duc de Dantzick.
Maréchal de France en 1804.

Par M. WACHSMUT.

688. **Jean-Nicolas** HOUCHARD.
Général de brigade en 1792,
Général en chef des armées de la Moselle, du Nord et des Ardennes en 1793.

Par M. ROUGET.

1689. Jean-Baptiste-Charles BERNADOTTE.

Lieutenant au 36ᵉ régiment de ligne en 1792.

J.-B.-C. BERNADOTTE, prince de Pontecorvo.

Maréchal de France en 1804.

CHARLES-JEAN XIV.

Roi de Suède et de Norwége en 1818.

Par M. AMIEL.

1690. Étienne-Maurice GÉRARD.

Volontaire au 2ᵉ bataillon de la Meuse en 1792.

É.-M., comte GÉRARD.

Maréchal de France en 1830.

Par M. LARIVIÈRE.

1691. Louis-Lazare HOCHE.

Capitaine au 58ᵉ de ligne en 1792.

Général en chef de l'armée de la Moselle en 1793 et de l'armée de l'Ouest en 1796.

Par M. CLAUDE LEFEBVRE.

1692. Bon-Adrien-Jannot DE MONCEY.

Capitaine au 7ᵉ de ligne en 1792.

B.-A.-J. DE MONCEY, duc de Conégliano.

Maréchal de France en 1804.

Par M. DEDREUX DORCY.

1693. Jean-Baptiste JOURDAN.

Lieutenant-colonel au 2ᵉ bataillon de la Haute-Vienne en 1792.

J.-B., comte JOURDAN.
Maréchal de France en 1804.

Par Mlle VOLPELIÈRE.

1694. Étienne-Jacq.-Joseph-Alexandre MACDONALD.

Capitaine, aide-de-camp du général Bournonville, en 1792.

E.-J.-J.-A. MACDONALD, duc de Tarente.
Maréchal de France en 1809.

Par M. RIOULT.

1695. Nicolas-Joseph MAISON.

Grenadier au 1ᵉʳ bataillon de Paris en 1792.

N.-J., marquis MAISON.
Maréchal de France en 1829.

Par M. COGNIET.

1696. Joachim MURAT.

Sous-lieutenant au 12ᵉ de chasseurs en 1792, Maréchal de France, grand-duc de Clèves et de Berg en 1804.

JOACHIM-NAPOLÉON.
Roi de Naples en 1808.

Par M. PAULIN GUÉRIN.

1697. Jean-de-Dieu SOULT.

Sergent au 23ᵉ de ligne en 1792.

J.-D.-D. SOULT, duc de Dalmatie.

Maréchal de France en 1804.

Par M. RAVERAT.

1698. Georges MOUTON.

Capitaine au 9ᵉ bataillon de la Meurthe en 1792.

G. MOUTON, comte de Lobau.

Maréchal de France en 1831.

Par M. LARIVIÈRE.

1699. Édouard-Adolphe-Casimir-Joseph MORTIER.

Capitaine au 1ᵉʳ bataillon du Nord en 1792.

É.-A.-C.-J. MORTIER, duc de Trévise.

Maréchal de France en 1804.

Par M. LARIVIÈRE.

1700. Michel NEY.

Sous-lieutenant au 4ᵉ de hussards en 1792.

M. NEY, duc d'Elchingen, prince de la Moskowa,

Maréchal de France en 1804.

Par M. ADOLPHE BRUNE.

PEINTURE. 313

1701. Jean-Baptiste KLÉBER.

Lieutenant-colonel au 4ᵉ bataillon du Haut-Rhin en 1792 ;

D'abord volontaire, puis adjudant-major, et adjudant-général.

Par M. Paulin Guérin.

1702. Lazare-Nicolas-Marguerite CARNOT.

Capitaine du génie en 1792,

Général de division en 1814.

Par M. Bouchot.

1703. Jean-Étienne CHAMPIONNET.

Lieutenant-colonel au 6ᵉ bataillon de la Drôme en 1792,

Général de division en 1794,

Général en chef de l'armée de Naples en 1798.

Par M. Bouchot.

1704. Jean-Louis-Ebnezer REYNIER.

Canonnier dans le bataillon du Théâtre-Français en 1792,

Général de division en 1796.

Par M. Philippoteaux.

1705. Louis-Charles-Antoine DESAIX DE VEIGOUX.

Capitaine au 46ᵉ de ligne en 1792,

Général de division en 1794.

Par M. Steuben.

1706. Jean-François Coquille DUGOMMIER.
Maréchal-de-camp d'état-major en 1792,
Général de division,
commandant en chef l'armée des Pyrénées-Orientales en 1793.

Par M. BOUCHOT.

1707. Barthélemy-Catherine JOUBERT.
Sous-lieutenant au 51ᵉ de ligne en 1792,
Général de division en 1796,
Général en chef de l'armée d'Italie en 1798.

Par M. BOUCHOT.

1708. Andoche JUNOT.
Sergent de grenadiers au 2ᵉ bataillon de la Côte-d'Or en 1792.

A. JUNOT, duc d'Abrantès.
Général de division en 1801,
Colonel-général des hussards en 1806.

Par M. RAVERAT.

1709. Louis-René LEVASSOR DE LA TOUCHE TRÉVILLE.
Contre-amiral en 1792,
Vice-amiral en 1803.

Par M. PAULIN GUÉRIN.

1710. Auguste-Frédéric-Louis Viesse DE MARMONT.

Lieutenant d'état-major d'artillerie en 1792.

A.-F.-L. VIESSE DE MARMONT, duc de Raguse.

Maréchal de France en 1809.
Par M. ROUGET.

1711. Jean-Victor MOREAU.

Lieutenant-colonel au 1ᵉʳ bataillon d'Ille-et-Vilaine en 1792,

Général de division en 1794,

Général en chef de l'armée du Nord en 1796.
Par M. BOUCHOT.

1712. Maximilien-Sébastien FOY.

Lieutenant d'artillerie en 1792.

M.-S., comte FOY.

Général de division en 1810.
Par M. GRÉGORIUS.

PORTRAITS.

Tous les portraits dont l'emplacement n'est pas désigné sont placés au second étage de l'aile du nord, dans les salles n° 141 à 150.

1713.   **CHARLEMAGNE,**

Empereur d'Occident et roi de France.

Mort en 814.

Aile du nord, rez-de-chaussée, n° 5.

1714.   **SAINT BERNARD,**

Premier abbé de Clairvaux.

Mort en 1153.

1715.   **SIMON, IVe du nom,**

Comte de Montfort.

Mort en 1218.

1716.   **GUI DE LEVIS,**

Seigneur de Mirepoix.

Mort en 1230.

1717.   **LOUIS IX (Saint-Louis),**

Roi de France.

Mort en 1270.

1718.   **LOUIS IX (Saint-Louis),**

Roi de France.

Mort en 1270.

Aile du nord, rez-de-chaussée, salle n° 5.

1719. **GUILLAUME II,**

Comte de Hollande, roi des Romains.

Mort en 1256.

1720. **ALBERT LE GRAND,**

Évêque de Ratisbonne.

Mort en 1280.

1721. **PHILIPPE III** (le Hardi),

Roi de France.

Mort en 1285.

Aile du nord, rez-de-chaussée, salle n° 9.

1722. **SAINT LOUIS D'ANJOU-SICILE,**

Évêque de Toulouse.

Mort en 1298.

1723. **JEANNE,**

Reine de France et de Navarre.

Morte en 1305.

1724. **HUMBERT, Ier du nom,**

Dauphin de Viennois.

Mort en 1307.

1725. **ISABELLE DE FRANCE,**

Reine d'Angleterre.

Mort en 1357.

1726. **PHILIPPE VI** (de Valois),
Roi de France.
Mort en 1350.

1727. **DANTE ALIGHIERI**,
Poëte.
Mort en 1321.

1728. **PÉTRARQUE** (François),
Poëte.
Mort en 1374.

1729. **PÉTRARQUE** (François),
Poëte.
Mort en 1374.

1730. **BOCCACE** (Jean),
Poëte.
Mort en 1375.

1731. **BARTHOLE** (Bonnacursi),
Jurisconsulte.
Mort en 1356.

1732. **ISABEAU DE VALOIS**,
Duchesse de Bourbon.
Morte en 1383.

1733. **JEAN DE MONTFORT**,
Duc de Bretagne.
Mort en 1345.

1734.   JEAN II (le Bon),
         Roi de France.
                              Mort en 1364.

1735.   CHARLES V (le Sage),
         Roi de France.
                              Mort en 1380.

1736.   CHARLES V,
         Roi de France.
                              Mort en 1380.
Aile du nord, rez-de-chaussée, salle n° 10.

1737.   CHARLES II (le Mauvais),
         Roi de Navarre.
                              Mort en 1385.

1738.   BERTRAND DU GUESCLIN,
         Connétable de France.
                              Mort en 1380.

1739.   LOUIS DE FRANCE, Ier du nom,
         Duc d'Anjou, régent du royaume.
                              Mort en 1384.

1740.   JEANNE DE NAVARRE (la Jeune),
         Vicomtesse de Rohan.
                              Morte en 1403.

1741.   CHARLES VI,
         Roi de France.
                              Mort en 1422.

PEINTURE.

1742.   CHARLES VI,
            Roi de France.
                            Mort en 1422.
Aile du nord, rez-de-chaussée, salle n° 10.

1743.   ISABEAU DE BAVIÈRE,
            Reine de France.
                            Morte en 1435.

1744.   JEAN DE FRANCE,
            Duc de Berry.
                            Mort en 1416.

1745. LOUIS DE FRANCE, DUC D'ORLÉANS,
        Gouverneur du royaume.
                            Mort en 1407.

1746.   VALENTINE DE MILAN,
            Duchesse d'Orléans.
                            Morte en 1408.

1747.   JEAN (Sans-Peur),
            Duc de Bourgogne.
                            Mort en 1419.

1748.   BALDE (Pierre degli Ubaldi, dit),
            Jurisconsulte.
                            Mort en 1400.

1749.   JEAN VI DE BAVIÈRE,
    Évêque et prince de Liége, puis duc de
            Luxembourg.
                            Mort en 1425.

1750.   JEAN II,
Roi de Castille et de Léon.
Mort en 1454.

1751. LAHIRE (Étienne de Vignoles dit),
Mort en 1442.

1752.   CHARLES VII,
Roi de France.
Mort en 1461.

1753.   CHARLES VII,
Roi de France.
Mort en 1461.
Aile du nord, rez-de-chaussée, salle n° 10.

1754.   AGNÈS SOREL.
Morte en 1450.

1755. MONTPENSIER (Louis de Bourbon, 1er du nom, comte de),
Dauphin d'Auvergne.
Mort en 1486.

1756.   CHARLES,
Duc d'Orléans et de Milan.
Mort en 1466.

1757.   CHARLES DE FRANCE,
Duc de Berry et de Guyenne.
Mort en 1472.

1758. JUVÉNAL DES URSINS (Jean),
Seigneur de la Chapelle-Gautier, prévôt des marchands de la ville de Paris, et sa famille.

Mort en 1431.

1°. MICHELLE DE VITRY,
Sa femme.

Morte en 1456.

2°. JUVÉNAL DES URSINS (Jean),
Archevêque et duc de Reims.

Mort en 1473.

3°. JEANNE JUVÉNAL DES URSINS,
Femme de Nicolas Brulart.

4°. LOUIS JUVÉNAL DES URSINS,
Chevalier, conseiller et chambellan du Roi, bailli de Troyes.

5°. JEANNE JUVÉNAL DES URSINS.
Femme de Pierre de Chailli.

6°. EUDES JUVÉNAL DES URSINS,
Femme de Denis des Marais.

7°. DENIS JUVÉNAL DES URSINS,
Échanson de Louis de France, dauphin.

8°. MARIE JUVÉNAL DES URSINS,
Prieure de Poissy.

9°. GUILLAUME JUVÉNAL DES URSINS,
Chancelier de France.

Mort en 1472.

10°. PIERRE JUVÉNAL DES URSINS,
Écuyer.

11°. MICHEL JUVÉNAL DES URSINS,
Écuyer, seigneur de la Chapelle-Gautier,
bailli de Troyes.

Mort en 1470.

12°. JACQUES JUVÉNAL DES URSINS,
Archevêque et duc de Reims.

Mort en 1457.

1759. GUILLAUME JUVÉNAL DES URSINS,
Chancelier de France.

Mort en 1472.

1760. BEAUVOIR (Claude de),
Seigneur de Chastellux,
Maréchal de France.

Mort en 1453.

1761.   MARSILE FICIN,
             Savant.
                          Mort en 1499.

1762.   GAZA (Théodore),
             Savant.
                          Mort en 1475.

1763.   POLITIEN (Ange),
             Littérateur.
                          Mort en 1494.

1764.   POMPONIUS LÆTUS,
             Historien.
                          Mort en 1497.

1765.   BESSARION (Jean),
     Cardinal, patriarche de Constantinople.
                          Mort en 1472.

1766.   PHILELPHE (François),
             Savant.
                          Mort en 1481.

1767. PLATINA (Barthélemy de' Sacchi, dit),
             Savant.
                          Mort en 1481.

1768. AGRICOLA (Rodolphe-Huesmann, dit),
             Poète et savant.
                          Mort en 1485.

1769.   PHILIPPE III (le Bon),
　　　　Duc de Bourgogne.
　　　　　　　　　　　　Mort en 1467.

1770.   PHILIPPE III (le Bon),
　　　　Duc de Bourgogne.
　　　　　　　　　　　　Mort en 1467.

1771.   PHILIPPE III (le Bon),
　　　　Duc de Bourgogne.
　　　　　　　　　　　　Mort en 1467.

1772. CRÉATION DE L'ORDRE DE LA TOISON D'OR,
　　Par Philippe (le Bon), duc de Bourgogne,
　　　　le 10 janvier 1429.

1773.   CHARLES (le Téméraire),
　　　　Duc de Bourgogne.
　　　　　　　　　　　　Mort en 1477.

1774.   CHARLES (le Téméraire),
　　　　Duc de Bourgogne.
　　　　　　　　　　　　Mort en 1477.

1775. ASSEMBLÉE DU PARLEMENT DE BOURGOGNE
　　　　CRÉÉ A DIJON,
　　Par Charles (le Téméraire), duc de Bourgogne.
　　　　18 mars 1476.

1776.   MARIE,
　　　　Dame de Montauban.
　　　　　　　　　　　　Morte en 1477.

PEINTURE. 327

1777. LOUIS XI,
Roi de France.
Mort en 1483.

1778. LOUIS XI,
Roi de France.
Mort en 1483.
Aile du nord, rez-de-chaussée, salle n° 11.

1779. CHARLES VIII,
Roi de France.
Mort en 1498.

1780. CHARLES VIII,
Roi de France.
Mort en 1498.
Aile du nord, rez-de-chaussée, salle n° 11.

1781. CHARLES, II° du nom,
Cardinal, duc de Bourbon.
Mort en 1488.

1782. PIERRE, II° du nom, duc de Bourbon
et d'Auvergne,
Pair et chambrier de France.
Mort en 1503.

1783. DAME DE BEAUJEU (Anne de France,
duchesse de Bourbon).
Morte en 1522.

1784. ISABELLE D'ARAGON,
Duchesse de Milan.
Morte en 1524.

1785. **LAURENT DE MÉDICIS**, IIe du nom,
Duc d'Urbin.
Mort en 1519.

1786. **BARBARUS** (Hermolaus),
Patriarche d'Aquilée.
Mort en 1493.

1787. **SAVONAROLE** (frère Jérôme),
Religieux dominicain.
Mort en 1498.

1788. **PIC DE LA MIRANDOLE** (Jean).
Mort en 1494.

1789. **PONTANUS** (Jean-Jovien),
Vice-roi de Naples, savant.
Mort en 1503.

1790. **SABELLICUS** (Marc-Antoine-Cocceius),
Historien.
Mort en 1506.

1791. **BORGIA** (César),
Cardinal, archevêque de Valence en Espagne.
Mort en 1507.

1792. **PHILIPPE DE COMINES**,
Seigneur d'Argenton.
Mort en 1509.

PEINTURE. 329

1793. FRANÇOIS, Ier du nom,

Comte de la Rochefoucault.

Mort en 1516.

1794. CHRISTOPHE COLOMB.

Mort en 1506.

1795. AMERIC VESPUCE.

Mort en 1516.

1796. MAXIMILIEN Ier,

Empereur d'Allemagne.

Mort en 1519.

1797. MAXIMILIEN Ier,

Empereur d'Allemagne.

Mort en 1519.

1798. MAXIMILIEN Ier,

Archiduc d'Autriche, empereur d'Allemagne,
et sa famille.

Mort en 1519.

1°. MARIE,

Duchesse de Bourgogne, impératrice d'Allemagne.

Morte en 1482.

2°. PHILIPPE Ier,

Archiduc d'Autriche, roi d'Espagne.

Mort en 1506.

3°. **CHARLES-QUINT**,
Empereur d'Allemagne (alors archiduc d'Autriche).
Mort en 1558.

4°. **FERDINAND Ier**,
Empereur d'Allemagne (alors archiduc d'Autriche).
Mort en 1564.

5°. **LOUIS II**,
Roi de Hongrie et de Bohême.
Mort en 1526.

1799. **MARIE DE BOURGOGNE**,
Impératrice d'Allemagne (alors archiduchesse d'Autriche).
Morte en 1482.

1800. **MARIE DE BOURGOGNE**,
Archiduchesse d'Autriche, impératrice d'Allemagne.
Morte en 1482.

1801. **PHILIPPE Ier** (le Bel),
Roi d'Espagne.
Mort en 1506.

1802. **JEANNE D'ARAGON** (la Folle),
Reine d'Espagne.
Morte en 1555.

1803. **LOUIS XII**,
Roi de France.
Mort en 1515.

804.   **LOUIS XII,**
            Roi de France.
                                Mort en 1515.
Aile du nord, rez-de-chaussée, salle n° 8.

805.   **JEANNE DE FRANCE,**
            Reine de France.
                                Morte en 1505.

806.   **ANNE, DUCHESSE DE BRETAGNE,**
            Reine de France.
                                Morte en 1514.

807.   **ANNE, DUCHESSE DE BRETAGNE,**
            Reine de France.
                                Morte en 1514.
Aile du nord, rez-de-chaussée, salle n° 11.

808.   **GEORGES D'AMBOISE,**
            Cardinal.
                                Mort en 1510.

809.   **SIRE DE LA TRÉMOUILLE,**
            Louis, IIe du nom,
                                Mort en 1524.

810.   **FERDINAND MAGELLAN,**
                                Mort en 1521.

811.   **LOUISE DE SAVOIE,**
    Duchesse d'Angoulême, régente de France.
                                Morte en 1531.

1812. GUILLAUME, seigneur de Montmorency,

Mort en 1531.

1813. RAPHAEL SANZIO.

Mort en 1526.

LE PONTORMO (Giacomo Carrucci),
Son maître d'armes.

Mort en 1556.

1814. CASTIGLIONE (Balthasar).

Mort en 1529.

1815. ANTOINE DE FLORENCE (dit de *Venise*),
Peintre et médecin.

1816. ARIOSTE (Louis).
Poète.

Mort en 1533.

1817. FRANÇOIS Ier,
Roi de France.

Mort en 1547.

1818. FRANÇOIS Ier,
Roi de France.

Mort en 1547.

1819. FRANÇOIS Ier,
Roi de France.

Mort en 1547.

320.   FRANÇOIS Ier,
           Roi de France.
                              Mort en 1547.
Aile du nord, rez-de-chaussée, salle n° 8.

321.   CLAUDE DE FRANCE,
           Reine de France.
                              Morte en 1524.

322   CLAUDE DE FRANCE,
           Reine de France.
                              Morte en 1524.

323.   CLAUDE DE FRANCE,
           Reine de France.
                              Morte en 1524.

324. BAYARD (Pierre du Terrail, chevalier).
                              Mort en 1524.

325. BONNIVET (Guillaume Gouffier, seigneur de).
     Amiral de France.
                              Mort en 1524.

326. ROCHE-SUR-YON (Louis de Bourbon, Ier
     du nom, prince de la).
                              Mort vers 1520.

327. ROCHE-SUR-YON (Louise de Bourbon, comtesse de Montpensier, princesse de la).
                              Morte en 1561.

1828. HENRI D'ALBRET, 11ᵉ du nom,
Roi de Navarre.
Mort en 1555.

1829. SADOLET (Jacques),
Cardinal-évêque de Carpentras.
Mort en 1547.

1830. HIPPOLYTE DE MÉDICIS,
Cardinal.
Mort en 1537.

1831. LOUIS DE LORRAINE,
Comte da Vaudemont.
Mort en 1528.

1832. PAUL JOVE,
Historien.
Mort en 1542.

1833. NICOLAS KRATZER,
Astronome.
Vivait en 1528.

1834. GRUFFI (le Beau),
Menin de François Iᵉʳ.
Mort en 1527.

1835. ANNE DE PISSELEU,
Duchesse d'Etampes.
Morte après 1575.

1836. BEATRIX PACHECO D'ASCALONA,
Comtesse de Montbel.

1837. FRANÇOISE DE LONGUY,
Dame de Pagny, comtesse de Charny.

1838. JEAN DE BOURBON,
Comte de Soissons et d'Enghien.
Mort en 1557.

1839. ANNE STEWART,
Comtesse de Beaumont-le-Roger.
Morte en 1542.

1840. ANNEBAULT (Claude d'),
Maréchal de France.
Mort en 1552.

1841. SUZANNE D'ESCARS,
Dame de Pompadour.

1842. FRANÇOIS DE LA TOUR D'AUVERGNE,
IIIe du nom.
Vicomte de Turenne.
Mort en 1557.

1843. ÉLÉONORE DE MONTMORENCY,
Vicomtesse de Turenne.

1844.   LOYOLA (saint Ignace de),
                              Mort en 1556.

1845.   CHARLES-QUINT,
     Empereur d'Allemagne, roi d'Espagne.
                              Mort en 1558.

1846.   CHARLES-QUINT,
     Empereur d'Allemagne, roi d'Espagne.
                              Mort en 1558.

1847.   CHARLES-QUINT,
     Empereur d'Allemagne, roi d'Espagne.
                              Mort en 1558.

1848.   ISABELLE DE PORTUGAL,
     Impératrice d'Allemagne et reine d'Espagne.
                              Morte en 1539.

1849.   MARIE D'AUTRICHE,
         Reine de Hongrie et de Bohême.
                              Morte en 1558.

1850. NICOLAS PERRENOT, seigneur de Granvelle,
     Garde des sceaux de l'empereur Charles-Quint.
                              Mort en 1550.

1851.   MULEY HAÇAN,
              Bey de Tunis.
                              Vivait en 1530.

1852. **RENÉE DE FRANCE,**
Duchesse de Ferrare, de Modène et de Reggio.
Morte en 1575.

1853. **ANDRÉ DORIA,**
Général des galères de France.
Mort en 1560.

1854. GUISE (Antoinette de Bourbon, duchesse de),
Morte en 1583.

1855. **JEAN DE LORRAINE,**
Cardinal, archevêque de Reims.
Mort en 1550.

1856. **FRANÇOIS PIZARRE,**
Mort en 1541.

1857. **FERNAND CORTEZ,**
Mort en 1554.

1858. JEAN, IIe du nom,
Duc de Bavière.
Mort en 1557.

1859. **BEATRIX DE BADE,**
Duchesse de Bavière.
Morte en 1556.

1860. JEAN-FRÉDÉRIC (le Magnanime),
Électeur de Saxe.
Mort en 1554.

15

1861. **SIBYLLE DE CLÈVES**,
Duchesse de Saxe.
Morte en 1554.

ET

JEAN-FRÉDÉRIC, IIe du nom,
Duc de Saxe-Gotha.
Mort en 1595.

1862. **ÉRASME** (Didier),
Théologien.
Mort en 1536.

1863. **ÉRASME** (Didier),
Théologien.
Mort en 1536.

1864. **MADELEINE DE FRANCE**,
Reine d'Écosse.
Morte en 1557.

1865. **LAURENCIN DE MÉDICIS**,
Mort en 1548.

1866. **HENRI VIII**,
Roi d'Angleterre et d'Irlande.
Mort en 1547.

1867. **THOMAS MORUS**,
Grand chancelier d'Angleterre.
Mort en 1535.

PEINTURE.

1868. WARHAM (Guillaume),
Archevêque de Cantorbéry.
Mort en 1532.

1869. CARDINAL POLUS (Renaud Pôle, dit le),
Archevêque de Cantorbéry.
Mort en 1558.

1870. FISHER (Jean),
Cardinal, évêque de Rochester.
Mort en 1535.

1871. JULES ROMAIN (Guilio Pippi),
Peintre et architecte.
Mort en 1546.

1872. MICHEL-ANGE BUONAROTTI,
Peintre, sculpteur, architecte.
Mort en 1564.

1873. ALBERTI (Léon-Baptiste),
Architecte, peintre et sculpteur, littérateur, chanoine de Florence.
Mort en 1485.

1874. FRANÇOIS RABELAIS,
Mort en 1553.

1875. BUDÉ (Guillaume),
Savant.
Mort en 1540.

1876. ALCIAT (André),
Jurisconsulte.
Mort en 1550.

1877. LONGUEIL (Christophe de)
Jurisconsulte, médecin et littérateur.
Mort en 1522.

1878. BEMBO (Pierre),
Cardinal, évêque de Bergame.
Mort en 1547.

1879. JEAN DU BELLAY,
Cardinal.
Mort en 1560.

1880. GUILLAUME DU BELLAY,
Vice-roi de Piémont.
Mort en 1543.

1881. RENÉ D'AMONCOURT,
Sieur de Montigny-sur-Aube.
Vivait en 1541.

1882. BERTAUT (Jacques),
Contrôleur de la maison du Roi.

1883. MARGUERITE DE VANGEST,
Maîtresse de Charles-Quint.

PEINTURE. 341

1884.   **HENRI II,**
          Roi de France.
                    Mort en 1559.

1885.   **HENRI II,**
          Roi de France.
                    Mort en 1559.

1886.   **HENRI II,**
          Roi de France.
                    Mort en 1559.

1887.   **HENRI II,**
          Roi de France.
                    Mort en 1559.

Aile du nord, rez-de-chaussée, salle n° 9.

1888.   **CATHERINE DE MÉDICIS,**
          Reine de France.
                    Morte en 1589.

1889.   **CATHERINE DE MÉDICIS,**
          Reine de France.
                    Morte en 1589.

1890.   **CATHERINE DE MÉDICIS,**
          Reine de France.
                    Morte en 1589.

1891.   **ANTOINE DE BOURBON,**
          Roi de Navarre.
                    Mort en 1562.

1892. JEANNE D'ALBRET,
Reine de Navarre.
Morte en 1572.

1893. JEAN BABOU, seigneur de la Bourdaisière,
Maître général de l'artillerie.
Mort en 1569.

1894. JEAN BABOU, seigneur de la Bourdaisière,
Maître général de l'artillerie.
Mort en 1569.

1895. SAINT-ANDRÉ (Jacques d'Albon, seigneur de),
Maréchal de France.
Mort en 1562.

1896. ESSÉ (André de Montalembert, seigneur d'),
Lieutenant-général, commandant en chef l'armée du Roi en Égypte.
Mort en 1553.

1897. MONTGOMMERY (Gabriel de Lorge, comte de),
Mort en 1574.

1898. FRANÇOIS D'APELVOISIN,
Seigneur de la Roche-du-Maine.

1899. JEAN CALVIN.
Mort en 1654.

1900. DAME DE BEAUPRÉAU (Philippine de Montespedon, princesse de la ROCHE-SUR-YON),
Morte en 1578.

1901. PHILIPPE II,
Roi d'Espagne.
Mort en 1598.

1902. PHILIPPE II,
Roi d'Espagne.
Mort en 1598.

1903. ÉLISABETH DE FRANCE,
Reine d'Espagne.
Morte en 1568.

1904. ÉLISABETH DE FRANCE,
Reine d'Espagne.
Morte en 1568.

1905. ÉLISABETH DE FRANCE,
Reine d'Espagne.
Morte en 1568.

1906. DON CARLOS,
Infant d'Espagne.
Mort en 1568.

1907. JEANNE D'AUTRICHE,
Princesse de Portugal.
Morte en 1578.

1908. **MARGUERITE D'AUTRICHE**,
    Duchesse de Parme.
                                    Morte en 1586.

1909. ALBE (Ferdinand-Alvarez de Tolède,
    duc d'),
                                    Mort en 1582.

1910. **ALEXANDRE FARNÈSE**,
    Duc de Parme.
                                    Mort en 1592.

1911. **JEANNE D'ARAGON**,
    Princesse de Tagliacozzo.
                                    Morte en 1577.

1912. **MAXIMILIEN II**,
    Empereur d'Allemagne.
                                    Mort en 1576.

1913. **MARIE D'AUTRICHE**,
    Impératrice d'Allemagne, reine de Hongrie et de Bohême.
                                    Morte en 1603.

1914. PIE V (Michel-Ghisleri), pape.
                                    Mort en 1572.

1915. GUILLAUME Ier (le Jeune),
    Comte de Nassau, prince d'Orange.
                                    Mort en 1584.

PEINTURE. 345

1916. CARDINAL DE GRANVELLE (Antoine Perrenot, archevêque de Besançon).
Mort en 1586.

1917. CARDINAL DE GRANVELLE (Antoine Perrenot, archevêque de Besançon).
Mort en 1586.

1918. DIANE DE POITIERS,
Duchesse de Valentinois.
Morte en 1566.

1919. DIANE DE POITIERS,
Duchesse de Valentinois.
Morte en 1566.

1920. DIANE DE POITIERS,
Duchesse de Valentinois.
Morte en 1566.

1921. ROBERT DE LENONCOURT,
Cardinal, archevêque d'Embrun.
Mort en 1561.

1922. LOUISE DE HALWIN,
Dame de Cypierre.

1923. JEANNE DE HALWIN,
Dame d'Alluye.

1924. **DIANE DE LOUVIGNY,**
Duchesse de Gramont.

1925. **FOUCQUIER,**
Banquier.

1926. **FRANÇOIS II,**
Roi de France.
Mort en 1560.

1927. **FRANÇOIS II,**
Roi de France.
Mort en 1560.

1928. **MARIE-STUART,**
Reine de France et d'Écosse.
Morte en 1587.

1929. **MARGUERITE DE FRANCE,**
Duchesse de Savoye.
Morte en 1574.

1930. **FRANÇOIS DE LORRAINE,**
Duc de Guise.
Mort en 1563.

1931. **CHARLES DE LORRAINE,**
Duc de Chevreuse, cardinal, archevêque de Reims.
Mort en 1574.

1932. ANNE, DUC DE MONTMORENCY,
Connétable de France.
Mort en 1567.

1933. MADELEINE DE SAVOYE,
Duchesse de Montmorency.
Morte en 1586.

1934. L'HÔPITAL (Michel de)
Chancelier de France.
Mort en 1573.

1935. LOUIS DE BOURBON (Ier du nom),
Prince de Condé.
Mort en 1569.

1936. LOUIS DE BOURBON (Ier du nom),
Prince de Condé.
Mort en 1569.

1937. ÉLÉONORE DE ROYE,
Princesse de Condé.
Morte en 1564.

1938. CLAUDE GOUFFIER,
Duc de Rouannois, grand écuyer de France.
Mort en 1570.

1939. ODET DE COLIGNY,
Cardinal de Châtillon.
Mort en 1571.

1940. COLIGNY (Gaspard, IIe du nom, comte de),
Amiral de France.

Mort en 1572.

1941. FRANÇOIS DE COLIGNY, seigneur d'Andelot,
Colonel général de l'infanterie française.

Mort en 1569.

1942. LOUIS, SIRE DE LA TRÉMOUILLE
(IIIe du nom),
Duc de Thouars, lieutenant général des armées du Roi.

Mort en 1577.

1943. FRANÇOIS, IIIe du nom,
Comte de La Rochefoucauld.

Mort en 1572.

1944. SILVIE PIC DE LA MIRANDOLE,
Comtesse de La Rochefoucauld.

Morte en 1556.

1945. LOUIS DE SAINT-GELAIS, (Lesignem),
Seigneur de Lanssac.

Mort en 1589.

1946. CHARLES IX,
Roi de France.

Mort en 1574.

1947. ÉLISABETH D'AUTRICHE,
Reine de France.
Morte en 1592.

1948. LÉONOR D'ORLÉANS,
Duc de Longueville.
Mort en 1573.

1949. JACQUES DE SAVOYE,
Duc de Nemours.
Mort en 1585.

1950. JACQUES DE SAVOYE,
Duc de Nemours.
Mort en 1585.

1951. ANNE D'ESTE-FERRARE,
Duchesse de Guise.
Morte en 1607.

1952. FRANÇOIS, duc DE MONTMORENCY,
Maréchal de France.
Mort en 1579.

1953. LOUIS DE CLERMONT D'AMBOISE,
Seigneur de Bussi.
Mort en 1579.

1954. FRANÇOIS DE SCEPEAUX,
Seigneur de Vieilleville, maréchal de France.
Mort en 1571.

1955. **CHARLES DE LA ROCHEFOUCAULD,**

Comte de Randan, colonel général de l'infanterie.

Mort en 1562.

1956. CARNAVELET (François de Kernevenoy, seigneur de),

1957. PIBRAC (Guy du Faur, seigneur de).

Mort en 1584.

1958. PITHOU (Pierre),

Procureur général au parlement sédentaire à Paris.

Mort en 1596.

1959. **MARIE TOUCHET,**

Duchesse d'Entraigues.

Morte vers 1620.

1960. **HENRI III,**

Roi de France.

Mort en 1589.

1961. **HENRI III,**

Roi de France.

Mort en 1589.

Aile du nord, rez-de-chaussée, salle n° 9.

1962. **LOUISE DE LORRAINE,**

Reine de France.

Morte en 1601.

1963. **FRANÇOIS DE FRANCE,**
Duc d'Alençon et d'Anjou.
Mort en 1584.

1964. **MARGUERITE DE BOURBON,**
Duchesse de Nevers.
Morte en 1589.

1965. **ANNE, DUC DE JOYEUSE,**
Amiral de France.
Mort en 1587.

1966. **BAL DONNÉ A LA COUR DE HENRI III,**
A l'occasion du mariage d'Anne, duc de Joyeuse,
avec Marguerite de Lorraine,
24 septembre 1581.

Tableau du temps.

1967. **BAL DONNÉ A LA COUR DE HENRI III,**
Tableau du temps.

1968. **HENRI D'ANGOULÊME,**
Grand prieur de France.
Mort en 1586.

1969. **BIANCA CAPELLO,**
Grande duchesse de Toscane.
Morte en 1587.

1970. **CHARLES**, IIe du nom,
Cardinal de Bourbon, archevêque de Rouen.
Mort en 1590.

1971. **CATHERINE DE LORRAINE**,
Duchesse de Montpensier.
Morte en 1596.

1972. **CATHERINE DE LORRAINE**,
Duchesse de Montpensier.
Morte en 1596.

1973. **HENRI DE BOURBON**, Ier du nom,
Prince de Condé.
Mort en 1588.

1974. **CHARLOTTE CATHERINE DE LA TRÉMOUILLE**,
Princesse de Condé.
Morte en 1629.

1975. **HENRI DE LORRAINE**, Ier du nom,
Duc de Guise (le Balafré).
Mort en 1588.

1976. **LOUIS DE LORRAINE**,
Cardinal, archevêque de Rheims.
Mort en 1588.

1977. **COSSÉ (Artus de)**,
Maréchal de France.
Mort en 1582.

1978. LAVALETTE (Bernard de Nogaret, seigneur de)

Amiral de France.

Mort en 1592.

1979. PHILIPPE STROZZI,

Seigneur d'Épernay, colonel général de l'infanterie française.

Mort en 1582.

1980. MONTPENSIER (François de Bourbon, duc de),

Mort en 1592.

1981. MONTPENSIER (Renée d'Anjou, duchesse de)

Morte vers 1574.

1982. JOYEUSE (Marie de Batarnay-Bouchage, vicomtesse de).

Morte en 1595.

1983. JOYEUSE (Catherine de Nogaret de la Valette, duchesse de),

Morte en 1587.

1984. SAINT-MÉGRIN (Paul de Stuer de Caussade, seigneur de).

Mort en 1578.

1985. **BRISSON** (Barnabé),
Premier président au parlement de Paris.
Mort en 1591.

1986. **NICOLAS DE BEAUFREMONT**,
Mort en 1582.

1987. **ANNE DU PLESSIS LIANCOURT**,
Dame de Coulanges-la-Vineuse.

1988. **ANNE DE ROSTAING**,
Dame de Sourdis.
Morte vers 1625.

1989. **MOONSIA** (Madeleine).

1990. **URBAIN VII**, (Jean-Baptiste Castagna),
Pape.
Mort en 1590.

1991. **GRÉGOIRE XIII**, Charles ou Hugues
Buoncompagno, pape.
Mort en 1585.

1992. **INNOCENT IX**, (Antoine Fachinetti),
Pape.
Mort en 1591.

1993. CUJAS (Jacques Cujaus, dit),
>> Jurisconsulte.
>>> Mort en 1590.

1994. SIGONIUS (Charles),
>> Littérateur.
>>> Mort en 1584.

1995. VETTORI (Pierre),
> Chevalier, comte Romain, membre du sénat de Florence, savant.
>>> Mort en 1585.

1996. CARDINAL DE RAMBOUILLET (Charles d'Angennes),
>> Évêque du Mans.
>>> Mort en 1587.

1997. PAUL DE FOIX,
> Archevêque de Toulouse.
>>> Mort en 1584.

1998. TOLET (François),
>> Jésuite, cardinal.
>>> Mort en 1596.

1999. ALANUS (Guillaume Alain, dit),
>> Cardinal, évêque de Malines.
>>> Mort en 1594.

2000. DUBARTAS (Guillaume de Salluste),
>> Poète et homme d'État.
>>> Mort en 1591.

2001. MONTAIGNE (Michel, seigneur de),
Philosophe.
Mort en 1592.

2002. GRÉGOIRE XIX (Sfondrate),
Pape.
Mort en 1591.

2003. SIXTE-QUINT (Félix Peretti),
Pape.
Mort en 1590.

2004. SIXTE-QUINT (Félix Peretti),
Pape.
Mort en 1590.

2005. CLÉMENT VIII (Hippolyte-Aldobrandini)
Pape.
Mort en 1605.

2006. LÉON XI (Alexandre-Octavien de Médicis)
Pape.
Mort en 1605.

2007. BARONIUS (César),
Cardinal supérieur général de la congrégation
de l'Oratoire.
Mort en 1607.

2008. BELLARMIN (Robert-François-Romule),
Jésuite, Cardinal, archévêque de Capoue.
Mort en 1621.

2009. **RENAUD DE BEAUNE**,
Archevêque de Sens.
Mort en 1606.

2010. **SCALIGER** (Joseph-Juste),
Savant.
Mort en 1609.

2011. **CASAUBON** (Isaac),
Théologien, Bibliothécaire du Roi.
Mort en 1614.

2012. **JUSTE LIPSE**,
Savant et historien.
Mort en 1606.

2013. **CHARLES DE CONDÉ**,
Mort en 1602.
ET
JEAN DE CONDÉ, (son fils).

2014. **HENRI IV**,
Roi de France et de Navarre.
Mort en 1610.

2015. **HENRI IV**,
Roi de France et de Navarre.
Mort en 1610.

2016.   **HENRI IV,**
Roi de France et de Navarre.
Mort en 1610.

2017.   **HENRI IV,**
Roi de France et de Navarre.
Mort en 1610.

2018.   **HENRI IV,**
Roi de France et de Navarre.
Mort en 1610.

2019.   **HENRI IV,**
Roi de France et de Navarre.
Mort en 1610.

2020.   **HENRI IV,**
Roi de France et de Navarre.
Mort en 1610.

Aile du nord, rez-de-chaussée, salle n° 9.

2021.   **MARGUERITE DE FRANCE,**
(duchesse de Valois),
Reine de France et de Navarre.
Morte en 1615.

2022.   **MARIE DE MÉDICIS,**
Reine de France et de Navarre.
Morte en 1642.

2023.   **MARIE DE MÉDICIS,**
Reine de France et de Navarre.
Morte en 1642.

2024. **MARIE DE MÉDICIS,**
Reine de France et de Navarre.
Morte en 1642.

2025. **DUC D'ORLÉANS, N.... DE FRANCE.**
Mort en 1611.

2026. **ALBRET ET DE BAR,** (Catherine de Bourbon, princesse de Navarre, duchesse d')
Morte en 1604.

2027. **PROCESSION DE LA LIGUE, 1593.**

2028. **PHILIPPE DE MORNAY,**
Seigneur du Plessy-Marly.
Mort en 1623.

2029. **GABRIELLE D'ESTRÉES,**
Duchesse de Beaufort.
Morte en 1599.

2030. **CATHERINE HENRIETTE DE BALZAC D'ENTRAGUES,**
Marquise de Verneuil.
Morte en 1633.

2031. **JACQUELINE DE BEUIL,**
Comtesse de Moret.

2032. **CONTI** (François de Bourbon, prince de).
Mort en 1602.

2033. **HENRI DE BOURBON,**
Duc de Montpensier.
Mort en 1608.

2034. **HENRI DE BOURBON,**
Duc de Montpensier.
Mort en 1608.

2035. **DIANE** (légitimée de France),
Duchesse d'Angoulême et de Montmorency.
Morte en 1619.

2036. **ÉPERNON** (Jean-Louis de Nogaret de la Valette, duc d'),
Amiral de France.
Mort en 1642.

2037. **BIRON** (Charles de Gontaut, duc de),
Maréchal de France.
Mort en 1602.

2038. **BIRON** (Charles de Gontaut, duc de)
Maréchal de France.
Mort en 1602.

2039. **GUY DE LAVAL-MONTMORENCY,**
Marquis de Nesle.
Mort en 1590.

2040. **CLAUDE**, (seigneur de la Trémouille),
Duc de Thouars.
Mort en 1604.

PEINTURE. 361

2041. **NICOLAS DE NEUFVILLE,**
Seigneur de Villeroy, ministre d'État.
Mort en 1617.

2042. **NICOLAS DE NEUFVILLE,**
Seigneur de Villeroy, ministre d'État.
Mort en 1617.

2043. **FRANÇOIS D'ESPINAY,**
Seigneur de Saint-Luc.
Mort en 1597.

2044. **PHILIPPE HURAUT,**
Comte de Cheverny, chancelier de France.
Mort en 1599.

2045. **ANNE DE THOU,**
Comtesse de Cheverny.
Morte en 1584.

2046. **POMPONNE DE BELLIÈVRE,**
Chancelier de France.
Mort en 1569.

2047. **FRANÇOIS, seigneur d'O,**
Surintendant des finances.
Mort en 1594.

2048. **HENRI, Ier du nom,**
Duc de Montmorency, connétable de France.
Mort en 1614.

2049. HENRI, Ier du nom,
Duc de Montmorency, connétable de France.
Mort en 1614.

2050. LOUISE DE BUDOS,
Duchesse de Montmorency.
Morte en 1598.

2051. MAYENNE (Charles de Lorraine, duc de),
Amiral de France.
Mort en 1611.

2052. MAYENNE (Charles de Lorraine, duc de),
Amiral de France.
Mort en 1611.

2053. PIERRE FORGET,
Seigneur de Fresnes, secrétaire d'État, intendant des bâtimens du Roi.
Mort en 1610.

2054. LOUIS DE RÉVOL,
Secrétaire d'État.
Mort en 1594.

2055. CHARLES, sire d'Humières,
Marquis d'Encre.
Mort en 1595.

2056. ALBERT DE GONDY,
Duc de Retz, maréchal de France.
Mort en 1602.

2057. DUVAIR (Guillaume),
Garde des sceaux.
Mort en 1621.

2058. PASQUIER (Étienne),
Avocat général de la Chambre des Comptes.
Mort en 1615.

2059. PAUL DE PHELIPEAUX,
Seigneur de Pontchartrain, secrétaire d'État.
Mort en 1621.

2060. MARTIN RUZÉ,
Seigneur de Beaulieu, surintendant des Mines et Minières.
Mort en 1613.

2061. CHARLES DE GONDY,
Marquis de Belle-Isle, général des Galères.
Mort en 1596.

2062. OSSAT (Arnaud d'),
Cardinal, évêque de Bayeux.
Mort en 1604.

2063. CARDINAL DU PERRON (Jacques-Davy),
Archevêque de Sens, grand aumônier de France.
Mort en 1618.

2064. HENRI DE GONDY, cardinal de Retz,
Évêque de Paris.
Mort en 1622.

2065.   SAINT FRANÇOIS DE SALES.

Mort en 1622.

2066.   HENRI DE BAUFREMONT,

Ambassadeur de Louis XIII près le roi d'Espagne.

Mort en 1622.

2067.   MARIE CATHERINE
DE LA ROCHEFOUCAULD,
Duchesse de Randan.

Morte en 1677.

2068.   ANTOINE D'AUMONT,
Comte de Châteauroux.

Mort en 1635.

2069.   HARAMBURE (Le Borgne DE),
Commandant des chevau-légers de la garde
de Henri IV.

2070.   JABOT (Nicolas),
Premier médecin de Henri IV.

2071.   PHILIPPE HURAUT DE CHEVERNY,
Évêque de Chartres.

Mort en 1620.

2072.   PHILIPPE-GUILLAUME DE NASSAU,
Prince d'Orange.

Mort en 1618.

2073. ÉLÉONORE DE BOURBON,
Princesse d'Orange.
Morte en 1619.

2074. MAURICE DE NASSAU,
Prince d'Orange.
Mort en 1625.

ET

HENRI-FRÉDÉRIC DE NASSAU,
Prince d'Orange.
Mort en 1647.

2075. MAURICE DE NASSAU,
Prince d'Orange.
Mort en 1625.

2076. JEAN-OLDEN BARNEVELDT,
Grand Pensionnaire de Hollande.
Mort en 1619.

2077. GUILLAUME BARNEVELDT,

2078. RODOLPHE II,
Empereur d'Allemagne.
Mort en 1612.

2079. PAUL V (Camille Borghèse),
Pape.
Mort en 1621.

2080. **PHILIPPE III,**
Roi d'Espagne.
Mort en 1621.

2081. **MARGUERITE D'AUTRICHE,**
Reine d'Espagne.
Morte en 1611.

2082. **MARGUERITE D'AUTRICHE,**
Reine d'Espagne.
Morte en 1611.

2083. **DON CARLOS INFANT D'ESPAGNE,**
Archiduc d'Autriche.
Mort en 1632.

2084. **ALBERT VII**, archiduc d'Autriche,
Souverain des Pays-Bas.
Mort en 1621.

2085. **ALBERT VII,**
Archiduc d'Autriche, souverain des Pays-Bas.
Mort en 1621.

2086. **ALBERT VII,**
Archiduc d'Autriche, souverain des Pays-Bas.
Mort en 1621.

2087. **ISABELLE-CLAIRE-EUGÉNIE D'AUTRICHE,**
Infante d'Espagne, souveraine des Pays-Bas.
Morte en 1633.

2088. ISABELLE-CLAIRE-EUGÉNIE D'AUTRICHE,
Infante d'Espagne, souveraine des Pays-Bas.
Morte en 1633.

2089. ISABELLE-CLAIRE-EUGÉNIE D'AUTRICHE,
Infante d'Espagne, souveraine des Pays-Bas.
Morte en 1633.

2090. JEAN DE MONTFORT,
Directeur général des monnaies des Pays-Bas.

2091. OTHO-VENIUS ET SA FAMILLE.

1°. CORNEILLE VAN VEN (Cornelius-Venius),
Bourgmestre.

2°. GERTRUDE.

3°. SIMON.

4°. ANNE, sa femme.

5°. ÉLISABETH.

6°. JEAN.

7°. OTHO (Otho-Venius),
Peintre.
Mort en 1634.

8°. MARIE.

9°. GISBERT OU GILBERT,
Dessinateur et graveur au burin.

Mort en 1628.

10. PIERRE,
Peintre.

11º. ALDEGONDE.

12º. TIMANNE.

13º. AGATHE.

14º. MARIE.

15º. MARGUERITE.

16º. USNOUTE.

17º. ÉLISABETH.

18º. NICOLAS.

19º HUGO.

2092. GUILLAUME V (le Jeune),
Duc de Bavière-Munich.

Mort en 1626.

2093. CÔME II DE MÉDICIS,
Grand-duc de Toscane.

Mort en 1621.

2094. CHRISTINE DE LORRAINE,
Grande-duchesse de Toscane.

Morte en 1637.

2095. MARILLAC (Louis de),
Maréchal de France.

Mort en 1632.

PEINTURE.   369

2096.   LOUIS DE MARILLAC,
Maréchal de France.
Mort en 1632.

2097. EFFIAT (Antoine Coiffier, marquis d'),
Maréchal de France.
Mort en 1632.

2098.   LOUIS XIII,
Roi de France et de Navarre.
Mort en 1643.

2099.   LOUIS XIII,
Roi de France et de Navarre.
Mort en 1643.

2100.   LOUIS XIII,
Roi de France et de Navarre.
Mort en 1643.

2101.   LOUIS XIII,
Roi de France et de Navarre.
Mort en 1643.
Aile du Nord, rez-de-chaussée, salle n° 10.

2102.   LOUIS XIII,
Roi de France et de Navarre.
Mort en 1643.
Partie centrale, rez-de-chaussée, galerie Louis XIII. n° 50.

2103.   LOUIS XIII,
Roi de France et de Navarre.
Mort en 1643.
Partie centrale, premier étage, salon de Mercure, n° 96.

PALAIS DE VERSAILLES.

2104.   LOUIS XIII,
Roi de France et de Navarre.
Mort en 1643.
Partie centrale, premier étage, chambre du lit de Louis XIV, n° 115.

2105.   ANNE D'AUTRICHE,
Reine de France et de Navarre.
Morte en 1666.

2106.   ANNE D'AUTRICHE,
Reine de France et de Navarre.
Morte en 1666.

2107.   ANNE D'AUTRICHE,
Reine de France et de Navarre.
Morte en 1666.
Partie centrale, rez-de-chaussée, galerie de Louis XIII, n° 50.

2108.   ANNE D'AUTRICHE,
Reine de France et de Navarre.
Morte en 1666.
Partie centrale, premier étage, salon de Mercure, n° 96.

2109.   ANNE D'AUTRICHE,
Reine de France et de Navarre.
Morte en 1666.
Partie centrale, premier étage, chambre du lit de Louis XIV, n° 115.

2110.   **LOUIS XIII,**
Roi de France et de Navarre.
Mort en 1643.

ET

FERDINAND IV,
Archiduc d'Autriche, roi de Bohême, de Hongrie, et des Romains.

2111.   **ANNE D'AUTRICHE,**
Reine de France.
Morte en 1666.

LOUIS XIV,
Roi de France, alors Dauphin.
Mort en 1715.

ET

PHILIPPE DE FRANCE,
Monsieur, alors duc d'Anjou, depuis duc d'Orléans.
Mort en 1701.

2112.   **LOUIS XIV,**
Roi de France (alors Louis de France, dauphin),
Mort en 1715.

PHILIPPE DE FRANCE, MONSIEUR,
Duc d'Orléans (alors duc d'Anjou).
Mort en 1701.

ET

FRANÇOISE DE SOUVRÉ,
Marquise de Lansac, gouvernante des enfans de France.
Morte en 1657.

2113. GASTON (Jean-Baptiste de France),
Monsieur, duc d'Orléans.
Mort en 1660.

2114. GASTON (Jean-Baptiste de France),
Monsieur, duc d'Orléans.
Mort en 1660.

2115. GASTON (Jean-Baptiste de France),
Monsieur, duc d'Orléans.
Mort en 1660.

2116. GASTON (Jean-Baptiste de France),
Monsieur, duc d'Orléans.
Mort en 1660.

Partie centrale, rez-de-chaussée, galerie de Louis XIII, salle n° 50.

2117. GASTON (Jean-Baptiste de France),
Monsieur, duc d'Orléans.
Mort en 1660.

Partie centrale, premier étage, salon de Mercure, n° 96.

2118. MARIE DE BOURBON,
Duchesse de Montpensier et d'Orléans.
Morte en 1627.

2119. MARIE DE BOURBON,
Duchesse de Montpensier et d'Orléans.
Morte en 1627.

2120. MARIE DE BOURBON,
Duchesse de Montpensier et d'Orléans.
Morte en 1627.

PEINTURE. 373

2121.   MARIE DE BOURBON,
Duchesse de Montpensier et d'Orléans.
Morte en 1627.
Partie centrale, premier étage, salon de Mercure, n° 96.

2122. MARGUERITE DE LORRAINE, *Madame*,
Duchesse d'Orléans.
Morte en 1672.

2123.   MADEMOISELLE DE LONGUEVILLE
(Catherine d'Orléans).
Morte en 1638.

2124.   HENRI DE BOURBON, IIe du nom,
Prince de Condé.
Mort en 1646.

2125.   HENRI DE BOURBON, IIe du nom,
Prince de Condé.
Mort en 1646.

2126. CHARLOTTE-MARGUERITE DE MONTMORENCY,
Princesse de Condé.
Morte en 1650.

2127.   LOUIS DE BOURBON,
Comte de Soissons.
Mort en 1641.

2128.   HENRIETTE-CATHERINE,
Duchesse de Joyeuse, de Montpensier et de Guise.
Morte en 1656.

2129. **CLAUDE DE LORRAINE,**
Duc de Chevreuse.
Mort en 1657.

2130. **MARIE DE ROHAN,**
Duchesse de Chevreuse.
Morte en 1679.

2131. **FRANÇOIS II,**
Duc de Lorraine et de Bar,
Mort en 1632.

2132. **MAYENNE** (Henri de Lorraine, duc de).
Mort en 1621.

2133. **CATHERINE DE LORRAINE,**
Duchesse de Mantoue et de Montferrat.
Morte en 1618.

2134. **LESDIGUIÈRES** (François de Bonne, duc de),
Connétable de France.
Mort en 1626.

2135. **RICHELIEU** (Armand-Jean du Plessis, cardinal, duc de).
Mort en 1642.

2136. **RICHELIEU** (Armand-Jean du Plessis, cardinal, duc de).
Mort en 1642.

PEINTURE. 375

2137. RICHELIEU (Armand-Jean du Plessis, cardinal, duc de).
Mort en 1642.

2138. RICHELIEU (Armand-Jean du Plessis, cardinal duc de).
Mort en 1642.

Partie centrale, rez-de-chaussée, galerie Louis XIII, n° 50.

2139. CINQ-MARS (Henri Ruzé Coiffier, marquis de),
Grand-écuyer du roi Louis XIII.
Mort en 1642.

2140. MARILLAC (Michel de),
Garde des sceaux de France.
Mort en 1632.

2141. BELLEGARDE (Roger de Saint-Lary, duc de).
Mort en 1646.

2142. BELLEGARDE (Roger de Saint-Lary, duc de),
Grand-écuyer de France.
Mort en 1646.

2143. MONCADE (François de), IIIe du nom,
Capitaine-général de l'armée d'Espagne en Flandre.
Mort en 1635.

2144. FRONSAC (Armand de Maillé, duc de),
Grand-maître de la Navigation et Commerce de France.
Mort en 1646.

2145. **HENRI DE BOURBON**, IIᵉ du nom,
Marquis de Malause.
Mort en 1647.

2146. **FRANÇOIS DE COMMINGES**,
Comte de Guitaut,
Capitaine des gardes de la reine Anne d'Autriche.
Mort en 1663.

2147. **CHRISTINE DE FRANCE**,
Duchesse de Savoie.
Morte en 1663.
Partie centrale, rez-de-chaussée, galerie de Louis XIII, n° 50.

2148. CHEVERNY (Henri Huraut, comte de).
Mort en 1648.

2149. **FRANÇOISE DE CHABOT-CHARNI**,
Comtesse de Cheverny.
Morte en 1602.

2150. CLEREMBAULT (Philippe de),
Maréchal de France.
Mort en 1665.

2151. **MADELEINE FARE LETELLIER**,
Duchesse d'Aumont.
Morte en 1668.

2152. GUSTAVE-ADOLPHE (Gustave II),
Roi de Suède.
Mort en 1632.

2153. SPINOLA (Ambroise, marquis de),
Général des armées espagnoles.
Mort en 1630.

2154. HENRI-FRÉDÉRIC DE NASSAU,
Prince d'Orange.
Mort en 1647.

2155. GODART (Georges),
Sergent-major aux revues de Philippe IV, roi d'Espagne, dans les Flandres.
Vivait en 1651.

2156. URBAIN VIII (Maffeo Barberini),
Pape.
Mort en 1644.

2157. JANSENIUS (Corneille),
Évêque d'Ypres.
Mort en 1638.

2158. ROCHEFOUCAULD (François de la),
Cardinal, grand-aumônier de France.
Mort en 1645.

2159. TRIEST (Antoine),
Évêque de Gand.
Mort en 1657.

2160. **BROUCHOVEN (François-Paulin de)**,
Seigneur de Véchel,
Échevin d'Anvers en 1656.

2161.   **GALILÉE-GALILÉI**.
Mort en 1642.

2162.   **CHARLES Ier**,
Roi d'Angleterre.
Mort en 1649.

2163.   **HENRIETTE-MARIE de France**,
Reine d'Angleterre.
Morte en 1669.

2164   **HENRIETTE-MARIE de France**,
Reine d'Angleterre.
Morte en 1669.

2165.   **HENRIETTE-MARIE DE FRANCE**,
Reine d'Angleterre.
Morte en 1669.

2166.   **HENRIETTE-MARIE DE FRANCE**,
Reine d'Angleterre.
Morte en 1669.

Partie centrale, rez-de-chaussée, galerie Louis XIII, n° 50.

2167.   **HENRIETTE-MARIE DE FRANCE**,
Reine d'Angleterre.
Morte en 1669.

Partie centrale, premier étage, salon d'Apollon, n° 97.

PEINTURE. 379

2168. BUCKINGHAM (Georges Villiers, duc de),
1ᵉʳ du nom.
Mort en 1628.

2169. CROMWELL (Olivier).
Mort en 1658.

2170. RUBENS (Pierre-Paul),
Peintre.
Mort en 1640.

2171. VAN-DICK (Antoine),
Peintre.
Mort en 1641.

2172. BOURDON (J.),
Peintre.

2173. LEMERCIER (Jacques),
Architecte.
Mort en 1660.

2174. VOUET (Simon),
Peintre.
Mort en 1649.

2175. TESTELIN (Louis),
Peintre.
Mort en 1655.

2176. POUSSIN (Nicolas),
Peintre.
Mort en 1665.

2177. **BOURDON** (Sébastien),
Peintre et graveur.
Mort en 1671.

2178. **INNOCENT X** (Jean-Baptiste Pamfili),
Pape.
Mort en 1655.

2179. **LOUISE-MARIE DE GONZAGUE**,
Reine de Pologne.
Morte en 1667.

2180. **LÉOPOLD-GUILLAUME**,
Archiduc d'Autriche.
Mort en 1662.

2181. **THOMAS DE SAVOIE**,
Prince de Carignan.
Mort en 1656.

2182. **PHILIPPE IV**,
Roi d'Espagne.
Mort en 1665.

2183. **ÉLISABETH DE FRANCE**,
Reine d'Espagne.
Morte en 1644.

2184. **ÉLISABETH DE FRANCE**,
Reine d'Espagne.
Morte en 1644.

2185 ÉLISABETH DE FRANCE,
Reine d'Espagne.
Morte en 1644.

2186. ÉLISABETH DE FRANCE,
Reine d'Espagne.
Morte en 1644.

Partie centrale, rez-de-chaussée, galerie Louis XIII, n° 50.

2187. MARIE-ANNE D'AUTRICHE,
Reine d'Espagne.
Morte en 1696.

2188. FERDINAND, archiduc d'Autriche,
Cardinal, infant d'Espagne.
Mort en 1641.

2189. FERDINAND, archiduc d'Autriche,
Cardinal, infant d'Espagne.
Mort en 1641.

2190. FERDINAND, archiduc d'Autriche,
Cardinal, infant d'Espagne.
Mort en 1641.

2191. OLIVAREZ (don Gaspard de Guzman, comte-duc d').
Mort en 1644.

2192. FRÉDÉRIC III,
Roi de Danemarck et de Norwége.
Mort en 1670.

2193. ABISOLANI (Jean-Louis, comte d'),
Général des Croates.

2194. CHRISTINE,
Reine de Suède.
Morte en 1689.

2195. CHRISTINE, reine de Suède,
entourée de savans,
écoute une démonstration géométrique de Descartes.

2196. FRANÇOIS DE LORRAINE,
Prince de Joinville.
Mort en 1639.

2197. HENRI DE LORRAINE, IIe du nom,
duc de Guise.
Grand-chambellan de France.
Mort en 1664.

2198. HENRI DE LORRAINE, IIe du nom,
duc de Guise.
Mort en 1664.

2199. HONORINE DE BERGHES-GRIMBERGHE,
Comtesse de Boussu, duchesse de Guise.
Morte en 1670.

2200. LOUIS DE LORRAINE, duc de Joyeuse,
Grand-chambellan de France.
Mort en 1654.

PEINTURE. 383

2201. **MARIE DE LORRAINE**,
Duchesse de Guise et Joyeuse.
Morte en 1688.

2202. **FRANÇOISE-RENÉE DE LORRAINE**,
Abbesse de Saint-Pierre de Reims,
puis de Montmartre.
Morte en 1682.

2203. **HENRI DE LORRAINE**, comte de Harcourt.
Mort en 1666.

2204. **MARIE DE BRETAGNE**,
Duchesse de Montbazon.
Morte en 1654.

2205. **MEILLERAYE** (Ch. de la Porte, duc de la),
Maréchal de France.
Mort en 1664.

2206. **MIGNOT** (Françoise-Marie),
Maréchale de l'Hôpital.
Morte en 1711.

2207. **DEMESMES** (Henri) IIe du nom,
Président à mortier au parlement de Paris.
Mort en 1650.

2208. **ALEXANDRE VII** (Fabio Chigi),
Pape.
Mort en 1667.

2209. ARNAULD D'ANDILLY (Robert),
Théologien.
Mort en 1674.

2210. GUILLAIN (Simon),
Sculpteur,
Recteur de l'Académie de peinture et de sculpture.
Mort en 1658.

2211. SARAZIN (Jacques),
Sculpteur.
Mort en 1660.

2212. NOCRET (Jean),
Peintre.
Mort en 1672.

2213. LOUIS XIV,
Roi de France.
Mort en 1715.

2214. LOUIS XIV,
Roi de France.
Mort en 1715.

2215. LOUIS XIV,
Roi de France.
Mort en 1715.

2216. LOUIS XIV,
Roi de France.
Mort en 1715.

PEINTURE. 385

2217.   LOUIS XIV,
            Roi de France.
                            Mort en 1715.

2218.   LOUIS XIV,
            Roi de France.
                            Mort en 1715.

2219.   LOUIS XIV,
            Roi de France.
                            Mort en 1715.

2220.   LOUIS XIV,
            Roi de France.
                            Mort en 1715.

Partie centrale, rez-de-chaussée, galerie Louis XIII, n° 50.

2221.   LOUIS XIV,
            Roi de France.
                            Mort en 1715.

Partie centrale, premier étage, salon d'Hercule, n° 91.

2222.   LOUIS XIV,
            Roi de France.
                            Mort en 1715.

Partie centrale, premier étage, salon de Diane, n° 94.

2223.   LOUIS XIV,
            Roi de France.
                            Mort en 1715.

Partie centrale, premier étage, salon de Mars, n° 95.

2224.   LOUIS XIV,
            Roi de France.
                            Mort en 1715.

Partie centrale, premier étage, salon de Mercure, n° 96.

2225.   **LOUIS XIV,**
Roi de France.
Mort en 1715.

Partie centrale, premier étage, salon de la Reine, n° 102.

2226.   **LOUIS XIV,**
Roi de France.
Mort en 1715.

Partie centrale, premier étage, salon du Grand Couvert, n° 103.

2227.   **LOUIS XIV,**
Roi de France.
Mort en 1715.

Partie centrale, premier étage, OEil-de-Bœuf, n° 114.

2228.   **LOUIS XIV,**
Roi de France.
Mort en 1715.

Partie centrale, premier étage, Cabinet des Chasses, n° 119.

2229.   **LOUIS XIV,**
Roi de France,
Mort en 1715.

PHILIPPE DE FRANCE, Monsieur,
Duc d'Orléans (alors duc d'Anjou),
Mort en 1701.

ET

ANNE D'AUTRICHE,
Reine régente de France.
Morte en 1666.

2230.   LOUIS XIV,
         Roi de France,
                    Mort en 1715.

     PHILIPPE DE FRANCE, Monsieur,
         Duc d'Orléans (alors duc d'Anjou),
                    Mort en 1701.
                ET

         ANNE D'AUTRICHE,
         Reine régente de France.
                    Morte en 1666.
Partie centrale, rez-de-chaussée, salle des Grands-Amiraux, n° 41.

2231.   LOUIS XIV ET SA FAMILLE,
   Sous l'emblème des divinités de la fable.

   1°.   LOUIS XIV,
            Roi de France.
                    Mort en 1715.

   2°.   MARIE-THÉRÈSE,
            Reine de France.
                    Morte en 1683.

   3°.   LOUIS DE FRANCE,
         Dauphin (le grand-dauphin).
                    Mort en 1711.

   4°.   ANNE D'AUTRICHE,
            Reine de France.
                    Morte en 1666.

5°. **GASTON-JEAN-BAPTISTE DE FRANCE**,
Monsieur,
Duc d'Orléans.

Mort en 1660.

6°. **PHILIPPE DE FRANCE**, Monsieur,
Duc d'Orléans.

Mort en 1701.

7°. **HENRIETTE-ANNE D'ANGLETERRE**, Madame,
Duchesse d'Orléans.

Morte en 1670.

8°. **ANNE-MARIE-LOUISE D'ORLÉANS**,
Duchesse de Montpensier.

Morte en 1693.

Partie centrale, premier étage, OEil-de-Bœuf, n° 114.

2232. **MARIE-THÉRÈSE D'AUTRICHE**,
Reine de France.

Morte en 1683.

2233. **MARIE-THÉRÈSE D'AUTRICHE**,
Reine de France.

Morte en 1683.

Partie centrale, premier étage, salon de Diane, n° 94.

2234. **MARIE-THÉRÈSE D'AUTRICHE**,
Reine de France.

Morte en 1683.

Partie centrale, premier étage, salon de Mercure, n° 96.

2235.   MARIE-THÉRÈSE D'AUTRICHE,

Reine de France.

Morte en 1683.

Partie centrale, premier étage, OEil-de-Bœuf, n° 114.

2236.   MARIE-THÉRÈSE D'AUTRICHE,

Reine de France,

Morte en 1683.

ET

ANNE D'AUTRICHE,

Reine-mère.

Morte en 1666.

Partie centrale, premier étage, Chambre du lit de Louis XIV, n° 115.

2237.   1°. MARIE-THÉRÈSE D'AUTRICHE,

Reine de France,

Morte en 1683.

2°.   **ANNE D'AUTRICHE,**

Reine-mère,

Morte en 1666.

ET

3°.   **LOUIS DE FRANCE,**

Dauphin (le grand-dauphin).

Mort en 1711.

Partie centrale, premier étage, Chambre du lit de Louis XIV, n° 115.

2238. **PHILIPPE DE FRANCE** (Monsieur),
Duc d'Orléans.

Mort en 1701.

2239. **PHILIPPE DE FRANCE** (Monsieur),
Duc d'Orléans,

Mort en 1701.

Partie centrale, rez-de-chaussée, galerie Louis XIV, n° 50.

2240. **PHILIPPE DE FRANCE** (Monsieur),
Duc d'Orléans.

Mort en 1701.

Partie centrale, premier étage, salon d'Apollon, n° 97.

2241. **PHILIPPE DE FRANCE** (Monsieur),
Duc d'Orléans.

Mort en 1701.

Partie centrale, premier étage, OEil-de-Bœuf, n° 114.

2242. **PHILIPPE DE FRANCE** (Monsieur),
Duc d'Orléans.

Mort en 1701.

HENRIETTE-ANNE D'ANGLETERRE (Madame),
Duchesse d'Orléans.

Morte en 1670.

2243. **HENRIETTE-ANNE D'ANGLETERRE** (Madame),
Duchesse d'Orléans.

Morte en 1670.

PEINTURE. 391

2244. HENRIETTE-ANNE D'ANGLETERRE (Madame),
Duchesse d'Orléans.
Morte en 1670.
Partie centrale, premier étage, salon d'Apollon, n° 97.

2245. ÉLISABETH-CHARLOTTE DE BAVIÈRE,
(Madame), duchesse d'Orléans.
Morte en 1722.
Partie centrale, premier étage, salon d'Apollon, n° 97.

2246. ÉLISABETH-CHARLOTTE DE BAVIÈRE,
Duchesse d'Orléans,
Morte en 1722.

ALEXANDRE D'ORLÉANS,
Duc de Valois,
Mort en 1676.
ET
PHILIPPE, DUC D'ORLÉANS,
Duc de Chartres.
Mort en 1723.

2247. ANNE-MARIE-LOUISE D'ORLÉANS,
(Mademoiselle), duchesse de Montpensier.
Morte en 1693.

2248. ANNE-MARIE-LOUISE D'ORLÉANS,
(Mademoiselle), duchesse de Montpensier.
Morte en 1693.

2249. ANNE-MARIE-LOUISE D'ORLÉANS,
(Mademoiselle), duchesse de Montpensier.
Morte en 1693.

2250. **ANNE-MARIE-LOUISE D'ORLÉANS,**
(Mademoiselle), duchesse de Montpensier.
Morte en 1693.

2251. **ANNE-MARIE-LOUISE D'ORLÉANS,**
(Mademoiselle), duchesse de Montpensier.
Morte en 1693.

Partie centrale, rez-de-chaussée, galerie Louis XIII, n° 50.

2252. **ANNE-MARIE-LOUISE D'ORLÉANS,**
(Mademoiselle), duchesse de Montpensier.
Morte en 1693.

Partie centrale, premier étage, salon de Mercure, n° 96.

2253. **ANNE-MARIE-LOUISE D'ORLÉANS,**
(Mademoiselle), duchesse de Montpensier.
Morte en 1693.

Partie centrale, premier étage, OEil-de-Bœuf, n° 114.

2254. **LOUIS-JOSEPH DE LORRAINE,**
Duc de Guise.
Mort en 1671.

2255. **ÉLISABETH D'ORLÉANS,**
Duchesse d'Alençon et de Guise.
Morte en 1696.

2256. **ÉLISABETH D'ORLÉANS,**
Duchesse d'Alençon et de Guise.
Morte en 1696.

PEINTURE. 393

2257. LOUIS DE BOURBON, IIe du nom,
Prince de Condé. (Le grand Condé.)
Mort en 1686.

2258. LOUIS DE BOURBON, IIe du nom,
Prince de Condé. (Le grand Condé.)
Mort en 1686.

2259. LOUIS DE BOURBON, IIe du nom,
Prince de Condé. (Le grand Condé.)
Mort en 1686.

2260. LOUIS DE BOURBON, IIe du nom,
Prince de Condé. (Le grand Condé.)
Mort en 1686.
Partie centrale, rez-de-chaussée, galerie Louis XIV, n° 50.

2261. LOUIS DE BOURBON, IIe du nom,
Prince de Condé. (Le grand Condé.)
Mort en 1686.
Partie centrale, premier étage, salon de Mars, n° 95.

2262. CLAIRE-CLÉMENCE DE MAILLÉ,
Princesse de Condé.
Morte en 1694.

2263. ARMAND DE BOURBON,
Prince de Conti.
Mort en 1666.

2264.   ANNE-MARIE MARTINOZZI,
Princesse de Conti.
Morte en 1672.

2265.   HENRI D'ORLÉANS, IIe du nom,
Duc de Longueville et d'Estouteville.
Mort en 1663.

2266.   HENRI D'ORLÉANS, IIe du nom,
Duc de Longueville.
Mort en 1663.

Partie centrale, premier étage, salon de Mars, n° 95.

2267.   ANNE-GENEVIÈVE DE BOURBON,
Duchesse de Longueville.
Morte en 1679.

2268.   ANNE-GENEVIÈVE DE BOURBON,
Duchesse de Longueville.
Morte en 1679.

Partie centrale, premier étage, salon de Mars, n° 95.

2269.   LAURE MANCINI,
Duchesse de Vendôme et de Mercœur.
Morte en 1657.

2270.   CHARLES-LOUIS, Ier du nom,
Duc de Bavière.
Mort en 1680.

2271.   CHARLOTTE DE HESSE-CASSEL,
Duchesse de Bavière.
Morte en 1686.

PEINTURE.

2272. **RUPERT DE BAVIÈRE**,

Prince palatin, vice-amiral d'Angleterre.

Mort en 1682.

2273. **ÉDOUARD DE BAVIÈRE**,

Prince palatin.

Mort en 1663.

2274. **GONZAGUE** (Anne de),

Princesse palatine.

Morte en 1684.

Partie centrale, premier étage, salon d'Apollon. n° 97.

2275. **PHILIPPE DE BAVIÈRE**,

Prince palatin.

Mort en 1650.

2276. **LOUIS DE VENDÔME**,

Duc de Beaufort.

Mort en 1675.

Partie centrale, premier étage, salon de Mars, n° 95.

2277. **MARIE-LOUISE D'ASPREMONT**,

Duchesse de Lorraine et de Bar.

Morte en 1692.

2278. **FRANÇOIS III** (Nicolas-François de Lorraine, cardinal, duc de Lorraine et de Bar, *dit*).

Mort en 1670.

2279. **CLAUDE-FRANÇOISE DE LORRAINE**,

Duchesse de Lorraine et de Bar.

Morte en 1648.

2280. CHARLOTTE-MARIE DE LORRAINE,
Mademoiselle de Chevreuse.
Morte en 1652.

2281. LOUIS-PHILIPPE,
Duc de Lorraine,
(le chevalier de Lorraine).
Mort en 1702.

2282. FRANÇOISE-MADELEINE D'ORLÉANS,
Duchesse de Savoie.
Morte en 1664.

2283. ADÉLAÏDE-HENRIETTE DE SAVOIE,
Duchesse électrice de Bavière.
Morte en 1676.

2284. SAVOIE (Louise-Marie-Christine de).
Morte en 1692.

2285. DON JUAN D'AUTRICHE,
Généralissime des armées espagnoles.
Mort en 1679.

2286. TURENNE (Henri de la Tour d'Auvergne, vicomte de),
Maréchal de France.
Mort en 1675.

2287. TURENNE (Henri de la Tour d'Auvergne, vicomte de),
Maréchal de France.

Partie centrale, rez-de-chaussée, galerie Louis XIII, n° 50.

PEINTURE. 397

2288. TURENNE (Henri de la Tour d'Auvergne, vicomte de),

Maréchal de France.

Mort en 1675.

Partie centrale, premier étage, salon de Mars, n° 95.

2289. CATHERINE-CHARLOTTE DE GRAMONT,

Princesse de Monaco.

Morte en 1678.

2290. LOUISE BOYER,

Duchesse de Noailles.

Morte en 1697.

2291. FRANÇOIS, VIe du nom,

Duc de la Rochefoucauld.

Mort en 1680.

2292. GUILLAUME DE PECHPEIROU DE COMINGES,

Comte de Guitaut.

Mort en 1685.

2293. MARGUERITE-LOUISE DE BÉTHUNE,

Duchesse de Lude.

Morte en 1726.

2294. GABRIELLE-LOUISE DE SAINT-SIMON,

Duchesse de Brissac.

Morte en 1684.

2295. FRANÇOIS DE BLANCHEFORT,

Marquis de Créqui, maréchal de France.

Mort en 1687.

2296.   MAZARIN (Jules),
          Cardinal.
                              Mort en 1661.

2297.   MAZARIN (Jules),
          Cardinal.
                              Mort en 1661.

2298.   MAZARIN (Jules),
          Cardinal.
                              Mort en 1661.
Partie centrale, premier étage, salon de Mars, n° 95.

2299.   SÉGUIER (Pierre),
     Chancelier et garde des sceaux de France.
                              Mort en 1672.

2300.   COLBERT (Jean-Baptiste),
     Contrôleur-général des finances, etc.
                              Mort en 1683.

2301.   COLBERT (Jean-Baptiste),
     Contrôleur général des finances, etc.
                              Mort en 1683.
Partie centrale, premier étage, salon d'Apollon, n° 97.

2302.   COLBERT (Jean-Baptiste),
     Contrôleur général des finances, etc.
                              Mort en 1683.
Partie centrale, premier étage, Cabinet des Chasses, n° 119.

2303. LOUVOIS (François-Michel Letellier,
          marquis de).
                              Mort en 1691.

PEINTURE. 399

2304. LOUVOIS (François-Michel Letellier, marquis de).
Mort en 1691.
Partie centrale, premier étage, salon d'Apollon, n° 97.

2305. LOUVOIS (François-Michel Letellier, marquis de).
Mort en 1691.
Partie centrale, premier étage, Cabinet des Chasses, n° 119.

2306. LAMOIGNON (Guillaume de),
Premier président au parlement de Paris.
Mort en 1677.

2307. SEIGNELAY (Jean-Baptiste Colbert, marquis de),
Ministre secrétaire d'État.
Mort en 1690.

2308. SEIGNELAY (Jean-Baptiste Colbert, marquis de),
Ministre secrétaire d'État.
Mort en 1690.

2309. ÉDOUARD VILLACERF,
Marquis de Colbert, surintendant des bâtimens du Roi.
Mort en 1699.

2310. SAINT-ANDRÉ (Gilles de la Roche, seigneur de),
Chef d'escadre.
Mort en 1668.

2311. **VALBELLE (Jean-Baptiste de),**
Chef d'escadre.
Mort en 1681.

2312. **SULLY (Maximilien-François de Béthune, III° du nom, duc de).**
Mort en 1696.

2313. **PHILIPPE CORDIER,**
Frère mineur,
Mort en 1650.

ALEXANDRE POCQUELIN,
Frère mineur,

ET

CHARLES RAPIN.
Frère mineur.
Mort en 1648.

2314. **LOUIS DE FRANCE,**
Dauphin (le grand dauphin).
Mort en 1711.

2315. **LOUIS DE FRANCE,**
Dauphin (le grand dauphin).
Mort en 1711.

2316. **LOUIS DE FRANCE,**
Dauphin (le grand dauphin).
Mort en 1711.

PEINTURE. 401

2317.   LOUIS DE FRANCE,
   Dauphin (le grand dauphin).
                    Mort en 1711.

2318.   LOUIS DE FRANCE,
   Dauphin (le grand dauphin).
                    Mort en 1711.

2319.   LOUIS DE FRANCE,
   Dauphin (le grand dauphin).
                    Mort en 1711.

2320.   LOUIS DE FRANCE,
   Dauphin (le grand dauphin).
                    Mort en 1711.
Aile du nord, rez-de-chaussée, salle n° 12.

2321.   LOUIS DE FRANCE,
   Dauphin (le grand dauphin).
                    Mort en 1711.
Partie centrale, premier étage, Chambre à coucher de la Reine, n° 101.

2322.   LOUIS DE FRANCE,
   Dauphin (le grand dauphin), et sa famille.
                    Mort en 1711.
Partie centrale, premier étage, salle des Gardes-du-corps de la Reine, n° 104.

2323. MARIE-ANNE-CHRISTINE-VICTOIRE
              DE BAVIÈRE,
        Dauphine.
                    Morte en 1690.
Partie centrale, premier étage, Chambre à coucher de la Reine, n° 101.

2324. **MARIE-ANNE-CHRISTINE-VICTOIRE
DE BAVIÈRE,**
Dauphine.
Morte en 1690.

Partie centrale, premier étage, OEil-de-Bœuf, n° 114.

2325. **LOUIS DE FRANCE,**
Dauphin (le grand dauphin), et sa famille.
Mort en 1711.

1°. **MARIE-ANNE-CHRISTINE-VICTOIRE
DE BAVIÈRE,**
Morte en 1690.

2°. **LOUIS DE FRANCE,**
Duc de Bourgogne,

3°. **PHILIPPE DE FRANCE,**
Duc d'Anjou,
Mort en 1746.

4°. **CHARLES DE FRANCE,**
Duc de Berry.
Mort en 1714.

2326. **ANNE-MARIE-VICTOIRE DE BOURBON,**
Mademoiselle de Condé.
Morte en 1700.

2327. **ANNE-MARIE-VICTOIRE DE BOURBON,**
Mademoiselle de Condé.
Morte en 1700.

2328. MONTAUSIER (Charles de Saint-Maure, duc de),

Gouverneur de Louis de France, Dauphin (le grand Dauphin).

Mort en 1690.

2329. ANNE-MARIE DE BOURBON,

Mademoiselle de Blois, princesse de Conty.

Morte en 1739.

2330. MARIE D'ORLÉANS-LONGUEVILLE,

Princesse souveraine de Neuchatel et Wallengen, duchesse de Nemours.

Morte en 1707.

2331. BARBEZIEUX (Louis-François-Marie Letellier, marquis de),

Secrétaire d'État.

Mort en 1701.

2332. MARIE-CLAIRE DE CRÉQUY,

Comtesse de Jarnac.

Morte en 1684.

2333. MARIE-CHARLOTTE DE CASTELNAU,

Duchesse de Gramont.

Morte en 1694.

2334. DUCHESSE DE LA VALLIÈRE (Louise-Françoise de la Baume-le-Blanc),

Morte en 1710.

2335. DUCHESSE DE LA VALLIÈRE (Louise-Françoise de la Baume-le-Blanc).

Morte en 1710.

2336. DUCHESSE DE LA VALLIÈRE (Louise-Françoise de la Baume-le-Blanc).

Morte en 1710.

Partie centrale, premier étage, salon du Grand Couvert, n° 103.

2337. FONTANGES (Marie-Angélique d'Escorailles de Roussille, duchesse de).

Morte en 1681.

2338. MONTESPAN (Françoise-Athénaïs de Rochechouart, marquise de).

Morte en 1707.

Partie centrale, premier étage, salon du Grand Couvert, n° 103.

2339. SÉVIGNÉ (Marie de), Marquise de Rabutin.

Morte en 1690.

2340. GRIGNAN (Françoise-Marguerite de Sévigné, comtesse de).

Morte en 1705.

2341. ANNE DE MONTBAZON, Princesse de Guéméné, duchesse de Rohan.

Morte en 1685.

PEINTURE. 405

2342. SCHURMANN (Anne-Marie de).
Morte en 1678.

2343. MOLIÈRE (Jean-Baptiste Poquelin de).
Poëte.
Mort en 1673.

2344. RIQUET (Pierre-Paul),
Ingénieur.
Mort en 1680.

2345. PERRAULT (Claude),
Architecte.
Mort en 1688.

2346. PERRAULT (Claude),
Architecte,

ET

JULES HARDOIN MANSARD.
Architecte.
Mort en 1708.

2347. CHARLES II,
Roi d'Angleterre, d'Écosse et d'Irlande.
Mort en 1685.

2348. CATHERINE, infante de Portugal,
Reine d'Angleterre, femme de Charles II.
Morte en 1705.

2349. CATHERINE, infante de Portugal,
Reine d'Angleterre, femme de Charles II.
Morte en 1705.

2350. **JACQUES II,**
Roi d'Angleterre.
Mort en 1701.

2351. **JACQUES II,**
Roi d'Angleterre.
Mort en 1701.

2352. **MARIE-BÉATRIX-ÉLÉONORE D'EST,**
Reine d'Angleterre, femme de Jacques II.
Morte en 1718.

2353. **LOUISE-MARIE STUART,**
Princesse d'Angleterre.
Morte en 1712.

2354. **CORNEILLE DE WIT,**
Vice-amiral de Hollande.
Mort en 1672.

2355. **RUYTER** (Michel),
Amiral de Hollande.
Mort en 1676.

2356. **MURILLO** (Barthélemi-Esteban),
Peintre.
Mort en 1682.

2357. **HENRI BEAUBRUN**
Mort en 1677.
ET
CHARLES BEAUBRUN.
Peintres.
Mort en 1692.

2358. **HENRI DE MAUPERCHÉ**,
Peintre.
Mort en 1686.

2359. **SAMUEL BERNARD**,
Peintre et graveur.
Mort en 1687.

2360. Jean-Baptiste de **CHAMPAGNE**,
Peintre.
Mort en 1688.

2361. **MICHEL CORNEILLE**,
Peintre.
Mort en 1708.

2362. **LERAMBERT** (Louis),
Sculpteur.
Mort en 1670.

2363. **GASPARD DE MARSY**,
Sculpteur.
Mort en 1681.

2364. **CHARLES II**,
Roi d'Espagne.
Mort en 1710.

2365. Anne-Marie-Louise d'**ORLÉANS**,
Reine d'Espagne.
Morte en 1689.

408 PALAIS DE VERSAILLES.

2366. Anne-Marie-Louise d'Orléans,
Reine d'Espagne.
Morte en 1689.

2367. Anne-Marie-Louise d'Orléans,
Reine d'Espagne.
Morte en 1689.

2368. Anne-Marie-Louise d'Orléans,
Reine d'Espagne.
Morte en 1689.

Partie centrale, premier étage, salon d'Apollon, n° 97.

2369. Marie-Anne de Bavière-Neubourg,
Reine d'Espagne.
Morte en 1740.

2370. Léopold Ier,
Empereur d'Allemagne.
Mort en 1.

2371. Marguerite-Thérèse-d'Autriche,
Infante d'Espagne, femme de Léopold Ier.
Morte en 1673.

2372. Jean III (Sobieski),
Roi de Pologne.
Mort en 1696.

2373. Jean III (Sobieski),
Roi de Pologne.
Mort en 1696.

2374. JEAN III (SOBIESKI),
Roi de Pologne.
Mort en 1696.

2375. CHARLES V (Charles-Léopold-Nicolas-Sixte),
Duc de Lorraine et de Bar.
Mort en 1690.

2376. FRANÇOISE DE NEUFVILLE-VILLEROY,
Duchesse de Chaulnes.
Morte en 1701.

2377. CATHERINE DE NEUFVILLE,
Comtesse d'Armagnac.
Morte en 1707.

2378. MADELEINE-CHARLOTTE D'ALBRET D'AILLY,
Duchesse de Foix et de Randan.
Morte en 1665.

2379. ANNE DE CHABOT-ROHAN,
Princesse de Soubise.
Morte en 1709.

Partie centrale, premier étage, salon du Grand Couvert, n° 103.

2380. CATHERINE-HENRIETTE DE HARCOURT,
Duchesse d'Arpajon.
Morte en 1701.

2381. **ANNE DE LA GRANGE-TRIANON**,
Comtesse de Frontenac.
Morte en 1707.

2382. **AMÉLIE, COMTESSE DE NASSAU**,
Duchesse de Bavière.
Morte en 1669.

2383. **MONTÉCUCULLI** (Raimond de),
Général des armées de l'empereur Léopold Ier.
Mort en 1680.

2384. **PHILIPPE DE MONTAULT DE BANAC**,
11e du nom,
Duc de Navailles, maréchal de France.
Mort en 1684.

2385. **SUZANNE DE BAUDEAU**.
Duchesse de Navailles.
Morte en 1700.

2386. **LUXEMBOURG** (François-Henri de Montmorency),
Duc de Piney, maréchal de France.
Mort en 1695.

2387. **VAUBAN, SÉBASTIEN LE PRESTRE** (seigneur de),
Maréchal de France.
Mort en 1707.

2388. TOURVILLE (Anne-Hilarion de Costentin, comte de),

Maréchal et vice-amiral de France.

Mort en 1701.

2389. CATINAT (Nicolas),

Maréchal de France.

Mort en 1712.

2390. MATIGNON (Charles-Auguste Goyon de),

Comte de Gacé, maréchal de France.

Mort en 1729.

2391. NOAILLES (Anne-Jules, duc de),

Maréchal de France.

Mort en 1708.

2392. LE PÈRE LACHAISE (François d'Aix de la Chaise).

Mort en 1709.

2393. EMMANUEL-THÉODOSE DE LA TOUR D'AUVERGNE,

Cardinal de Bouillon, duc d'Albret.

Mort en 1715.

2394. PIERRE NICOLLE,

Théologien.

Mort en 1695.

2395. GOBINET (Charles),

Docteur en théologie.

Mort en 1690.

2396. BOSSUET (Jacques-Bénigne),
Évêque de Meaux.
Mort en 1704.

2397. FÉNELON (François de Salignac de La Mothe),
Archevêque de Cambray.
Mort en 1715.

2398. GUILLAUME III,
Roi d'Angleterre, d'Écosse et d'Irlande.
Mort en 1702.

2399. GUILLAUME III,
Roi d'Angleterre, d'Écosse et d'Irlande.
Mort en 1702.
ET
MARIE D'ANGLETERRE,
Reine d'Angleterre, d'Écosse et d'Irlande.
Morte en 1695.

2400. MARIE-FRANÇOISE-ÉLISABETH DE SAVOIE,
Reine de Portugal.
Morte en 1683.

2401. WILHELMINE-ERNESTINE DE HOLSTEIN,
Duchesse de Bavière.
Morte en 1706.

PEINTURE. 413

2402. JOHN CHURCHILL, DUC DE MARLBOROUGH,
Général en chef des armées anglaises.
Mort en 1722.

2403. URBAIN CHEVREAU,
Précepteur du duc du Maine.
Mort en 1701.

2404. VANDERMEULEN (Antoine-François),
Peintre.
Mort en 1690.
Partie centrale, premier étage, Cabinet des Chasses, n° 119.

2405. LEBRUN (Charles),
Peintre.
Mort en 1690.
Partie centrale, premier étage, Cabinet des Chasses, n° 119.

2406. LEBRUN (Charles),
Peintre.
Mort en 1690.
ET
MIGNARD (Pierre),
Peintre.
Mort en 1695.

2407. MIGNARD (Pierre),
Peintre.
Mort en 1695.

2408. FEUQUIÈRES (Catherine Mignard, comtesse de Pas de),
ET
MIGNARD (Pierre),
Peintre.
Mort en 1695.

2409.   PUGET (Pierre),
          Sculpteur.
                              Mort en 1694.

Partie centrale, premier étage, Cabinet des Chasses, n° 119.

2410.   CARLO MARATTA,
          Peintre.
                              Mort en 1713.

2411.   LA FOSSE (Charles de),
          Peintre.
                              Mort en 1716.

2412.   ÉLISABETH-SOPHIE CHÉRON
          (madame le Hay),
    Poëte, peintre et musicienne.
                              Morte en 1711.

2413.   MANSARD (Jules-Hardouin),
          Architecte.
                              Mort en 1708.
                    ET
          CLAUDE PERRAULT.
    Médecin et architecte.
                              Mort en 1688.

2414.   MANSART (Jules-Hardouin),
          Architecte.
                              Mort en 1708.

PEINTURE. 415

2415. MANSART (Jules-Hardouin),
Architecte.
Mort en 1708.
Partie centrale, premier étage, Cabinet des Chasses, n° 119.

2416. LE NÔTRE (André),
Architecte, dessinateur des jardins du Roi.
Mort en 1700.

2417. LE NÔTRE (André),
Architecte, etc.
Mort en 1700.
Partie centrale, premier étage, Cabinet des Chasses, n° 119.

2418. KELLER (Jean-Jacques),
Commissaire général des fontes de l'artillerie de France.

2419. KELLER (Jean-Balthasar),
Commissaire-général de l'artillerie de France.
Mort en 1702.

2420. DESJARDINS (Jacques),
Contrôleur de Marly.

2421. LOUIS DE FRANCE,
Duc de Bourgogne. (Dauphin.)
Mort en 1712.

2422. LOUIS DE FRANCE,
Duc de Bourgogne (Dauphin).
Mort en 1712.

2423.   **LOUIS DE FRANCE,**
Duc de Bourgogne (Dauphin).
Mort en 1712.

2424.   **LOUIS DE FRANCE,**
Duc de Bourgogne (Dauphin).
Mort en 1712.

Partie centrale, premier étage, Chambre à coucher de Louis XIV, n° 115.

2425.   **LOUIS DE FRANCE,**
Duc de Bourgogne (Dauphin).
Mort en 1712.

Partie centrale, premier étage, Chambre de la Reine, n° 101.

2426.   **MARIE-ADÉLAÏDE DE SAVOIE,**
Duchesse de Bourgogne, Dauphine.
Morte en 1712.

2427.   **MARIE-ADÉLAÏDE DE SAVOIE,**
Duchesse de Bourgogne, Dauphine.
Morte en 1712.

2428.   **MARIE-ADÉLAÏDE DE SAVOIE,**
Duchesse de Bourgogne, Dauphine.
Morte en 1712.

Partie centrale, premier étage, salle des Gardes-du-Corps de la Reine, n° 104.

2429.   **MARIE-ADÉLAÏDE DE SAVOIE,**
Duchesse de Bourgogne, Dauphine.
Morte en 1712.

Partie centrale, premier étage, Chambre du lit de Louis XIV, n° 115.

PEINTURE. 417

2430. CHARLES DE FRANCE,
Duc de Berry.
Mort en 1714.

2431. CHARLES DE FRANCE,
Duc de Berry.
Mort en 1714.

2432. CHARLES DE FRANCE,
Duc de Berry.
Mort en 1714.

Partie centrale, premier étage, salon de la Reine, n° 102.

2433. MARIE-LOUISE-ÉLISABETH D'ORLÉANS.
Duchesse de Berry.
Morte en 1719.

2434. MARIE-LOUISE-ÉLISABETH D'ORLÉANS,
Duchesse de Berry.
Morte en 1719.

Partie centrale, premier étage, salon de la Reine, n° 102.

2435. PHILIPPE, DUC D'ORLÉANS,
Régent du royaume.
Mort en 1723.

2436. PHILIPPE, DUC D'ORLÉANS,
Régent du royaume.
Mort en 1723.

2437. PHILIPPE, DUC D'ORLÉANS,
Régent du royaume.
Mort en 1723.

2438. **FRANÇOISE-MARIE DE BOURBON**
(Mademoiselle de Blois),
Duchesse d'Orléans.

Morte en 1749.

2439. **FRANÇOISE-MARIE DE BOURBON**
(Mademoiselle de Blois),
Duchesse d'Orléans.

Morte en 1749.

2440. **FRANÇOISE-MARIE DE BOURBON**
(Mademoiselle de Blois),
Duchesse d'Orléans.

Morte en 1749.

2441. **FRANÇOISE-MARIE DE BOURBON**
(Mademoiselle de Blois),
Duchesse d'Orléans.

Morte en 1749.

2442. **FRANÇOISE-MARIE DE BOURBON**
(Mademoiselle de Blois),
Duchesse d'Orléans.

Morte en 1749.

Partie centrale, premier étage, salon d'Apollon, n° 97.

2443. **LÉOPOLD**,
Duc de Lorraine et de Bar.

Mort en 1729.

2444. ÉLISABETH-CHARLOTTE D'ORLÉANS,
Duchesse de Lorraine et de Bar.
Morte en 1744.

2445. LÉOPOLD-CLÉMENT,
Prince héréditaire de Lorraine.
Mort en 1723.

2446. LÉOPOLD-CLÉMENT,
Prince héréditaire de Lorraine.
Mort en 1723.

2447. LOUIS III,
Duc de Bourbon, prince de Condé.
Mort en 1710.

2448. CONDÉ (Louise-Françoise de Bourbon, duchesse de Bourbon, princesse de),
Mademoiselle de Nantes.
Morte en 1743.

2449. CONTI (François-Louis de Bourbon prince de),
Prince du sang.
Mort en 1709.

2450. CONTI (Marie-Thérèse de Bourbon, Mademoiselle de Bourbon, princesse de).
Morte en 1732.

2451. **LOUIS DE BOURBON,**
Comte de Vermandois, amiral de France.
Mort en 1683.
Partie centrale, premier étage, salon du Grand Couvert, n° 103.

2452. **LOUIS-AUGUSTE DE BOURBON,**
Duc du Maine.
Mort en 1736.

2453. **LOUIS-AUGUSTE DE BOURBON,**
Duc du Maine.
Mort en 1736.
ET
LOUIS-ALEXANDRE DE BOURBON,
Comte de Toulouse.
Mort en 1737.

2454. **ANNE-LOUISE-BÉNÉDICTE DE BOURBON,**
Duchesse du Maine.
Morte en 1753.

2455. **ANNE-LOUISE-BÉNÉDICTE DE BOURBON,**
Duchesse du Maine.
Morte en 1753.

2456. **LOUISE-FRANÇOISE DE BOURBON,**
Mademoiselle du Maine.
Morte en 1743.

2457. **LOUIS-ALEXANDRE DE BOURBON,**
Comte de Toulouse.
Mort en 1737.

2458. LOUIS-ALEXANDRE DE BOURBON,
    Comte de Toulouse.
                    Mort en 1737.

2459. LOUIS-ALEXANDRE DE BOURBON,
    Comte de Toulouse.
                    Mort en 1737.

2460. LOUIS-ALEXANDRE DE BOURBON,
    Comte de Toulouse.
                    Mort en 1737.
Partie centrale, premier étage, salon du Grand Couvert, n° 103.

2461. MARIE-VICTOIRE-SOPHIE DE NOAILLES,
    Comtesse de Toulouse.
                    Morte en 1766.

2462. VENDÔME (Marie-Anne de Bourbon,
    mademoiselle d'Enghien, duchesse de).
                    Morte en 1718.

2463. MAINTENON (Françoise d'Aubigné,
    marquise de).
                    Morte en 1719.
            ET
    LA DUCHESSE DE BOURGOGNE.
                    Morte en 1749.

2464. MAINTENON (Françoise d'Aubigné,
    marquise de).
                    Morte en 1719.

2465. **MAINTENON** (Françoise d'Aubigné, marquise de).
Morte en 1719.
Partie centrale, premier étage, salon du Grand Couvert, n° 103.

2466. **MAINTENON** (Françoise d'Aubigné, marquise de).
Morte en 1719.

2467. **MAINTENON** (Françoise d'Aubigné, marquise de).
Morte en 1719.

ET

ANNE-MARIE DE BOURBON,
Mademoiselle de Blois.
Morte en 1749.
Partie centrale, premier étage, Cabinet de Maintenon, n° 127.

2468. **ESPINOY** (Élisabeth de Lorraine, mademoiselle de Commercy, princesse d').

2469. **ARMAGNAC** (Charlotte de Lorraine, mademoiselle d').

2470. **LAVARDIN** (Marie-Françoise de Noailles, marquise de).

2471. **DANGEAU** (Philippe de Courcillon, marquis de).
Mort en 1720.

2472. **CHAMILLART** (Michel de), Ministre secrétaire d'État.
Mort en 1721.

PEINTURE. 423

2473. ÉLISABETH-ANGÉLIQUE
DE MONTMORENCY,

Duchesse de Chatillon,
puis de Mecklenbourg Schewrin.

Morte en 1695.

2474. NICOLAS MESNAGER,

Plénipotentiaire au congrès d'Utrecht.

Mort en 1714.

2475. LOUIS PHÉLYPEAUX, COMTE
DE PONTCHARTRAIN,

Chancelier de France.

Mort en 1727.

2476. LOUIS PHÉLYPEAUX, COMTE
DE PONTCHARTRAIN,

Chancelier de France.

Mort en 1727.

2477. MARC-RENÉ DE VOYER DE PAULMY,

Marquis d'Argenson, garde des sceaux de France.

Mort en 1721.

2478. LEBEL (Chérubin),

De l'ordre de Saint-François, Évêque de Bethleem.

Mort en 1713.

2479. **EUGÈNE-ÉLÉONORE DE BÉTHISY**,
Marquis de Mézières.

Mort en 1781.

ET

CATHERINE-ÉLÉONORE-EUGÉNIE DE BÉTHISY,
Princesse de Montauban.

Morte en 1767.

2480. **SAINCTOT** (Nicolas),
Introducteur des ambassadeurs.

Mort en 1713.

2481. **MARIE-MADELEINE ROSPIGLIOSI**.

2482. **BARTHÉLEMY D'HERBELOT.**
Orientaliste.

Mort en 1695.

2483. **SANTEUIL** (Jean-Baptiste de),
Poète.

Mort en 1697.

2484. **JEAN RACINE**,
Poète.

Mort en 1699.

2485. **BOILEAU-DESPRÉAUX** (Nicolas),
Poète.

Mort en 1711.

2486. **CHARLES PERRAULT**,
De l'Académie française.

Mort en 1703.

2487.   LECLERC (Sébastien),
          Graveur.
                    Mort en 1714.

2488.   GIRARDON (Louis),
          Sculpteur.
                    Mort en 1715.

2489. DESJARDINS (Martin Van den Bogaert, *dit*),
          Sculpteur.
                    Mort en 1694.

2490.   JOUVENET (Jean),
          Peintre.
                    Mort en 1717.

2491.   PHILIPPE V,
          Roi d'Espagne.
                    Mort en 1746.

2492.   PHILIPPE V,
          Roi d'Espagne.
                    Mort en 1746.

2493.   PHILIPPE V,
          Roi d'Espagne.
                    Mort en 1746.

Partie centrale, premier étage, salon de la Reine, n° 102.

2494.   ÉLISABETH FARNÈSE,
Reine d'Espagne, deuxième femme de Philippe V.
                    Morte en 1766.

2495. ORLÉANS (Marguerite-Louise d'),
          Grande-duchesse de Toscane.
                    Morte en 1721.

2496. **LOUIS-JOSEPH,**
Duc de Vendôme.
Mort en 1712.

2497. **EUGÈNE-FRANÇOIS DE SAVOIE,**
Le prince Eugène.
Mort en 1736.

2498. **EUGÈNE-FRANÇOIS DE SAVOIE,**
Le prince Eugène.
Mort en 1736.

2499. **VILLARS** (Louis-Claude-Hector, duc de),
Maréchal de France.
Mort en 1734.

2500. **LOUIS-ANTOINE DE PARDAILLAN,** duc d'Antin.
Lieutenant-général des armées du Roi.
Mort en 1736.

2501. **ESTRÉES** (Victor-Marie, duc d'),
Maréchal de France.
Mort en 1737.

2502. **ESTRÉES** (Victor-Marie, duc d'),
Maréchal de France.
Mort en 1737.

2503. **VILLEROY** (Marie-Marguerite de Cossé, duchesse de).
Morte en 1708.

PEINTURE. 427

2504. FORBIN (Claude, comte de),
Chef d'escadre.
Mort en 1733.

2505. DUBOIS (Guillaume),
Cardinal, premier ministre.
Mort en 1723.

2506. LOUIS-ANTOINE DE NOAILLES,
Cardinal, Archevêque de Paris.
Mort en 1729.

2507. JÉRÔME PHELYPEAUX, comte de Pont-Chartrain,
Secrétaire d'État.
Mort en 1747.

2508. COYPEL (Antoine),
Peintre.
Mort en 1722.

2509. PIERRE Ier (ALEXIEWITSCH),
Empereur de Russie.
Mort en 1725.

2510. PIERRE Ier (ALEXIEWITSCH),
Empereur de Russie.
Mort en 1725.

2511. PIERRE Ier (ALEXIEWITSCH),
Empereur de Russie.
Mort en 1725.

2512. SOPHIE ALEXIOWNA,
Co-régente de Russie.
Morte en 1704.

2513. ALEXIS PETROWITSCH,
Fils aîné de Pierre-le-Grand.
Mort en 1718.

2514. CHARLES XII,
Roi de Suède.
Mort en 1718.

2515. CHARLES XII,
Roi de Suède.
Mort en 1718.

2516. STANISLAS Ier,
Roi de Pologne.
Mort en 1766.

2517. STANISLAS Ier,
Roi de Pologne.
Mort en 1766.

2518. STANISLAS Ier,
Roi de Pologne.
Mort en 1766.

2519. CATHERINE, COMTESSE DE BNIN-OPALINSKA.
Reine de Pologne.
Morte en 1747.

2520. CATHERINE, COMTESSE DE BNIN-OPALINSKA,
Reine de Pologne.
Morte en 1747.

2521. TARLO (Michel, comte de),
Colonel des gardes du roi Stanislas.
Mort en 1727.

2522. ACHMET III,
Empereur des Turcs.
Mort en 1736.

2523. MEHEMET EFFENDI,
Ambassadeur turc en France en 1721.

2524. MATIGNON (Jacques Goyon, sire de),
Maréchal de France.
Mort en 1725.

2525. MARIE-MADELEINE DE LA FAYETTE,
Duchesse de la Trémouille.
Morte en 1717.

2526. ROUSSEAU (Jean-Baptiste),
Poète lyrique.
Mort en 1741.

2527. ROBERT DE COTTE,
Architecte, surintendant des bâtimens.

2528. **ADRIEN VAN DER WERF**,
Peintre.
Mort en 1722.

2529. **COYZEVOX** (Antoine),
Sculpteur.
Mort en 1720.

2530. **COYZEVOX** (Antoine),
Sculpteur.
Mort en 1720.

Partie centrale, premier étage, Cabinet des Chasses, n° 119.

2531. **HALLÉ** (Claude-Guy),
Peintre.
Mort en 1736.

2532. **RIGAUD** (Hyacinthe),
Peintre.
Mort en 1743.

2533. **RIGAUD** (Hyacinthe),
Peintre.
Mort en 1743.

2534. **LE LORRAIN** (Robert),
Sculpteur.
Mort en 1743.

2535. **LARGILLIÈRE** (Nicolas),
Peintre.
Mort en 1746.

2536. **LARGILLIÈRE** (Nicolas),
Peintre.
Mort en 1746.

PEINTURE. 431

2537. VENGHELS (Nicolas),
Peintre.
Mort en 1737.

2538. FRÉDÉRIC-GUILLAUME Ier,
Roi de Prusse.
Mort en 1740.

2539. LOUIS XV,
Roi de France.
Mort en 1774.
Partie centrale, premier étage, Chambre de Louis XV, n° 117.

2540. LOUIS XV,
Roi de France.
Mort en 1774.
Aile du nord, rez-de-chaussée, salle n° 13.

2541. LOUIS XV,
Roi de France.
Mort en 1774.
Aile du nord, rez-de-chaussée, salles n{os} 14 et 15.

2542. LOUIS XV,
Roi de France.
Mort en 1774.

2543. LOUIS XV,
Roi de France.
Mort en 1774.

2544. LOUIS XV,
Roi de France.
Mort en 1774.

2545. LOUIS XV,
Roi de France.
Mort en 1774.

2546. **MARIE LECZINSKA**,
Reine de France.
Morte en 1768.

2547. **MARIE LECZINSKA**,
Reine de France.
Morte en 1768.

2548. **MARIE LECZINSKA**,
Reine de France.
Morte en 1768.

2549. **MARIE LECZINSKA**,
Reine de France.
Morte en 1768.

2550. **MARIE LECZINSKA**,
Reine de France.
Morte en 1768.

2551. **LOUIS**,
Duc d'Orléans.
Mort en 1752.

2552. **BADEN-BADEN** (Auguste-Marie-Jeanne de),
Duchesse d'Orléans.
Morte en 1726.

2553. **ORLÉANS** (Louise-Adélaïde d')
(Mademoiselle de Chartres),
Abbesse de Chelles.
Morte en 1743.

PEINTURE. 433

2554. ORLÉANS (Philippe-Élisabeth d'),
Mademoiselle de Beaujolais.
Morte en 1734.

2555. ORLÉANS (Philippe-Élisabeth d'),
Mademoiselle de Beaujolais.
Morte en 1734.

2556. ORLÉANS (Louise-Diane d')
Mademoiselle de Chartres, princesse de Conti.
Morte en 1736.

2557. BOURBON (Louis-Henri de),
Dit M. le Duc, prince de Condé.
Mort en 1740.

2558. BOURBON (Louis-Henri de),
Dit M. le Duc, prince de Condé.
Mort en 1740.

2559. BOURBON (Louis-Henri de),
Dit M. le Duc, prince de Condé.
Mort en 1740.

2560. CAROLINE DE HESSE-RHEINFELS-
ROTHENBOURG,
Duchesse de Bourbon, puis princesse de Condé.
Morte en 1741.

2561. MARIE-ANNE DE BOURBON,
Mademoiselle de Clermont.
Morte en 1741.

2562. **PERDRIGEON** (Marie-Françoise),
Madame Boucher.

Morte en 1734.

2563. **LOUIS-ARMAND DE BOURBON**, IIe du nom,
Prince de Conti.

Mort en 1727.

2564. **ANNE-MARIE DE LA TRÉMOUILLE**,
Princesse des Ursins.

Morte en 1722.

2565. **CLÉMENT XII** (Laurent Corsini),
Pape.

Mort en 1740.

2566. **CHARLES VII** (Charles-Albert),
Électeur de Bavière, empereur d'Allemagne.

Mort en 1745.

2567. **PHILIPPE**, infant d'Espagne,
Duc de Parme et de Plaisance.

Mort en 1765.

2568. **MADAME**,
Infante, duchesse de Parme, fille aînée de Louis XV.

Morte en 1759.

Partie centrale, premier étage, Chambre à coucher de Louis XV, n° 117.

2569. **BENOIT XIV** (Prosper Lambertini),
Pape.

Mort en 1738.

2570. **maréchal de saxe** (Maurice),
Duc de Courlande,
Maréchal général des camps et armées du Roi.
Mort en 1750.

2571. **breteuil** (François-Victor Letonnelier de),
Ministre secrétaire d'État.
Mort en 1743.

2572. **angervilliers** (Prosper-Nicolas Bauyn, seigneur d'),
Ministre et conseiller d'État.
Mort en 1740.

2573. **monville** (Charles-Jean-Baptiste Fleuria, comte de),
Ministre et secrétaire d'État.
Mort en 1732.

2574. **guérin** (Pierre), seigneur de Tencin,
Cardinal, archevêque de Lyon.
Mort en 1758.

2575. **fleury** (André-Hercule),
Cardinal, évêque de Fréjus, et premier ministre.
Mort en 1743.

2576. **voyer de paulmy** (Marc-Pierre de),
Comte d'Argenson, ministre de la guerre.
Mort en 1764.

2577. ORRY (Philibert),
Contrôleur général des finances
et ministre d'État.
Mort en 1747.

2578. LENORMAND DE TOURNEHEM,
Directeur des bâtimens et manufactures royales.
Mort en 1751.

2579. POISSON (Jeanne-Antoinette),
Marquise de Pompadour.
Morte en 1764.

2580. MADAME DE GRAFFIGNY (Françoise d'Issembourg-d'Apponcourt).
Morte en 1758.

2581. DESTOUCHES (Philippe Néricault),
Poète.
Mort en 1753.

2582. BOUYS (André),
Peintre.
Mort en 1740.
ET
MADAME BOUYS (Marie-Anne Rousseau).
Morte en 1715.

2583. GABRIEL (Jacques),
Architecte.
Mort en 1742.

PEINTURE. 437

2584. TARDIEU (Nicolas-Henri),
Graveur.
Mort en 1749.

2585. LOUIS DE FRANCE, dauphin,
Fils de Louis XV.
Mort en 1765.

2586. LOUIS DE FRANCE, dauphin,
Fils de Louis XV.
Mort en 1765.

2587. LOUIS DE FRANCE, dauphin,
Fils de Louis XV.
Mort en 1765.

2588. LOUIS DE FRANCE, dauphin,
Fils de Louis XV.
Mort en 1765.

2589. LOUIS DE FRANCE, dauphin,
Fils de Louis XV.
Mort en 1765.

2590. LOUIS DE FRANCE, dauphin,
Fils de Louis XV.
Mort en 1765.

2591. MARIE-THÉRÈSE-ANTOINETTE,
Infante d'Espagne,
Dauphine de France.
Morte en 1746.

2592. **MARIE-THÉRÈSE-ANTOINETTE,**
Infante d'Espagne,
Dauphine de France.
Morte en 1746.

2593. **MARIE-JOSÈPHE DE SAXE,**
Dauphine de France.
Morte en 1767.

2594. **MARIE-JOSÈPHE DE SAXE,**
Dauphine de France.
Morte en 1767.

2595. **MARIE-JOSÈPHE DE SAXE,**
Dauphine de France.
Morte en 1767.

2596. **LOUIS-JOSEPH-XAVIER DE FRANCE,**
Duc de Bourgogne.
Mort en 1761.

2597. **CHARLES-PHILIPPE DE FRANCE,**
Comte d'Artois, depuis Charles X, Roi de France.
Mort en 1836.
ET
MARIE-ADÉLAÏDE-CLOTILDE-XAVIÈRE
DE FRANCE,
depuis Reine de Sardaigne.
Morte en 1802.

PEINTURE. 439

2598. ANNE-HENRIETTE DE FRANCE,
(Madame Henriette).

Morte en 1752.

Partie centrale, premier étage, Chambre à coucher de Louis XV, n° 117.

2599. MADAME ADÉLAÏDE (Marie-Adélaïde de France).

Morte en 1800.

2600. MADAME ADÉLAÏDE (Marie-Adélaïde de France).

Morte en 1800.

2601. MADAME ADÉLAÏDE (Marie-Adélaïde de France).

Morte en 1800.

2602. MADAME ADÉLAÏDE (Marie-Adélaïde de France).

Morte en 1800.

2603. MADAME ADÉLAÏDE (Marie-Adélaïde de France).

Morte en 1800.

Partie centrale, premier étage, Chambre à coucher de Louis XV, n° 117.

2604. MADAME VICTOIRE (Marie-Louise-Thérèse-Victoire de France).

Morte en 1798.

2605. MADAME VICTOIRE (Marie-Louise-
Thérèse-Victoire de France).

Morte en 1798.

2606. MADAME VICTOIRE (Marie-Louise-
Thérèse-Victoire de France).

Morte en 1798.

2607. MADAME VICTOIRE (Marie-Louise-
Thérèse-Victoire de France).

Morte en 1798.

2608. MADAME VICTOIRE (Marie-Louise-
Thérèse-Victoire de France).

Morte en 1798.

2609. MADAME VICTOIRE (Marie-Louise-
Thérèse-Victoire de France).

Morte en 1798.

2610. MADAME VICTOIRE (Marie-Louise-
Thérèse-Victoire de France).

Morte en 1798.

Partie centrale, premier étage, Chambre à coucher de Louis XV, n° 117.

2611. MADAME SOPHIE (Sophie-Philippine-
Élisabeth-Justine de France).

Morte en 1782.

2612. MADAME SOPHIE (Sophie-Philippine-
Élisabeth-Justine de France).

Morte en 1782.

PEINTURE. 441

2613. MADAME SOPHIE (Sophie-Philippine-
Élisabeth-Justine de France).
Morte en 1782.

2614. MADAME SOPHIE (Sophie-Philippine-
Élisabeth-Justine de France).
Morte en 1782.

2615. MADAME SOPHIE (Sophie-Philippine-
Élisabeth-Justine de France).
Morte en 1782.

2616. MADAME SOPHIE (Sophie-Philippine-
Élisabeth-Justine de France).
Morte en 1782.

Partie centrale, premier étage, Chambre à coucher de Louis XV, n° 117.

2617. MADAME LOUISE (Louise-Marie de France),
Prieure des Carmélites de Saint-Denis.
Morte en 1787.

2618. MADAME LOUISE (Louise-Marie de France),
Prieure des Carmélites de Saint-Denis.
Morte en 1787.

2619. MADAME LOUISE (Louise-Marie de France),
Morte en 1787.

Partie centrale, premier étage, Chambre à coucher de Louis XV, n° 117.

2620. BOURBON-CONTI (Louise-Henriette de),
Duchesse d'Orléans.
Morte en 1759.

2621. BOURBON-CONTI (Louise-Henriette de),
Duchesse d'Orléans.
Morte en 1759.

2622. BOURBON-CONTI (Louise-Henriette de),
Duchesse d'Orléans.
Morte en 1759.

2623. BOURBON (Louis-Auguste),
Prince de Dombes.
Mort en 1755.

2624. BOURBON (Louis-Charles de),
Duc du Maine, comte d'Eu.
Mort en 1775.

2625. LOUIS-JEAN-MARIE DE BOURBON,
Duc de Penthièvre, et sa famille :

1°. LOUIS-ALEXANDRE-JOSEPH-STANISLAS
DE BOURBON,
Prince de Lamballe,

2°. MARIE-THÉRÈSE DE SAVOIE-CARIGNAN,
Princesse de Lamballe,

3°. LOUISE-MARIE-ADÉLAÏDE DE BOURBON,
Mademoiselle de Penthièvre, duchesse d'Orléans,
ET

4°. MARIE-VICTOIRE-SOPHIE DE NOAILLES,
Comtesse de Toulouse.

2626. MADEMOISELLE DE SENS (Élisabeth-Alexandrine de Bourbon).

Morte en 1765.

2627. ROUILLÉ (Antoine-Louis), comte de Jouy,
Ministre et secrétaire d'État.

Mort en 1761.

2628. ÉVREUX (Henri-Louis de la Tour, comte d'),
Colonel-général de la cavalerie légère.

Mort en 1753.

2629. MACHAULT (Jean-Baptiste de),
Seigneur d'Arnouville,
Garde des sceaux de France.

Mort en 1794.

2630. DE MORAS (François-Marie Peirenc),
Secrétaire d'État de la Marine.

Mort en 1771.

2631. DE MASSIAC (Claude-Louis, marquis),
Lieutenant-général des armées navales, et ministre de la marine.

Mort en 1770.

2632. DESHERBIERS (Henri-François),
Marquis de l'Étanduère, chef d'escadre.

Mort en 1750.

2633. DE LA GALISSONNIÈRE (Roland-Michel, marquis),
Lieutenant-général des armées navales.
Mort en 1756.

2634. MATIGNON (Marie-Thomas-Auguste, marquis de),
Brigadier des armées du Roi.
Mort en 1765.

2635. ÉLISABETH PETROWNA,
Impératrice de Russie.
Morte en 1762.

2636. FRÉDÉRIC-AUGUSTE II,
Roi de Pologne, électeur de Saxe.
Mort en 1763.

2637. DE MAUPERTUIS (Pierre-Louis Moreau),
Géomètre et astronome.
Mort en 1759.

2638. CLAUDE VILLARET,
Historien.
Mort en 1766.

2639. TOURNIÈRES (Robert),
Peintre.
Mort en 1752.

2640. DETROY (Jean-Baptiste-François),
Peintre.
Mort en 1752.

2641. BOUCHARDON (Edme),
Sculpteur.
Mort en 1762.

2642. NICOLAS FERRY (dit *Bébé*),
Nain de Stanislas, roi de Pologne.
Mort en 1764.

2643. MARIE-THÉRÈSE D'AUTRICHE,
Impératrice d'Allemagne, reine de Hongrie et de Bohême.
Morte en 1780.

2644. MARIE-THÉRÈSE D'AUTRICHE,
Impératrice d'Allemagne, reine de Hongrie et de Bohême.
Morte en 1780.

2645. MARIE-THÉRÈSE D'AUTRICHE,
Impératrice d'Allemagne, reine de Hongrie et de Bohême.
Morte en 1780.

2646. FRANÇOIS Ier,
Empereur d'Allemagne,
ET
MARIE-THÉRÈSE D'AUTRICHE,
Impératrice d'Allemagne, et leur famille.

2647. FAMILLE IMPÉRIALE D'AUTRICHE.
Fête donnée à Vienne, à l'occasion du mariage de Joseph II.

2648. **FAMILLE IMPÉRIALE D'AUTRICHE.**

Fête donnée à Vienne, à l'occasion du mariage de Joseph II.

2649. **FRANÇOIS Ier**,

Empereur d'Allemagne, roi de Hongrie et de Bohême.

Mort en 1765.

2650. **FRANÇOIS Ier**,

Empereur d'Allemagne, roi de Hongrie et de Bohême.

Mort en 1765.

2651. **CHARLES-ALEXANDRE DE LORRAINE**,

Archiduc d'Autriche,
gouverneur général des Pays-Bas.

Mort en 1780.

2652. **MARIE-ANNE**, archiduchesse d'Autriche,

Gouvernante des Pays-Bas.

Morte en 1744.

2653. **FRÉDÉRIC II**,

Roi de Prusse.

Mort en 1786.

2654. **FRÉDÉRIC II**,

Roi de Prusse.

Mort en 1786.

PEINTURE. 447

2655. **CHARLES DE BRUNSWICK**,
Duc de Wolfenbuttel.
Mort en 1780.

2656. **FERDINAND**,
Duc de Brunswick.
Mort en 1797.

2657. **MAXIMILIEN-JOSEPH**,
Électeur de Bavière.
Mort en 1777.

2658. **MARIE-ANTOINETTE DE BAVIÈRE**,
Électrice de Saxe.
Morte en 1763.

2659. **CHRÉTIEN, IIe du nom**,
Comte palatin du Rhin, duc de Deux-Ponts.
Mort en 1775.

2660. **EMMANUEL PINTO DE FONSECA**,
Grand-maître de l'ordre de Malte.
Mort en 1773.

2661. **OUTREMONT** (Charles-Nicolas-Alexandre, comte d'),
Évêque et prince de Liége.
Mort en 1771.

2662. **BELLE-ISLE** (Louis-Charles-Auguste Fouquet, duc de),
Maréchal de France.
Mort en 1761.

2663. NOAILLES (Adrien-Maurice, duc de),
Maréchal de France.
Mort en 1766.

2664. BROGLIE (Victor-François, duc de),
Maréchal de France.
Mort en 1804.

2665. LABOURDONNAYE (Bertrand-François Mahé de),
Gouverneur général des îles de France et de Bourbon.
Mort en 1753.

2666. CHOISEUL (Étienne-François, duc de),
Premier ministre sous Louis XV.
Mort en 1785.

2667. CHOISEUL (Étienne-François, duc de),
Premier ministre sous Louis XV.
Mort en 1785.

2668. PRASLIN (César-Gabriel de Choiseul, duc de),
Ministre secrétaire d'État
Au département des affaires étrangères.
Mort en 1785.

PEINTURE. 449

2669. MARIGNY (Abel-François Poisson, marquis de),
Directeur général des bâtimens et jardins du Roi.
Mort en 1781.

2670. CATHERINE II (Alexiewna),
Impératrice de Russie.
Morte en 1796.

2671. CHARLES III,
Roi d'Espagne.
Mort en 1788.

2672. JOSEPH Ier,
Roi de Portugal.
Mort en 1777.

2673. CHARLES-EMMANUEL III,
Roi de Sardaigne.
Mort en 1773.

2674. VOLTAIRE (François-Marie Arouet de),
Poète.
Mort en 1778.

2675. ROUSSEAU (Jean-Jacques),
Écrivain, etc.
Mort en 1778.

2676. GRESSET (Jean-Baptiste-Louis),
Poète.
Mort en 1777.

2677. **GEORGES III**,
Roi d'Angleterre.
Mort en 1820.

2678. **CHRISTIAN VII**,
Roi de Danemarck et de Norwége.
Mort en 1808.

2679. **FRANÇOIS-MARIE D'ESTE**,
Duc de Modène et de Reggio.
Mort en 1780.

2680. **MAXIMILIEN-FRÉDÉRIC DE KONIGSEGG-ROTHENFELS**.
Archevêque-électeur de Cologne.
Mort en 1784.

2681. **BERRIER** (Nicolas-René),
Garde des sceaux.
Mort en 1762.

2682. **JOSEPH-MARIE TERRAY** (l'abbé Terray),
Contrôleur général des finances.
Mort en 1778.

2683. **PIERRE-ÉTIENNE BOURGEOIS BOYNES**,
Ministre de la marine.

2684. **VANLOO** (Carle),
Premier peintre du Roi, et sa famille.
Mort en 1765.

PEINTURE.

2685. VANLOO (Louis-Michel),
Peintre.
Mort en 1771.

2686. VANLOO (Louis-Michel).
Mort en 1771.

2687. LOUIS XVI,
Roi de France.
Mort en 1793.

2688. LOUIS XVI,
Roi de France.
Mort en 1793.

2689. LOUIS XVI,
Roi de France.
Mort en 1793.

2690. LOUIS XVI,
Roi de France.
Mort en 1793.

2691. MARIE-ANTOINETTE,
Archiduchesse d'Autriche,
Reine de France.
Morte en 1793.

2692. MARIE-ANTOINETTE,
Archiduchesse d'Autriche,
Reine de France.
Morte en 1793.

2693.   **MARIE-ANTOINETTE,**
Archiduchesse d'Autriche,
Reine de France.

Morte en 1793.

2694.   **MARIE-ANTOINETTE,**
Archiduchesse d'Autriche,
Reine de France.

Morte en 1793.

2695. **MADAME ÉLISABETH** (Élisabeth-Philippine-Marie-Hélène de France).

Morte en 1793.

2696. **MADAME ÉLISABETH** (Élisabeth-Philippine-Marie-Hélène de France).

Morte en 1793.

2697. **MARIE-THÉRÈSE-CHARLOTTE DE FRANCE,**
Duchesse d'Angoulême
(alors Mademoiselle, depuis dauphine),

ET

LOUIS-CHARLES DE FRANCE,
Duc de Normandie, dauphin.

Mort en 1795.

2698.   **LOUIS-ANTOINE D'ARTOIS,**
Duc d'Angoulême
(alors grand-prieur de France, depuis dauphin).

2699. LOUIS-ANTOINE D'ARTOIS,
Duc d'Angoulême
(alors grand-prieur de France, depuis dauphin),

MADEMOISELLE D'ARTOIS.
Morte en 1783.
ET
CHARLES-FERDINAND D'ARTOIS,
Duc de Berry.
Mort en 1820.

2700. BERTIN (Henri-Léonard-Jean-Baptiste),
Contrôleur général des finances.

2701. COMTE DE SAINT-GERMAIN (Claude-Louis),
Lieutenant-général, ministre de la guerre.
Mort en 1778.

2702. JOSEPH II,
Empereur d'Allemagne, roi de Hongrie
et de Bohême.
Mort en 1790.

2703. JOSEPH II,
Empereur d'Allemagne, roi de Hongrie
et de Bohême.
Mort en 1790.

2704. LÉOPOLD II, archiduc d'Autriche,
Empereur d'Allemagne, roi de Hongrie
et de Bohême (alors grand-duc de Toscane).
Mort en 1792.

2705. **MARIE-LOUISE**, infante d'Espagne,

Impératrice d'Allemagne, reine de Hongrie et de Bohême (alors grande-duchesse de Toscane).

2706. **FERDINAND** (Charles-Antoine-Joseph-Jean-Stanislas),

Archiduc d'Autriche, prince de Massa-Carrara.

Mort en 1806.

2707. **RICCIARDA BÉATRICE D'ESTE**,

Princesse de Massa-Carrara, archiduchesse d'Autriche.

Morte en 1829.

2708. **MAXIMILIEN** (François-Xavier),

Archiduc d'Autriche, électeur et archevêque de Cologne, grand-maître de l'ordre Teutonique.

Mort en 1802.

2709. **GUSTAVE III**,

Roi de Suède.

Mort en 1792.

2710. **CLÉMENT WENCESLAS**,

Archevêque de Trèves, évêque d'Augsbourg.

2711. **MARIE-AMÉLIE**, archiduchesse d'Autriche,

Duchesse de Parme.

2712. VICTOR-AMÉDÉE III DE SAVOIE,

Roi de Sardaigne.

Mort en 1796.

2713. VICTOR-AMÉDÉE III,

Roi de Sardaigne.

Mort en 1796.

2714. MARIE-ANTOINETTE-FERDINANDE,

Infante d'Espagne,

Reine de Sardaigne.

Morte en 1785.

2715. LOUIS-PHILIPPE-JOSEPH,

Duc d'Orléans, en habit de chevalier des ordres.

Mort en 1793.

2716. LOUISE-MARIE-ADÉLAÏDE DE BOURBON,

Duchesse d'Orléans (alors duchesse de Chartres).

Morte en 1821.

2717. LOUISE-MARIE-ADÉLAÏDE DE BOURBON,

Duchesse d'Orléans.

Morte en 1821.

2718. ORLÉANS (Louis-Philippe-Joseph d')
(alors duc de Chartres), et sa famille.

Mort en 1793.

1°. BOURBON (Louise-Marie-Adélaïde de),
Duchesse d'Orléans (alors duchesse de Chartres).

Morte en 1821.

2°. LOUIS-PHILIPPE Ier,
Roi des Français (alors duc de Valois).

ET

3°. ORLÉANS (Antoine-Philippe d'),
Duc de Montpensier.

Mort en 1807.

2719. ANTOINE-PHILIPPE D'ORLÉANS,
Duc de Montpensier.

Mort en 1807.

2720. LOUIS-CHARLES D'ORLÉANS,
Comte de Beaujolais.

Mort en 1808.

2721. ABDUL-HAMID,
Sultan (empereur de Turquie).

Mort en 1789.

2722. LE GRAND-VISIR DU SULTAN ABDUL-HAMID.

PEINTURE.

2723. PIE VI (Jean-Ange Braschi),
Pape.
Mort en 1799.

2724. PIE VI (Jean-Ange Braschi),
Pape.
Mort en 1799.

2725. CARDINAL DUC D'YORK (Henri-Benoît-Marie-Clément-Édouard Stuart).
Mort en 1807.

2726. PIERRE DE BERNIS (François-Joachim de),
Cardinal, archevêque d'Alby.
Mort en 1794.

2727. LOUIS XVIII,
Roi de France
(alors Monsieur, comte de Provence),
En habit de grand-maître de l'ordre de Saint-Lazare et du mont Carmel.
Mort en 1824.

2728. LOUIS XVIII,
Roi de France
(alors Monsieur, comte de Provence).
Mort en 1824.

2729. SAVOIE (Marie-Joséphine-Louise de),
Comtesse de Provence.
Morte en 1810.

20

2730. SAVOIE (Marie-Joséphine-Louise de),
Comtesse de Provence.
Morte en 1810.

2731. CHARLES X,
Roi de France (alors comte d'Artois), en habit de chevalier des ordres.
Mort en 1836.

2732. CHARLES X,
Roi de France (alors comte d'Artois), en habit de chevalier des ordres.
Mort en 1836.

2733. MARIE-THÉRÈSE DE SAVOIE,
Comtesse d'Artois.
Morte en 1805.

2734. BOURBON (Louis-Joseph de),
Prince de Condé.
Mort en 1818.

2735. LOUIS-HENRI-JOSEPH
(alors duc de Bourbon, depuis prince de Condé).
Mort en 1830.

2736. ORLÉANS (Louise-Marie-Thérèse-Bathilde d'),
Duchesse de Bourbon
(depuis princesse de Condé).
Morte en 1822.

2737. **MADEMOISELLE DE CONDÉ** (Louise-Adélaïde de Bourbon).

                        Morte en 1824.

2738. **BRUNSWICK-WOLFENBUTTEL** (Caroline-Amélie-Élisabeth de),

Reine de la Grande-Bretagne
(alors princesse de Galles).

                        Morte en 1821.

2739. **GUSTAVE IV** (Adolphe),

Roi de Suède.

2740. **TURGOT** (Anne-Robert-Jacques),

Contrôleur général des finances.

                        Mort en 1781.

2741. **GUICHEN** (Luc-Urbain du Bonexic, comte de)

Lieutenant général des armées navales.

                        Mort en 1790.

2742. **VERGENNES** (Charles Gravier, comte de)

                        Mort en 1787.

2743. **NOAILLES** (Louis, duc de),

Maréchal de France.

                        Mort en 1793.

2744. **GRIBEAUVAL** (Jean-Baptiste Vaquette-Frechecourt de),
Inspecteur général de l'artillerie.
Mort en 1789.

2745. **ANGIVILLIERS LA BILLARDERIE**
(Charles-Claude, comte de).
Mort en 1809

PALAIS DE VERSAILLES.

SCULPTURE.

STATUES, BUSTES ET BAS-RELIEFS.

PALAIS DE VERSAILLES.

TROISIÈME PARTIE.

SCULPTURE.

1. CLOVIS Ier, Roi de France.

Mort en 511.

Statue en pied. (St-Denis.)

Aile du Nord, rez-de-chaussée, galerie n. 17.

2. CLOTILDE (*sainte Clotilde*), Reine de France, femme de Clovis.

Morte en 548.

Statue en pied. (St-Denis.)

Aile du Nord, rez-de-chaussée, galerie n. 17.

3. DAGOBERT Ier, Roi de France.

Mort en 638.

Statue en pied par M. Duseigneur.

Aile du Nord, premier étage, galerie n. 90.

4. CLOVIS II, Roi de France.

Mort en 656.

Statue en pied. (St-Denis.)

Aile du Nord, rez-de-chaussée, galerie n. 17.

5. CHARLES MARTEL, maire du Palais.

Mort en 741.

Statue en pied, par M. Debay père.

Aile du Nord, premier étage, galerie n. 90.

6. CHARLES MARTEL.

Buste. (St-Denis.)

Aile du Nord, rez-de-chaussée, galerie n. 17.

7. **PEPIN**, dit *le Bref*, Roi de France.

Mort en 768.

Statue en pied. (St-Denis.)

Aile du Nord, rez-de-chaussée, galerie n. 17.

8. **BERTHE** ou **BERTRADE**, Reine de France, femme de Pépin-le-Bref.

Morte en 782.

Statue en pied. (St-Denis.)

Aile du Nord, rez-de-chaussée, galerie n. 17.

9. **CHARLEMAGNE** ou **CHARLES Ier**, dit *le Grand*, Roi de France, Empereur d'Occident.

Mort en 814.

Statue en pied par M. Nanteuil.

Aile du Nord, premier étage, n. 90.

10. **HERMENTRUDE**, Reine de France et Impératrice d'Occident, femme de Charles-le-Chauve.

Morte en 869.

Statue en pied. (St-Denis.)

Aile du Nord, rez-de-chaussée, galerie n. 17.

11. **LOUIS III**, Roi de France.

Mort en 882.

Statue en pied. (St-Denis.)

Aile du Nord, rez-de-chaussée, galerie n. 17.

12. **CARLOMAN**, roi de France.

Mort en 884.

Statue en pied. (St-Denis.)

Aile du Nord, rez-de-chaussée, galerie n. 17.

13. **EUDES** ou **ODON**, Roi de France.

Mort en 898.

Statue en pied. (St-Denis.)

Aile du Nord, rez-de-chaussée, galerie n. 17.

14. **LOTHAIRE**, Roi de France.

Mort en 986.

Statue en pied. (St-Denis.)

Aile du Nord, rez-de-chaussée, galerie n. 17.

15. HUGUES CAPET, Roi de France.

Mort en 996.

Statue en pied, par M. Raggi.

Aile du Nord, premier étage, galerie n. 90.

16. HUGUES CAPET, Roi de France.

Buste. (St-Denis.)

Aile du Nord, rez-de-chaussée, galerie n. 17.

17. ROBERT, dit *le Pieux*, Roi de France.

Mort en 1031.

Statue en pied. (St-Denis.)

Aile du Nord, rez-de-chaussée, galerie n. 17.

18. CONSTANCE D'ARLES, Reine de France, femme de Robert-le-Pieux.

Morte en 1132.

Statue en pied. (St-Denis.)

Aile du Nord, rez-de-chaussée, galerie n. 17.

19. HENRI Ier, Roi de France.

Mort en 1060.

Statue en pied. (St-Denis.)

Aile du Nord, rez-de-chaussée, galerie n. 17.

20. LOUIS VI, dit *le Gros*, Roi de France.

Mort en 1137.

Statue en pied. (St-Denis.)

Aile du Nord, rez-de-chaussée, galerie n. 17.

21. PHILIPPE DE FRANCE, fils aîné de Louis VI.

Mort en 1131.

Statue en pied. (St-Denis.)

Aile du Nord, premier étage, galerie n. 17.

22. LOUIS VII, dit *le Jeune*, roi de France.

Mort en 1180.

Statue en pied. (St-Denis.)

Aile du Nord, premier étage, galerie n. 17.

23. CONSTANCE DE CASTILLE, Reine de France, femme de Louis VII.

Morte en 1160.

Statue en pied. (St-Denis.)

Aile du Nord, rez-de-chaussée, galerie n. 17.

24. SUGER, abbé de Saint-Denis, conseiller et premier ministre des Rois Louis VI et Louis VII, régent du royaume en 1145, pendant la seconde croisade.

Mort en 1152.

Statue en pied, par M. Stouf.

Grande cour du palais.

25. SUGER, abbé de Saint-Denis.

Statue en pied, par M. Foyatier.

Aile du Nord, premier étage, galerie n. 90.

26. PHILIPPE II, surnommé *Auguste*, Roi de France.

Mort en 1223.

Statue en pied, par M. Jaley.

Aile du Nord, premier étage, galerie n. 90.

27. LOUIS VIII, dit *le Lion*, Roi de France.

Mort en 1226.

Buste, par M. Oudiné.

Aile du Nord, rez-de-chaussée, galerie n. 17.

28. BLANCHE DE CASTILLE, Reine de France, femme de Louis VIII.

Morte en 1252.

Statue en pied, par M. Etex.

Aile du Nord, premier étage, galerie n. 90.

29. BLANCHE DE CASTILLE, Reine de France.

Buste. (St-Denis.)

Aile du Nord, rez-de-chaussée, galerie n. 17.

SCULPTURE.

50. LOUIS IX (*saint Louis*), Roi de France.

Mort en 1270.

Statue en pied, par M. Seurre aîné.

Aile du Nord, premier étage, galerie n. 90.

51. LOUIS IX (*saint Louis*), Roi de France.

Statue en pied. (St-Denis.)

Aile du Nord, rez-de-chaussée, galerie n. 17.

52. LOUIS IX (*saint Louis*), Roi de France.

Buste, par M. Dusaigneur.

Aile du Nord, rez-de-chaussée, galerie n. 17.

53. MARGUERITE DE PROVENCE, Reine de France, femme de Louis IX.

Morte en 1295.

Statue en pied. (St-Denis.)

Aile du Nord, rez-de-chaussée, galerie n. 17.

54. MARGUERITE DE PROVENCE, Reine de France.

Buste, par M. Husson.

Aile du Nord, rez-de-chaussée, galerie n. 17.

55. CHARLES Ier, Roi de Sicile.

Mort en 1285.

Buste. (St-Denis.)

Corps du milieu, bibliothèque, n. 124.

56. JEAN (sire de Joinville et de Risnel), sénéchal de Champagne.

Mort en 1318.

Statue en pied, par M. Bra.

Aile du Nord, premier étage, galerie n. 70.

57. PHILIPPE III, dit *le Hardi*, Roi de France.

Mort en 1285.

Buste, par M. Husson.

Aile du Nord, rez-de-chaussée, galerie n. 17.

38. ISABELLE D'ARAGON, Reine de France, femme de Philippe III.

Morte en 1271.

Buste, par M. Barre fils.

Aile du Nord, rez-de-chaussée, galerie n. 17.

39. PIERRE, comte d'Alençon, etc., fils de Louis IX.

Mort en 1283.

Buste, par Matte.

Aile du Nord, rez-de-chaussée, salle n. 17.

40. ROBERT DE FRANCE, comte de Clermont, etc., chambrier de France, fils de Louis IX.

Mort en 1317.

Buste. (St-Denis.)

Aile du Nord, rez-de-chaussée, galerie n. 17.

41. BLANCHE DE FRANCE, infante de Castille, femme de Ferdinand de la Cerda.

Morte en 1320.

Buste. (St-Denis.)

Aile du Nord, rez-de-chaussée, galerie n. 17.

42. PHILIPPE IV, dit *le Bel*, Roi de France.

Mort en 1314.

Buste, par M. Brion.

Aile du Nord, rez-de-chaussée, galerie n. 17.

43. JEANNE, Reine de France et de Navarre, femme de Philippe-le-Bel.

Morte en 1304.

Buste. (St-Denis.)

Aile du Nord, rez-de-chaussée, galerie n. 17.

44. CHARLES DE FRANCE, comte de Valois, etc. pair de France.

Mort en 1325.

Buste. (St-Denis.)

Aile du Nord, rez-de-chaussée, galerie n. 17.

SCULPTURE.

45. LOUIS DE FRANCE, comte d'Evreux, etc., pair de France.

Mort en 1319.
Buste. (St-Denis.)

Aile du Nord, rez-de-chaussée, galerie n. 17.

46. LOUIS X, dit *le Hutin*, Roi de France.

Mort en 1316.
Buste, par M. Lescorné.

Aile du Nord, rez-de-chaussée, galerie n. 17.

47. CLÉMENCE DE HONGRIE, Reine de France, femme de Louis X.

Morte en 1328.
Buste. (St-Denis.)

Aile du Nord, rez-de-chaussée, galerie n. 17.

48. JEAN Ier, Roi de France.

Mort en 1316.
Buste. (St-Denis.)

Partie centrale, premier étage, salle n. 124.

49. PHILIPPE V, dit *le Long*, Roi de France.

Mort en 1322.
Buste, par M. Lanno.

Aile du Nord, rez-de-chaussée, galerie n. 17.

50. JEANNE DE BOURGOGNE, Reine de France, femme de Philippe V.

Morte en 1330.
Buste, par M. Mercier.

Aile du Nord, rez-de-chaussée, galerie n. 17.

51. JEANNE DE FRANCE, femme de Philippe III, Roi de Navarre.

Morte en 1349.
Buste. (St-Denis.)

Partie centrale, premier étage, bibliothèque, salle n. 17.

52. CHARLES IV, dit *le Bel*, Roi de France.

Mort en 1328.

Buste, par M. Gayrard père.

Aile du Nord, rez-de-chaussée, galerie n. 17.

53. JEANNE D'ÉVREUX, Reine de France, femme de Charles IV.

Morte en 1371.

Buste. (St-Denis).

Aile du Nord, rez-de-chaussée, galerie n. 17.

54. PHILIPPE VI, dit *de Valois*, Roi de France.

Mort en 1350.

Buste. (St-Denis.)

Aile du Nord, rez-de-chaussée, galerie n. 17.

55. BLANCHE DE NAVARRE, Reine de France, femme de Philippe VI.

Morte en 1398.

Buste. (St-Denis.)

Aile du Nord, rez-de-chaussée, galerie n. 17.

56. CHARLES DE VALOIS, IIe du nom, surnommé *le Magnanime*, comte d'Alençon, etc.

Mort en 1346.

Buste. (St-Denis.)

Aile du Nord, rez-de-chaussée, galerie n. 17.

57. CHANAC (Guillaume), évêque de Paris.

Mort en 1348.

Buste.

Aile du Nord, rez-de-chaussée, galerie n. 17.

58. JEAN II, dit *le Bon*, Roi de France.

Mort en 1364.

Statue couchée.

Aile du Nord, rez-de-chaussée, galerie n. 17.

59. JEAN II, dit *le Bon*, Roi de France.

Buste.

Aile du Nord, rez-de-chaussée, galerie n. 17.

SCULPTURE.

60. BONNE DE LUXEMBOURG, Reine de France, femme de Jean, dit *le Bon*.

Morte en 1349.

Buste. (St-Denis.)

Aile du Nord, rez-de-chaussée, galerie n. 17.

61. JEANNE, dite *Blanche de France*, fille de Philippe de Valois.

Morte en 1371.

Buste. (St-Denis.)

Partie centrale, premier étage, bibliothèque, galerie n. 124.

62. BEATRIX DE BOURBON, Reine de Bohême, femme de Jean de Luxembourg, Roi de Bohême.

Morte vers 1373 ou 1383.

Statue en pied. (St-Denis.)

Aile du Midi, premier étage, galerie n. 139.

63. CHARLES V, dit *le Sage*, Roi de France.

Mort en 1380.

Statue, par M. Valois.

Aile du Nord, premier étage, galerie n. 90.

64. CHARLES V, dit *le Sage*, Roi de France.

Buste moulé.

Aile du Nord, rez-de-chaussée, galerie n. 17.

65. JEANNE DE BOURBON, Reine de France, femme de Charles V.

Morte en 1377.

Buste, par M. Mercier.

Aile du Nord, rez-de-chaussée, galerie n. 17.

66. DUGUESCLIN (Bertrand), connétable de France.

Mort en 1380.

Statue en pied, par M. Bridan fils.

Grande cour du palais.

67. DUGUESCLIN (Bertrand), connétable de France.
Statue en pied, par Foucou.

Aile du Nord, premier étage, galerie n. 90.

68. DUGUESCLIN (Bertrand), connétable de France.
Buste. (St-Denis.)

Aile du Nord, rez-de-chaussée, n. 17.

69. SANCERRE (Louis de Champagne, comte de), connétable de France, etc.
Mort en 1402.
Buste. (St-Denis.)

Aile du Nord, rez-de-chaussée, galerie n. 17.

70. ORGEMONT (Pierre d'), chevalier, seigneur de Mery et de Chantilly.
Mort en 1389.
Statue à genoux.

Aile du Nord, deuxième étage, galerie n. 141.

71. BLANCHE DE FRANCE, duchesse d'Orléans, etc.
Morte en 1392.
Buste. (St-Denis.)

Aile du Nord, rez-de-chaussée, galerie n. 17.

72. BOURGOGNE (Marguerite de Flandre, duchesse de), comtesse de Flandres et d'Artois.
Morte en 1405.
Buste. (St-Denis.)

Aile du Nord, rez-de-chaussée, galerie n. 17.

73. ARTOIS (Jean d'), comte d'Eu, dit *Sans-Terre*.
Mort en 1396.
Statue.

Aile du Nord, rez-de-chaussée, galerie n. 17.

74. ARTOIS (Jean d'), comte d'Eu, dit *Sans-Terre*.
Buste.

Aile du Nord, rez-de-chaussée, galerie n. 17.

SCULPTURE.

75. MELUN (Isabelle de), comtesse d'Eu, etc., femme de Jean d'Artois.

Morte en 1389.
Buste.

Aile du Nord, rez-de-chaussée, galerie n. 17.

76. ARTOIS. (Charles d')

Mort en 1368.
Buste.

Partie centrale, premier étage, bibliothèque, galerie n. 124.

77. ARTOIS (Isabelle d')

Morte en 1379.
Buste.

Aile du Nord, rez-de-chaussée, galerie n. 17.

78. DORMANS (Jean de), chanoine de Paris, de Chartres et de Beauvais.

Mort en 1380.
Statue couchée.

Aile du Nord, rez-de-chaussée, galerie n. 17.

79. DORMANS (Regnault de), archidiacre de Châlons, chanoine de Paris, etc., maître des requêtes.

Mort en 1386.
Statue couchée.

Aile du Nord, rez-de-chaussée, galerie n. 17.

80. CHARLES VI, Roi de France.

Mort en 1422.
Buste.

Aile du Nord, rez-de-chaussée, galerie n. 17.

81. ISABEL ou **ISABEAU DE BAVIÈRE**, Reine de France, femme de Charles VI.

Morte en 1435.
Buste. (St-Denis.)

Aile du Nord, rez-de-chaussée, galerie n. 17.

82. **ORLÉANS** (Louis de France, duc d'), pair de France, comte de Valois, gouverneur du royaume, etc.

Mort en 1407.
Buste.

Aile du Nord, rez-de-chaussée, galerie n. 17.

83. **MILAN** (Valentine de), duchesse d'Orléans, femme de Louis de France, duc d'Orléans.

Morte en 1408.
Buste, par M. Mercier.

Aile du Nord, rez-de-chaussée, galerie n. 17.

84. **ORLÉANS** (Philippe d'), comte de Vertus.

Mort en 1421.
Buste. (St-Denis.)

Aile du Nord, rez-de-chaussée, galerie n. 17.

85. **RIVIÈRE** (Bureau de la), IIe du nom, seigneur de la Rivière, etc.

Mort en 1400.
Buste. (St-Denis.)

Aile du Nord, rez-de-chaussée, galerie n. 17.

86. **ARTOIS** (Philippe d'), comte d'Eu, connétable de France.

Mort en 1397.
Statue couchée.

Aile du Nord, rez-de-chaussée, galerie n. 17.

87. **ARTOIS** (Philippe d'), comte d'Eu, connétable de France.

Buste.

Aile du Nord, rez-de-chaussée, galerie n. 17.

88. **ARTOIS** (Philippe d'), fils du précédent.

Mort en 1397.
Buste.

Partie centrale, premier étage, bibliothèque, galerie n. 124.

SCULPTURE. 15

89. **BOURBON** (Marie de), abbesse du couvent de Saint-Louis de Poissy.

Morte en 1401.
Buste. (St-Denis.)

Aile du Nord, rez-de-chaussée, galerie n. 17.

90. **NAVARRE** (Pierre de), comte de Mortain ou de Mortagne.

Mort en 1412.
Statue couchée.

Aile du Nord, rez-de-chaussée, galerie n. 17.

91. **ALENÇON** (Catherine d'), duchesse de Bavière, Ingolstadt, comtesse de Mortain ou Mortagne, femme de Pierre de Navarre.

Morte en 1462.
Statue couchée

Aile du Nord, rez-de-chaussée, galerie n. 17.

92. **LUSIGNAN** (Léon III de) roi d'Arménie.

Mort en 1393.
Buste. (St-Denis.)

Aile du Nord, rez-de-chaussée, galerie n. 17.

93. **JEANNE D'ARC** (la Pucelle d'Orléans).

Morte en 1431.
Statue en pied.

Aile du Nord, premier étage, galerie n. 90.

94. **CHARLES VII**, Roi de France.

Mort en 1461.
Statue, par M. Seurre jeune.

Aile du Nord, premier étage, galerie n. 90.

95. **CHARLES VII**, Roi de France.

Buste. (St-Denis.)

Aile du Nord, rez-de-chaussée, galerie n. 17.

PALAIS DE VERSAILLES.

96. ANJOU (Marie d'), Reine de France, femme de Charles VII.

Morte en 1463.
Buste. (St-Denis.)

Aile du Nord, rez-de-chaussée, galerie n. 17.

97. ORLÉANS (Charles, duc d') et de Milan, etc.; pair de France, chevalier de la Toison-d'Or.

Mort en 1465.
Buste, par M. Deshœufs.

Aile du Nord, rez-de-chaussée, galerie n. 17.

98. ARTOIS (Charles d'), comte d'Eu, lieutenant général en Guyenne et en Normandie; gouverneur de Paris en 1465.

Mort en 1471.
Statue couchée.

Aile du Nord, rez-de-chaussée, galerie n. 17.

99. ARTOIS (Charles d'), comte d'Eu.

Buste.

Aile du Nord, rez-de-chaussée, galerie n. 17.

100. SAVEUSE (Jeanne de), comtesse d'Eu, première femme de Charles d'Artois.

Morte en 1449.
Buste, par M. Oudiné.

Aile du Nord, rez-de-chaussée, galerie n. 17.

101. MELUN (Hélène de), comtesse d'Eu, deuxième femme de Charles d'Artois.

Morte en 1472.
Buste.

Aile du Nord, rez-de-chaussée, galerie n. 17.

102. BOURGOGNE (Anne de), duchesse de Bedfort, femme de Jean de Lancastre, duc de Bedfort.

Morte en 1432.
Statue couchée.

Aile du Nord, rez-de-chaussée, galerie n. 17.

SCULPTURE.

103. URSINS (Jean-Juvenal ou Jouvenel des), chevalier, baron de Traynel, seigneur de la Chapelle-Gauthier, etc.

Mort en 1481.

Statue à genoux.

Aile du Nord, deuxième étage, salle n. 141.

104. VITRY (Michelle de), baronne de Traynel, femme de Jean Juvenal des Ursins.

Morte en 1456.

Statue à genoux.

Aile du Nord, deuxième étage, salle n. 141.

105. DUCHATEL (Guillaume), écuyer du Dauphin, etc.

Mort en 1441.

Buste. (St-Denis.)

Aile du Nord, rez-de-chaussée, galerie n. 17.

106. LOUIS XI, Roi de France.

Mort en 1483.

Statue par M. Jaley fils.

Aile du Nord, rez-de-chaussée, galerie n. 17.

107. LOUIS XI, Roi de France.

Statue à genoux.

Aile du Nord, premier étage, galerie n. 90.

108. CHARLES VIII, Roi de France.

Mort en 1498.

Statue en pied, par M. Debay fils.

Aile du Nord, premier étage, galerie n. 90.

109. COMINES (Philippe de la Clite de), seigneur d'Argenton et de Talmon, conseiller privé, chambellan de Louis XI, etc.

Mort en 1509.

Statue à genoux.

Aile du Nord, deuxième étage, pallier de l'escalier, n. 140 bis.

110. COMINES (Hélène de Chambes-Montsoreau), dame d'Argenton, etc., femme du précédent.

Morte en 1509.
Statue à genoux.

Aile du Nord, deuxième étage, pallier de l'escalier n. 140 bis.

111. BUREAU (Isabelle), dame de Beaumont, Angerville, etc., femme de Geoffroy Cœur.

Vivait encore en 1491.
Statue à genoux, par Philippe Buyster.

Aile du Nord, rez-de-chaussée, galerie n. 17.

112. LOUIS XII, dit *le Père du Peuple*, Roi de France.

Mort en 1515.
Statue en pied par Demugiano.

Aile du Midi, premier étage, galerie n. 139.

113. LOUIS XII, Roi de France.

Statue à genoux.

Aile du Nord, rez-de-chaussée, galerie n. 17.

114. ANNE DE BRETAGNE, Reine de France, femme de Louis XII.

Morte en 1513.
Statue à genoux.

Aile du Nord, rez-de-chaussée, galerie n. 17.

115. AMBOISE (Georges d'), Ier du nom, cardinal, premier ministre de Louis XII.

Mort en 1510.
Statue à genoux.

Aile du Nord, rez-de-chaussée, galerie n. 17.

116. GASTON DE FOIX, duc de Nemours, pair de France, chevalier de l'ordre du Roi, gouverneur du Dauphiné et du Milanais.

Mort en 1512.
Statue en pied par M. Émile Seurre (1836).

Aile du Midi, premier étage, galerie n. 39.

SCULPTURE.

117. GASTON DE FOIX, duc de Nemours.

Buste en marbre, par M. Dieudonné.

Aile du Nord, rez-de-chaussée.

118. ORLÉANS (Renée d'), comtesse de Dunois, de Tancarville, etc.

Morte en 1515.

Buste. (St-Denis.)

Partie centrale, premier étage, bibliothèque, n. 124.

119. VILLIERS DE L'ISLE-ADAM (Philippe de), grand-maître de l'ordre de Saint-Jean de Jérusalem.

Mort en 1534.

Statue à genoux.

Aile du Nord, rez-de-chaussée, galerie n. 17.

120. MONTMORENCY (Guillaume de), conseiller et chambellan des Rois Charles VIII, Louis XII et François Ier, etc.

Mort en 1531.

Statue à genoux.

Aile du Nord, rez-de-chaussée, n. 17.

121. PONCHER (Louis), seigneur de Mancy, etc., secrétaire du Roi, trésorier de France, etc.

Mort en 1521.

Statue couchée.

Aile du Nord, rez-de-chaussée, galerie n. 17.

122. LE GENDRE (Roberte ou Robine), femme de Louis Poncher.

Morte en 1522.

Statue couchée.

Aile du Nord, rez-de-chaussée, galerie n. 17.

123. RAPHAEL (Raffaello Santi ou Sanzio), peintre de l'école romaine.

Mort en 1520.
Buste.

Aile du Midi, premier étage, galerie n. 139.

124. FRANÇOIS Ier, Roi de France.

Mort en 1547.
Statue en pied.

Aile du Nord, rez-de-chaussée, galerie n. 17.

125. FRANÇOIS Ier, Roi de France.

Statue en pied, par M. Dumont fils.

Aile du Nord, premier étage, galerie n. 90.

126. FRANÇOIS Ier, roi de France.

Statue à genoux. (St-Denis.)

Aile du Midi, premier étage, galerie n. 139.

127. FRANÇOIS Ier, roi de France.

Buste.

Escalier du Nord, rez-de-chaussée, galerie n. 16.

128. FRANCE (Claude de), Reine de France, femme de François Ier.

Morte en 1524.
Statue à genoux. (St-Denis.)

Aile du Nord, rez-de-chaussée, galerie n. 17.

129. FRANÇOIS DE FRANCE, dauphin de Viennois, couronné duc de Bretagne à Rennes, le 14 août 1532.

Mort en 1538.
Statue à genoux. (St-Denis.)

Aile du Nord, rez-de-chaussée, galerie n. 17.

130. CHARLES DE FRANCE, duc d'Orléans, etc.

Mort en 1545.
Statue à genoux. (St-Denis.)

Aile du Nord, rez-de-chaussée, galerie n. 17.

SCULPTURE.

131. CHARLOTTE DE FRANCE, fille de François Ier.

Morte en 1524.

Statue à genoux. (St-Denis.)

Aile du Nord, rez-de-chaussée, galerie n. 17.

132. BOURBON (Marie de).

Morte en 1538.

Statue à genoux. (St-Denis.)

Aile du Nord, rez-de-chaussée, galerie n. 17.

133. BAYARD (Pierre du Terrail, chevalier).

Mort en 1524.

Statue en pied, par Moutoni.

Cour d'Honneur.

134. BAYARD (le Chevalier).

Statue en pied, par Bridan père.

Aile du Midi, premier étage, galerie n. 139.

135. BAYARD (le Chevalier).

Buste en plâtre.

Escalier du Nord, rez-de-chaussée, salle n. 16.

136. CHABOT (Philippe de), amiral de France, etc.

Mort en 1543.

Buste, par M. Biou.

Aile du Midi, premier étage, galerie n. 139.

137. FROELICH (Guillaume), colonel-général des Suisses.

Mort en 1562.

Buste.

Aile du Midi, premier étage, galerie n. 139.

138. MONTHOLON (François de), seigneur du Vi-

vier, d'Aubervilliers, chancelier et garde-des-sceaux de France.

Mort en 1543.
Buste.

Aile du Midi, premier étage, galerie n. 139.

139 AMBOISE (Georges d'), IIe du nom, cardinal et archevêque de Rouen, seigneur de Bussy et de Saxe-Fontaine.

Mort en 1550.
Statue à genoux.

Aile du Nord, rez-de-chaussée, galerie n. 17.

140. JOUY (Jean d'Escoubleau, sire de), gentilhomme de la chambre du Roi.

Mort en 1569.
Statue à genoux.

Aile du Nord, rez-de-chaussée, galerie n. 17.

141. BRIVES (Antoinette de), dame de Jouy, etc.

Morte en 1528.
Statue à genoux.

Aile du Nord, rez-de-chaussée, galerie n. 17.

142. CHARLES-QUINT, Empereur d'Allemagne, Roi d'Espagne.

Mort en 1558.
Buste.

Aile du Nord, rez-de-chaussée, galerie n. 17.

143. RABELAIS (François).

Mort en 1553.
Buste, par M. Gatteaux.

Aile du Midi, premier étage, galerie n. 139.

144. HENRI II, Roi de France.

Mort en 1559.
Statue à genoux.

Aile du Nord, premier étage, galerie n. 90.

SCULPTURE.

145. HENRI II, Roi de France.
Buste. (St-Denis.)
Aile du Nord, premier étage, galerie n. 90.

146. MÉDICIS (Catherine de), Reine de France.
Morte en 1589.
Statue à genoux. (St-Denis.)
Aile du Nord, rez-de-chaussée, galerie n. 17.

147. BIRAGUE (René de), chancelier de France, cardinal, évêque de Lavaur, etc.
Mort en 1583.
Statue à genoux.
Aile du Nord, rez-de-chaussée, galerie n. 17.

148. BALBIANO (Valentine), femme de René de Birague.
Morte en 1582.
Statue à genoux, par Germain Pilon.
Aile du Nord, rez-de-chaussée, galerie n. 17.

149. MONTMORENCY (Anne, duc de), connétable de France.
Mort en 1567.
Statue couchée, par Prieur.
Aile du Nord, rez-de-chaussée, galerie n. 17.

150. SAVOIE (Madeleine de), duchesse de Montmorency.
Morte en 1586.
Statue couchée, par Prieur.
Aile du Nord, rez-de-chaussée, galerie n. 17.

151. L'HOPITAL (Michel de), chancelier de France.
Mort en 1573.
Statue en pied.
Partie centrale, vestibule Louis XIII, galerie n. 28.

152. L'HOPITAL (Michel de), chancelier de France.

Statue à genoux.

Aile du Midi, premier étage, galerie n. 139.

153. L'HOPITAL (Michel de), chancelier de France.

Buste, par Gois père.

Aile du Nord, premier étage, galerie n. 90.

154. COLIGNY (Gaspard de), IIe du nom, amiral de France.

Mort en 1572.
Buste.

Escalier du Nord, rez-de-chaussée, salle n. 16.

155. COLIGNY (Gaspard de), IIe du nom, amiral de France.

Buste.

Aile du Midi, premier étage, galerie n. 159.

156. MEIGNÉ (Charles), capitaine des gardes de la porte de François II et de Henri II.

Mort en 1577.
Buste.

Aile du Midi, premier étage, galerie n. 139.

157. CHARLES IX, Roi de France.

Mort en 1574.
Buste.

Aile du Nord, premier étage, galerie n. 90.

158. THOU (Christophe de), premier président au parlement de Paris, prévôt des marchands de la ville de Paris, etc.

Mort en 1582.
Buste.

Aile du Nord, premier étage, galerie n. 90.

159. GOUJON (Jean), sculpteur.

Mort en 1572.

Buste, par Francin.

Partie centrale, rez-de-chaussée, vestibule des Amiraux, salle n. 39.

160. LESCOT (Pierre), sculpteur.

Mort en 1571.

Buste, par Mlle Charpentier.

Aile du Nord, premier étage.

161. LESCOT (Pierre).

Buste, par M. Dantan jeune.

Partie centrale, rez-de-chaussée, vestibule des Amiraux, salle n. 39.

162. HENRI III, Roi de France.

Mort en 1589.

Buste, par Germain Pilon.

Aile du Nord, premier étage, galerie n. 90.

163. CONDÉ (Charlotte-Catherine de la Trémouille, princesse de), femme de Henri de Bourbon, Ier du nom, prince de Condé.

Morte en 1629.

Statue à genoux.

Aile du Midi, premier étage, galerie n. 139.

164. GUISE (Henri de Lorraine, Ier du nom, duc de), surnommé *le Balafré*, général des armées du Roi.

Mort en 1588.

Statue à genoux.

Aile du Midi, premier étage, galerie n. 139.

165. GUISE (Henri de Lorraine, duc de), surnommé *le Balafré.*

Mort en 1588.

Buste.

Aile du Nord, premier étage, galerie n. 90.

2

166. CLÈVES (Catherine de), duchesse de Guise, etc.

Morte en 1633.
Statue à genoux.

Aile du Midi, premier étage, galerie n. 139.

167. CLÈVES (Catherine de), duchesse de Guise, etc.

Buste.

Aile du Nord, premier étage, galerie n. 90.

168. JOYEUSE (Catherine de Nogaret de la Valette, duchesse de), comtesse du Bouchage, femme de Henri, duc de Joyeuse, comte du Bouchage.

Morte en 1587.
Statue à genoux.

Aile du Midi, premier étage, galerie n. 139.

169. MONTHOLON (François de), IIe du nom, seigneur d'Aubervilliers, garde-des-sceaux de France.

Mort en 1590.
Buste.

Aile du Midi, premier étage, galerie n. 139.

170. SCHOMBERG (Gaspard de), intendant des finances, conseiller d'état,

Mort en 1599.
Statue à genoux.

Aile du Nord, premier étage, galerie n. 90.

171. ELBENNE (Thomas d'), sécrétaire du Roi.

Mort en 1593.
Buste.

Aile du Midi, premier étage, galerie n. 139.

172. GONDI (Jean-Baptiste de), maître de l'hôtel de la Reine Catherine de Médicis.

Mort en 1580.
Buste.

Aile du Midi, premier étage, galerie n. 139.

SCULPTURE.

175. MONTAIGNE (Michel, seigneur de), conseiller au parlement de Bordeaux, chevalier de l'ordre de St-Michel, etc.

Mort en 1592.

Buste, par Descine.

Aile du Midi, premier étage, galerie n. 139.

174. MONTAIGNE (Michel, seigneur de).

Buste, par M. Bridan fils.

Aile du Nord, premier étage, galerie n. 90.

175. HENRI IV, dit *le Grand*, roi de France et de Navarre.

Mort en 1610.

Statue en pied.

Aile du Midi, premier étage, galerie 139.

176. HENRI IV, dit *le Grand*, Roi de France et de Navarre.

Statue en pied, par M. Raggi.

Partie centrale, rez-de-chaussée, vestibule du Roi, salle n. 18.

177. HENRI IV, dit *le Grand*, roi de France et de Navarre.

Buste, par Prieur.

Aile du Nord, premier étage, galerie n. 90.

178. SULLY (Maximilien de Béthune, Ier du nom, duc de), grand maître de l'artillerie, premier ministre de Henri IV, maréchal de France, etc.

Mort en 1641.

Statue en pied, par Mouchy.

Aile du Midi, premier étage, galerie n. 139.

179. SULLY (Maximilien de Béthune, Ier du nom, duc de).

Statue en pied, par M. Espercieux.

Grande cour du Palais.

180. SULLY (Maximilien de Béthune, Ier du nom, duc de).

Buste, par Mouchy.

Aile du Nord, premier étage, galerie n. 90.

181. DIANE, duchesse d'Angoulême.

Morte en 1619.

Buste. (Saint-Denis.)

Aile du Nord, premier étage, galerie n. 17.

182. BELLIÈVRE (Pomponne de), chancelier de France.

Mort en 1607.

Buste, par Prieur.

Aile du Midi, premier étage, galerie n. 90.

183. ORMESSON (Olivier Lefèvre, seigneur d'), contrôleur général des finances, président à la chambre des comptes.

Mort en 1600.

Buste, par Paul Ponce.

Aile du Midi, premier étage, galerie n. 139.

184. RETZ (Albert de Gondi, duc de), pair et maréchal de France.

Mort en 1602.

Statue à genoux, par Prieur.

Aile du Midi, premier étage, galerie n. 139.

185. RETZ (Claude-Catherine de Clermont de Vivonne, duchesse de), dame d'honneur de Catherine de Médicis.

Morte en 1604.

Statue à genoux, par Prieur.

Aile du Midi, premier étage, galerie n. 139.

186. VIC (Dominique de, dit *le capitaine Sarred*), vice-amiral de France.

Mort en 1610.

Buste.

Aile du Midi, premier étage, galerie n. 139.

187. **BRULART** (Nicolas), marquis de Sillery, chancelier de France.

Mort en 1624.
Buste.

Aile du Midi, premier étage, galerie n. 139.

188. **HARLAY** (Achille de), premier président au parlement de Paris, etc.

Mort en 1616.
Buste.

Aile du Nord, premier étage, galerie n. 90.

189. **THOU** (Jacques-Auguste de), conseiller d'état.

Mort en 1617.
Statue à genoux par François Auguier.

Aile du Midi, premier étage, galerie n. 139.

190. **THOU** (Marie de Barbançon), dame de Cany et de), première femme d'Auguste de Thou.

Morte en 1601.
Statue à genoux par François Auguier.

Aile du Midi, premier étage, galerie n. 139.

191. **THOU** (Gasparde de la Châtre, baronne de Meslay, dame de), deuxième femme d'Auguste de Thou.

Vivait encore en 1616.
Statue à genoux par François Auguier.

Aile du Midi, premier étage, galerie n. 139.

192. **VAIR** (Guillaume du), chancelier de France.

Mort en 1621.
Buste.

Aile du Midi, premier étage, galerie n. 139.

193. **BAILLY** (Charles).

Mort en 1627.
Buste.

Aile du Midi, premier étage, galerie n. 139.

194. PHELIPPEAUX (Raimond), ministre secrétaire d'état.

Mort en 1629.
Statue à genoux.

Aile du Nord, premier étage, galerie n. 90.

195. RETZ (Pierre de Gondi, cardinal de), duc et pair de France, etc.

Mort en 1616.
Statue à genoux.

Aile du Midi, premier étage, galerie n. 139.

196. HURAULT (Michel de l'Hôpital), seigneur de Belesbat, etc.

Mort en 1592.
Buste.

Aile du Midi, premier étage, galerie n. 139.

197. BARBEZIÈRE (Médéric ou Méri de); grand maréchal-des-logis de la maison du Roi et chevalier de ses ordres, etc.

Mort en 1609.
Buste.

Aile du Midi, premier étage, galerie n. 139.

198. AUBESPINE (Claude de l'), femme du précédent.

Morte en 1613.
Statue à genoux.

Aile du Midi, premier étage, galerie n. 139.

199. FRÉMINET (Martin), premier peintre de Henri IV.

Mort en 1619.
Buste par Francheville.

Aile du Nord, premier étage, galerie n. 90.

200. MONTHOLON (Jacques de), avocat au parlement de Paris.

Mort en 1621.
Buste.

Aile du Midi, premier étage, galerie n. 139.

201. MARILLAC (Louis de), comte de Beaumont-le-Roger, maréchal de France.

Mort en 1632.

Médaillon.

Aile du Midi, premier étage, galerie n. 139.

202. LOUIS XIII, Roi de France.

Mort en 1643.

Statue à genoux, par **Coyzevox**.

Chapelle.

203. LOUIS XIII, Roi de France.

Statue, par **Guillain**.

Partie centrale, rez-de-chaussée, galerie de Louis XIII, n. 50.

204. LOUIS XIII, Roi de France.

Buste, par **Warin**.

Aile du Nord, premier étage galerie n. 90.

205. ANNE D'AUTRICHE, infante d'Espagne, Reine de France, femme de Louis XIII.

Morte en 1666.

Statue, par **Guillain**.

Partie centrale, rez-de-chaussée, galerie de Louis XIII, n. 50.

206. GASTON DE FRANCE (Jean-Baptiste), Monsieur, duc d'Orléans.

Mort en 1660.

Statue en pied, par M. **Pradier**.

Aile du Midi, rez-de-chaussée, escalier des Princes, n. 59.

207. GASTON DE FRANCE (Monsieur), duc d'Orléans, etc.

Buste. (Saint-Denis.)

Partie centrale, premier étage, bibliothèque, galerie, n. 124.

208. RICHELIEU (Armand-Jean du Plessis, cardinal, duc de), premier ministre de Louis XIII.

Mort en 1642.

Statue en pied, par M. **Duret**.

Aile du Midi, premier étage, galerie n. 139.

209. RICHELIEU (Armand-Jean du Plessis, cardinal, duc de).

Statue en pied, par M. Ramey père.

Grande cour du Palais.

210. RICHELIEU (Armand-Jean du Plessis, cardinal, duc de).

Buste, par Coyzevox.

Aile du Nord, premier étage, galerie n. 90.

211. VITRY (Nicolas de l'Hôpital, duc de), maréchal de France, etc.

Mort en 1644.

Statue à genoux.

Aile du Nord, premier étage n. 90.

212. VITRY (Lucrèce-Marie Bouhier de Beaumarchais, duchesse de).

Morte en 1666.

Statue à genoux.

Aile du Nord, premier étage, galerie, n. 90.

213. MONTMORENCY (Henri, IIe du nom, duc de), amiral et maréchal de France, etc.

Mort en 1632.

Statue demi-couchée.

Aile du Nord, premier étage, galerie n. 90.

214. MONTMORENCY (Marie-Félice des Ursins, duchesse de).

Morte en 1666.

Statue assise.

Aile du Nord, premier étage, galerie n. 90.

215. PORTE (Amador de la), grand-prieur de France.

Mort en 1640.

Statue à genoux, par Michel Boudin.

Aile du Nord, premier étage, galerie n. 90.

SCULPTURE.

216. CHABOT (Henri), duc de Rohan, prince de Léon, pair de France, etc.

Mort en 1655.

Statue demi-couchée, par Michel Auguier.

Aile du Nord, premier étage, galerie n. 90.

217 BELLIÈVRE (Nicolas de), président à mortier au parlement de Paris, etc.

Mort en 1650.

Buste.

Aile du Midi, premier étage, galerie n. 139.

218. GUSTAVE ADOLPHE (Gustave II), Roi de Suède.

Mort en 1632.

Buste, par M. Gois fils.

Aile du Nord, premier étage, galerie, n. 90.

219. PEYRESC (Nicolas-Claude Fabri, seigneur de), conseiller au parlement de Provence, etc.

Mort en 1637.

Buste, par Francin fils.

Aile du Nord, premier étage, galerie, n. 90.

220. BÉRULLE (Pierre de), cardinal,

Mort en 1629.

Buste.

Aile du Nord, premier étage, galerie, n. 90.

221. ROCHEFOUCAULT (François de la), cardinal, etc.

Mort en 1645.

Buste,

Aile du Nord, premier étage, galerie, n. 90.

222. ROTROU (Jean de), poète.

Mort en 1650.

Buste, par M. Maindron.

Partie centrale, rez-de-chaussée, vestibule de l'escalier de marbre, galerie n. 35.

2*

223. DESCARTES (René), seigneur du Perron, philosophe et mathématicien.

Mort en 1650.

Statue en pied, par Pajou.

Partie centrale, rez-de-chaussée, vestibule de l'escalier de marbre, galerie n. 37.

224. DESCARTES (René), etc.

Buste.

Aile du Nord, premier étage, galerie n. 90.

225. VOUET (Simon), premier peintre de Louis XIII.

Mort en 1641.

Buste, par M. Fessard.

Aile du Nord, premier étage, galerie n. 90.

226. LESUEUR (Eustache), peintre, de l'académie royale de peinture et de sculpture.

Mort en 1655.

Buste, par Roland.

Partie centrale, rez-de-chaussée, vestibule de l'escalier des marbre, galerie n. 37.

227. POUSSIN (Nicolas), premier peintre de Louis XIII, etc.

Mort en 1665.

Statue en pied, par M. Dumont fils.

Partie centrale, rez-de-chaussée, vestibule de l'escalier do marbre, galerie n. 37.

228. POUSSIN (Nicolas), premier peintre de Louis XIII, etc.

Buste, par Blaise.

Partie centrale, rez-de-chaussée, vestibule de l'escalier du marbre, galerie n. 37.

229 PETAU (Denis), jésuite.

Mort en 1652.

Buste.

Partie centrale, rez-de-chaussée, vestibule de l'escalier du marbre, salle n. 39.

250. HARCOURT (Henri de Lorraine, comte d'), d'Armagnac, etc., dit *Cadet la Perle*, grand écuyer de France.

Mort en 1666.
Buste.

Aile du Midi, premier étage, galerie n. 139.

251. HARCOURT (Henri de Lorraine, comte d'), etc.

Médaillon.

Aile du Nord, premier étage, galerie n. 90.

252. VALOIS (Charles, bâtard de), duc d'Angoulême, comte d'Auvergne, etc.

Mort en 1650.
Buste. (Saint-Denis.)

Aile du Midi, premier étage, galerie n. 139.

253. TRESMES (René Potier, comte, puis duc de), pair de France.

Mort en 1670.
Statue à genoux, par Anguier.

Aile du Nord, premier étage, galerie n. 90.

254. TRESMES (Marguerite de Luxembourg, duchesse de).

Morte en 1645.
Statue à genoux.

Aile du Nord, premier étage, galerie n. 90.

255. GESVRES (Louis Potier, marquis de), maréchal des camps et armées du Roi, gouverneur de Touraine.

Mort en 1643.
Statue à genoux.

Aile du Nord, premier étage, galerie n. 90.

256. VIEUVILLE (Charles, Ier du nom, duc de la), pair de France, surintendant des finances, etc.

Mort en 1653.
Statue à genoux, par Gilles Guérin.

Aile du Midi, premier étage, galerie n. 139.

237. VIEUVILLE (Marie Bouhier de Beaumarchais, duchesse de la).

Morte en 1663.

Statue à genoux, par Lespingole.

Aile du Midi, premier étage, galerie n. 139.

238. BARENTIN (Honoré), seigneur de Charonne-lez-Paris.

Mort en 1639.
Buste.

Aile du Midi, premier étage, galerie n. 139.

239. FIEUBET (Gaspard de), IIe du nom, seigneur du Coudray, trésorier de l'épargne.

Mort en 1647.
Buste.

Aile du Midi, premier étage, galerie n. 139.

240. BRIÇONNET (Thomas), seigneur de Tournelles, conseiller à la cour des aides de Paris.

Mort en 1658.
Buste.

Aile du Nord, premier étage, galerie n. 90.

241. BRIÇONNET (François), seigneur de Glatigny, conseiller à la cour des aides.

Mort en 1673.
Buste.

Aile du Nord, premier étage, galerie n. 90.

242. PASCAL (Blaise), géomètre.

Mort en 1662.
Buste.

Aile du Nord, premier étage, galerie n. 90.

243. LOUIS XIV, Roi de France.

Mort en 1715.

Statue équestre, par Cartellier et M. Petitot fils, fondue par M. Crozatier.

Grande cour du Palais.

SCULPTURE.

244. LOUIS XIV, jeune, Roi de France.
Statue en pied, par Guillain.

Partie centrale, rez-de-chaussée, vestibule de l'escalier de marbre, salle n. 39.

245. LOUIS XIV, Roi de France.
Statue en pied.

246. LOUIS XIV, Roi de France.
Statue en pied, par M. Lemaire.

Aile du Midi, premier étage, galerie n. 139.

247. LOUIS XIV, Roi de France.
Statue à genoux, par Coyzevox.

Chapelle.

248. LOUIS XIV, Roi de France.
Statue équestre.

Partie centrale, premier étage, Œil-de-Bœuf, salle n. 114.

249. LOUIS XIV, roi de France.
Statue, par M^{el}. Auguier.

Escalier des Princes.

250. LOUIS XIV, roi de France et de Navarre.
Statue équestre.

Partie centrale, premier étage, chambre de Louis XV, salle n. 117.

251. LOUIS XIV, Roi de France.
Statue équestre, par Desjardins.

Partie centrale, premier étage, salle, n. 121.

252. LOUIS XIV, Roi de France.
Buste.

Partie centrale, rez-de-chaussée, vestibule de l'escalier de de marbre, salle n. 34.

253. LOUIS XIV, Roi de France.
Buste.

Partie centrale, premier étage, vestibule de l'escalier de marbre, n. 106.

254. **LOUIS XIV**, Roi de France.

             Buste.

255. **LOUIS XIV**, Roi de France.

             Buste.

256. **LOUIS XIV**, roi de France.

         Buste, par le cavalier Bernin.
 Partie centrale, premier étage, salle n.

257. **LOUIS XIV**, roi de France.

             Buste.
 Partie centrale, premier étage, cabinet du roi, n. 116.

258. **LOUIS XIV**, roi de France.

             Buste.
 Partie centrale, premier étage, salon de Mars, n. 95.

259. **LOUIS XIV**, Roi de France.

           Buste en bronze.
 Partie centrale, premier étage, chambre du lit de Louis XIV, salle n. 115.

260. **MARIE - THÉRÈSE D'AUTRICHE**, reine de France.

            Morte en 1683.
        Buste, par M. Desbœufs.
 Partie centrale, premier étage, salon de Mars, n. 95.

261. **PHILIPPE DE FRANCE** (Monsieur), duc d'Orléans.

            Mort en 1701.
       Statue en pied, par M. Duret.
 Aile du Midi, rez-de-chaussée, vestibule de l'escalier des Princes, n. 59.

262. **PHILIPPE DE FRANCE** (Monsieur), duc d'Orléans.

        Buste, par M. Dantan jeune.
 Partie centrale, premier étage, salon de Mars, n. 95.

263. **CONDÉ** (Louis de Bourbon, II⁰ du nom, prince de) (*le Grand Condé*).

Statue, par M. David.

Grande cour du palais.

264. **CONDÉ** (Louis de Bourbon, II⁰ du nom, prince de) (*le Grand Condé*), etc.

Mort en 1686.
Statue, par Roland.

Aile du Midi, premier étage, n. 139.

265. **CONDÉ** (Louis de Bourbon, II⁰ du nom, prince de).

Buste, par M. Grevenich.

Partie centrale, premier étage, salon de Mars, n. 95.

266. **CONDÉ** (Louis de Bourbon, II⁰ du nom, prince de).

Buste.

Aile du Nord, premier étage, galerie n. 90.

267. **TURENNE** (Henri de la Tour-d'Auvergne, vicomte de), maréchal général des camps et armées du Roi.

Mort en 1675.
Statue, en pied par Pajou.

Aile du Midi, premier étage, galerie n. 139.

268. **TURENNE** (Henri de la Tour-d'Auvergne, vicomte de).

Statue en pied, par M. Gois fils.

Grande cour du palais.

269. **TURENNE** (Henri de la Tour-d'Auvergne, vicomte de).

Buste, par M. Flatters.

Partie centrale, premier étage, salon de Mars, n. 95.

270. **TURENNE** (Henri de la Tour-d'Auvergne, vicomte de).

Buste.

Aile du Nord, premier étage, galerie n. 90.

271. SOUVRÉ COURTENVAUX (Jacques de), grand prieur de France, lieutenant général.

Mort en 1670.
Statue demi-couchée.

Aile du Nord, premier étage, galerie n. 90.

272. CRÉQUY (Charles, duc de), prince de Poix, ambassadeur à Rome, etc.

Mort en 1687.
Buste.

Aile du Nord, premier étage, galerie n. 90.

273. CRÉQUY (François de Blanquefort, marquis de), et de Marines, maréchal de France, etc.

Mort en 1687.
Buste.

Aile du Nord, premier étage, galerie n. 90.

274. MAZARIN (Jules), cardinal.

Mort en 1601.
Statue à genoux, par Coyzevox.

Aile du Nord, premier étage, galerie n. 90.

275. MAZARIN (Jules), cardinal.

Buste, par M. Flatters.

Aile du Midi, premier étage, galerie n. 139.

276. MAZARIN (Jules), cardinal.

Buste, par Coyzevox.

277. SÉGUIER (Pierre), chancelier de France, etc.

Mort en 1672.
Buste, par M. Ramus.

Aile du Midi, premier étage, galerie n. 139.

278. LE TELLIER (Michel), IIIᵉ du nom, chancelier et garde-des-sceaux de France, etc.

Mort en 1685.
Statue couchée.

Aile du Nord, premier étage, galerie n. 90.

SCULPTURE.

279. LE TELLIER (Michel), IIIe du nom, marquis de Barbezieux, seigneur de Louvois, etc.

Buste, par Coyzevox.

280. COLBERT (Jean-Baptiste), ministre et secrétaire d'état, surintendant des bâtimens, arts et manufactures en France, etc.

Mort en 1683.

Statue en pied, par Milhomme.

Grande cour du palais.

281. COLBERT (Jean-Baptiste).

Statue à genoux, par Coyzevox.

Aile du Midi, premier étage, galerie n. 139.

282. COLBERT (Jean-Baptiste).

Buste, par M. Lange.

Aile du Midi, premier étage, galerie n. 139.

283. COLBERT (Jean-Baptiste).

Buste, par Coyzevox.

Partie centrale, rez-de-chaussée, vestibule de l'escalier de marbre, n. 36.

284. LOUVOIS (François-Michel le Tellier, marquis de), ministre et secrétaire d'état, surintendant des bâtimens, arts et manufactures de France.

Mort en 1691.

Buste.

285. LAMOIGNON (Guillaume de), premier président au parlement de Paris, etc.

Mort en 1677.

Buste.

Aile du Midi, premier étage, galerie n. 139.

286. LAMOIGNON (Guillaume de).

Buste, par Auguier.

Aile du Midi, premier étage, galerie n. 139.

287. COLBERT (Édouard), marquis de Villacerf, surintendant des bâtimens de la couronne, etc.

Mort en 1699.

Buste, par Desjardins.

Aile du Midi, premier étage, galerie n. 139.

288. AUBRAY (Antoine d'), chevalier, comte d'Offermont, conseiller d'état, maître des requêtes et lieutenant civil au Châtelet de Paris.

Mort en 1670.

Médaillon, par Anguier.

Aile du Nord, premier étage, galerie n. 90.

289. LOUIS DE FRANCE (*le Grand Dauphin*).

Mort en 1711.

Buste, par M. Desprez.

Aile du Midi, rez-de-chaussée, vestibule de l'escalier des Princes, n. 59.

290. LOUIS DE FRANCE (*le Grand Dauphin*).

Buste.

Partie centrale, premier étage, salon de Mars, n. 95.

291. ARGOUGES (François d'), premier président au parlement de Bretagne, etc.

Mort en 1691.

Médaillon, par Coyzevox.

Aile du Nord, premier étage, galerie n. 90.

292. MOLIÈRE (Jean-Baptiste Poquelin), poète.

Mort en 1673.

Statue en pied, par M. Duret.

Partie centrale, rez-de-chaussée, vestibule de l'escalier de marbre, salle n. 37.

293. MOLIÈRE (Jean-Baptiste Poquelin), poète.

Buste par M. Lequien.

Partie centrale, rez-de-chaussée, vestibule de l'escalier de marbre, salle n. 35.

SCULPTURE. 43

294. MOLIÈRE (Jean-Baptiste Poquelin), poète.
Buste, par Houdon

295. CORNEILLE (Pierre), poète, de l'académie française.
Mort en 1684.
Statue en pied, par M. Laitié.
Partie centrale, rez-de-chaussée, vestibule de l'escalier de marbre, salle n. 37.

296. CORNEILLE (Pierre), poète, etc.
Buste, par Matte.
Partie centrale, rez-de-chaussée, vestibule de l'escalier de marbre, salle n. 35.

297. CORNEILLE (Thomas), poète, de l'académie française.
Mort en 1709.
Buste par M. Chenillon.
Partie centrale, rez-de-chaussée, vestibule de l'escalier de marbre, salle n. 36.

298. TILLEMONT (Sébastien Le Nain de), historien.
Mort en 1698.
Buste.

299. PERRAULT (Claude), médecin et architecte.
Mort en 1688.
Buste, par M. Thérasse.
Partie centrale, rez-de-chaussée, vestibule de l'escalier de marbre, salle, n. 37.

300. CUREAU DE LA CHAMBRE (Marin), médecin ordinaire de Louis XIV.
Mort en 1669.
Médaillon, par le Bernin.
Aile du Nord, premier étage, galerie n. 90.

301. QUINAULT (Philippe), poète.
Mort en 1688.
Buste.
Aile du Nord, premier étage, salle n. 35.

302. DUMOLINET (Claude), bibliothécaire de l'abbaye Sainte-Geneviève.

Mort en 1687.
Buste.

303. LULLI (Jean-Baptiste), musicien.

Mort en 1687.
Buste.

304. RUYTER (Michel-Adrienz de), amiral-général de Hollande.

Mort en 1676.
Buste, par Roland.

Aile du Midi, premier étage, galerie n. 139.

305. GELÉE (Claude), dit *Claude Lorrain*, peintre.

Mort en 1682.
Buste, par Masson.

Partie centrale, rez-de-chaussée, vestibule de l'escalier de marbre, salle n. 37.

306. BERNINI (le cavalier J. Laurent), dit *le Bernin*, peintre, sculpteur et architecte.

Mort en 1680.
Buste.

Partie centrale, rez-de-chaussée, vestibule de l'escalier de marbre, n. 34.

307. LESRAT (Guillaume), chevalier, seigneur de Lancran), président au parlement de Paris.

Mort en 1673.
Buste.

Aile du Nord, premier étage, galerie n. 90.

308. LE JAY (Charles), baron de Tilly.

Mort en 1671.
Buste.

Aile du Nord, premier étage, galerie n. 60.

309. **DUQUESNE** (Abraham), marquis, lieutenant-général des armées navales de France.

Mort en 1688.

Statue en pied, par Monnot.

Aile du Midi, premier étage, galerie n. 139.

310. **DU QUESNE** (Abraham), marquis.

Statue en pied, par Roguier.

Grande cour du palais.

311. **LUXEMBOURG** (François-Henri de Montmorency), duc, maréchal de France.

Mort en 1695.

Statue en pied, par Mouchy.

Aile du Midi, premier étage, galerie n. 139.

312. **VAUBAN** (Sébastien Le Prestre, chevalier, seigneur de), maréchal de France.

Mort en 1707.

Statue, par Bridan le père.

Aile du Midi, premier étage, galerie n. 39.

313. **VAUBAN** (Sébastien Le Prestre, seigneur de).

Buste, par Coyzevox.

Aile du Nord, premier étage, galerie n. 90.

314. **TOURVILLE** (Anne-Hilarion de Costentin, comte de), maréchal de France.

Mort en 1701.

Statue en pied, par Houdon.

Aile du Midi, premier étage, galerie n. 139.

315. **TOURVILLE** (Anne-Hilarion de Costentin, comte de).

Statue en pied, par Marin.

Grande cour du palais.

316. CATINAT (Nicolas), seigneur de Saint-Gratien, maréchal de France.

Mort en 1712.
Statue en pied par Dejoux.

Aile du Midi, premier étage, galerie n. 139.

317. LETELLIER (Charles-Maurice), archevêque de Reims.

Mort en 1710.
Buste.

318. ARNAULD (Antoine), théologien.

Mort en 1694.
Buste.

Aile du Midi, premier étage, galerie n. 139.

319. BOSSUET (Jacques-Bénigne), évêque de de Meaux, etc.

Mort en 1704.
Statue en pied par Pajou.

Partie centrale, rez-de-chaussée, vestibule de Louis XIII, galerie n. 28.

320. BOSSUET (Jacques-Bénigne), évêque de Meaux, etc.

Buste.

Aile du Midi, premier étage, galerie n. 139.

321. FÉNÉLON (François de Salignac de Lamothe), archevêque de Cambrai.

Mort en 1715.
Statue en pied par Lecomte.

Partie centrale, rez-de-chaussée, vestibule de Louis XIII, n. 28.

322. FÉNÉLON (François de Salignac de Lamothe), archevêque de Cambrai.

Buste par Coyzevox.

Aile du Midi, premier étage, galerie n. 139.

SCULPTURE. 47

523. **MABILLON** (Jean), membre honoraire de l'Académie des sciences.

Mort en 1706.
Buste.

Aile du Midi, premier étage, galerie n. 139.

524. **FÉLIBIEN** (André), historiographe du Roi, etc.

Mort en 1695.
Buste.

Partie centrale, rez-de-chaussée, vestibule des Amiraux, n. 40.

525. **LE BRUN** (Charles), premier peintre de Louis XIV.

Mort en 1990.
Buste, par Coyzevox.

Partie centrale, rez-de-chaussée, vestibule de l'escalier de marbre n. 34.

526. **PUGET** (Pierre), peintre, sculpteur et architecte.

Mort en 1694.
Buste, par Delaistre.

Partie centrale, rez-de-chaussée, vestibule des Amiraux, n. 37.

527. **MIGNARD** (Pierre), dit *le Romain*, peintre.

Mort en 1695.
Buste.

Partie centrale, rez-de-chaussée, vestibule de l'escalier de marbre, n. 37.

528. **MANSART** (Jules Hardouin), architecte de Louis XIV.

Mort en 1708.
Buste, par M. Gourdel.

Partie centrale, rez-de-chaussée, vestibule de l'escalier de marbre, n. 34.

329. MANSART (Jules Hardouin), architecte de Louis XIV.

Buste.

330. LE NOTRE (André), architecte, dessinateur des jardins du Roi, etc.

Mort en 1700.
Buste, par M. Gourdel.

Partie centrale, rez-de-chaussée, vestibule de l'escalier de marbre.

331. LOUIS DE FRANCE, duc de Bourgogne, puis dauphin de France.

Mort en 1712.
Buste, par M. Brion.

Aile du rez-de-chaussée, vestibule de l'escalier des Princes, n. 59.

332. BOURGOGNE (Marie-Adélaïde de Savoie, duchesse de), puis dauphine.

Morte en 1712.
Statue en pied, par Coyzevox.

Partie centrale, premier étage, salle des gardes-du-corps de la Reine, n. 104.

333. BOURGOGNE (Marie-Adélaïde de Savoie, duchesse de), etc.

Buste, par Coyzevox.

Partie centrale, premier étage, chambre du lit de Louis XIV, n. 115.

334. PHILIPPE V, roi d'Espagne (Philippe de France, duc d'Anjou).

Mort en 1746.
Buste, par Lescorné.

Aile du Midi, rez-de-chaussée, vestibule de l'escalier des Princes.

SCULPTURE.

335. BERRY (Charles, duc de), etc.
Mort en 1714.
Buste par M. Elshoëht.
Aile du Midi, rez-de-chaussée, vestibule de l'escalier des Princes n. 59.

336. PHILIPPE, IIe du nom, duc d'Orléans, etc., régent du royaume pendant la minorité de Louis XV.
Mort en 1723.
Statue en pied par M. Foyatier.
Partie centrale, rez-de-chaussée, escalier de marbre n. 38.

337. PHILIPPE, IIe du nom, duc d'Orléans, etc. (le Régent).
Statue en pied par M. Bra.
Aile du Midi, premier étage, galerie n. 139.

338. PHILIPPE, IIe du nom, duc d'Orléans, etc. (le Régent).
Buste en marbre par Lemoyne.
Aile du Nord, premier étage, galerie n. 90.

339. PHILIPPE, IIe du nom, duc d'Orléans, etc. (le Régent).
Buste en marbre par M. Bra.
Partie centrale, premier étage, salon de Mars n. 95.

340. CONTI (François-Louis de Bourbon, prince de).
Mort en 1709.

341. VENDOME (Louis-Joseph, duc de), chevalier des ordres du Roi, de la Toison-d'Or, général des galères, etc.
Mort en 1712.
Statue en pied par M. Pradier.
Aile du Midi, premier étage, galerie n. 139.

342. VENDOME (Louis-Joseph, duc de), chevalier des ordres du Roi, de la Toison-d'Or, général des galères, etc.

Buste en marbre par M. Guillot.

Partie centrale, premier étage, salon de Mars n. 95.

343. FOURCY (Henri de), prévôt des marchands de Paris, etc.

Mort en 1708.

Médaillon par Coyzevox.

Aile du Nord, premier étage, galerie n. 90.

344. LE CAMUS (Jean), conseiller en la cour des aides, maître des requêtes, etc.

Mort en 1710.

Buste.

Aile du Midi, premier étage, galerie n. 90.

345. ARGENSON (Marc-Réné de Voyer de Paulmy d'), marquis, chancelier de France, etc.

Mort en 1721.

Buste par Coustou.

Aile du Midi, premier étage, galerie n. 90.

346. SANTEUL (Jean-Baptiste de), chanoine de Saint-Victor, à Paris, poète, etc.

Mort en 1697.

Buste.

Partie centrale, rez-de-chaussée, vestibule de l'escalier de marbre n. 35.

347. RACINE (Jean), poète, historiographe de France, de l'académie française, etc.

Mort en 1699.

Statue en pied par M. Lemaire.

Partie centrale, rez-de-chaussée, vestibule de l'escalier de marbre, n. 37.

SCULPTURE.

548. **RACINE** (Jean), poète, etc.

Buste en marbre par Matte.

Partie centrale, rez-de-chaussée, vestibule de l'escalier de marbre, n. 35.

549. **LA FONTAINE** (Jean de), poète, de l'académie française, etc.

Mort en 1695.
Statue par M. Laitié.

Partie centrale, rez-de-chaussée, vestibule de l'escalier de marbre, n. 37.

550. **LAFONTAINE** (Jean de), etc.

Buste par M. Ramus.

Partie centrale, rez-de-chaussée, vestibule de l'escalier de marbre, n. 35.

551. **BOILEAU DESPRÉAUX** (Nicolas), poète historiographe de France, de l'académie française, etc.

Mort en 1711.
Buste par M. Liotard de Lambesc.

Partie centrale, rez-de-chaussée, vestibule de l'escalier de marbre, n. 35.

552. **REGNARD** (Jean-François), poète, etc.

Mort en 1709.
Buste par M. Maindron.

Partie centrale, rez-de-chaussée, vestibule de l'escalier de marbre, n. 35.

553. **CASSINI** (Jean-Dominique), astronome, de l'académie des sciences.

Mort en 1712.
Buste.

Partie centrale, rez-de-chaussée, vestibule de l'escalier de marbre, n. 36.

354. RÉGIS (Pierre-Silvain de), philosophe, de l'académie des sciences.

Mort en 1707.
Buste.

Aile du midi, premier étage, galerie n. 139.

355. SAVOYE (Eugène-François de), généralissime des armées de l'Empereur d'Allemagne.

Mort en 1736.
Buste par M. Petitot père.

Aile du Nord, premier étage, n. 90.

356. VILLARS (Louis-Claude-Hector, duc de), maréchal de France.

Mort en 1734.
Statue en pied par M. Dantan aîné.

Aile du Midi, premier étage, galerie n. 139.

357. VILLARS (Louis-Hector, duc de), maréchal de France.

Buste par M. Bougron.

Partie centrale, premier étage, salon de Mars, n. 95.

358. DUGUAY-TROUIN (René), lieutenant-général des armées navales, etc.

Mort en 1736.
Statue en pied par M. Dupasquier.

Grande cour du palais.

359. FORBIN GARDANE (Claude, comte de), chef d'escadre des armées navales de France.

Mort en 1733.
Buste par M. Petitot fils.

Aile du Midi, premier étage, galerie n. 139.

SCULPTURE. 53

560. **NOAILLES** (Louis-Antoine de), cardinal, archevêque de Paris, etc.

Mort en 1729.
Buste par Coyzevox.

Aile du midi, premier étage, galerie n. 139.

561. **ROUSSEAU** (Jean-Baptiste), poète lyrique.

Mort en 1741.
Buste par M. Farochon.

Partie centrale, vestibule de l'escalier de marbre, n. 36.

562. **COTTE** (Robert de), architecte, surintendant des bâtimens.

Mort en 1735.
Buste.

563. **COYZEVOX** (Antoine), sculpteur.

Mort en 1720.
Buste par Coyzevox.

Partie centrale, vestibule de l'escalier de marbre, n. 34.

564. **COUSTOU** (Nicolas), sculpteur.

Mort en 1733.
Buste par Guillaume Coustou.

Partie centrale, vestibule de l'escalier de marbre, n. 34.

565. **LOUIS XV**, Roi de France.

Statue par Coustou.

Partie centrale, rez-de-chaussée, vestibule du Roi, n. 19.

566. **LOUIS XV**, roi de France.

Modèle de statue équestre.

Partie centrale, premier étage, salon des Pendules, n. 118.

367. LOUIS XV, Roi de France.

Mort en 1774.
Buste.

Partie centrale, premier étage, vestibule de l'escalier de marbre, n. 34.

368. LOUIS XV, Roi de France.

Buste par Gois père.

Partie centrale, premier étage, vestibule de l'escalier de marbre, n. 106.

369. LOUIS XV, Roi de France.

Buste.

Partie centrale, premier étage, salle des Gardes-du-corps de la Reine n. 104.

370. LESZCZINSKA (Marie), Reine de France.

Statue par N. Coustou.

Partie centrale, rez-de-chaussée, vestibule du Roi, n. 19.

371. MARIE LESZCZINSKA (Charlotte-Félicité), Reine de France.

Morte en 1768.
Buste.

Partie centrale, premier étage, salle des gardes de la Reine, n. 104.

372. ORLÉANS (Louis), duc d'Orléans, de Valois, etc., premier prince du sang.

Mort en 1752.
Buste par Cressent.

Partie centrale, rez-de-chaussée, vestibule du Roi, n. 19.

373. MARÉCHAL DE SAXE (Arminius-Maurice), duc de Courlande, maréchal-général des camps et armées du Roi.

Mort en 1750.
Statue en pied par M. Rude.

Aile du Midi, premier étage, galerie n. 139.

574. **MARÉCHAL DE SAXE** (Arminius-Maurice), duc de Courlande, etc.
Buste.
Aile du Nord, premier étage, galerie n. 90.

575. **SAXE** (Arminius-Maurice), duc de Courlande.
Buste.
Aile du Nord, premier étage, galerie n. 90.

576. **FLEURY** (André-Hercule de), cardinal, évêque de Troyes, premier ministre d'état de Louis XV, etc.
Mort en 1743.
Statue à genoux.
Aile du Midi, premier étage, galerie n. 139.

577. **AGUESSEAU** (Henri-François d'), chancelier de France, etc.
Mort en 1751.
Statue en pied par Berruer.
Partie centrale, rez-de-chaussée, vestibule de Louis XIII, n. 28.

578. **LOUIS DE FRANCE**, dauphin, fils de Louis XV.
Mort en 1765.
Buste
Partie centrale, premier étage, salle des gardes de la Reine, n. 104.

579. **ORLÉANS** (Louis-Philippe, duc d').
Mort en 1785.
Buste.
Aile du Midi, premier étage, galerie n. 139.

580. **CONTI** (Louis-François de Bourbon, prince de).
Mort en 1776.
Buste.
Aile du Midi, premier étage, galerie n. 139.

381. MONTESQUIEU (Charles de Secondat, baron de la Brède et de), président à mortier au parlement de Bordeaux.

Mort en 1755.
Buste par Clodion.

Aile du Midi, rez-de-chaussée, vestibule des Amiraux n. 40.

382. MONTESQUIEU (Charles de Secondat, baron de la Brède et de), président à mortier au parlement de Bordeaux.

Buste par Chaudet.

Aile du Midi, rez-de-chaussée, vestibule des Amiraux n. 40.

383. CRÉBILLON (Prosper Jolyot de), poète, de l'académie française.

Mort en 1762.
Buste par M. Pigalle.

Partie centrale, rez-de-chaussée, vestibule de l'escalier de marbre n. 36.

384. FRÉDÉRIC II, Roi de Prusse.

Mort en 1786.
Buste.

Aile du Nord, premier étage, galerie n. 90.

385. GALISSONNIÈRE (Roland-Michel Barrin, marquis de la), lieutenant-général des armées navales.

Mort en 1756.
Buste par M. Caillouëte.

Aile du Nord, premier étage, galerie n. 90.

386. ASFELD (Claude-François Bidal, marquis d'), maréchal de France.

Mort en 1743.
Médaillon.

Aile du Nord, premier étage, galerie n. 90.

SCULPTURE.

587. LOWENDAL (Ulric-Frédéric Woldemar, comte de), maréchal de France.
Mort en 1755.
Aile du Nord, premier étage, galerie n. 90.

588. RICHELIEU (Louis-François-Armand Duplessis, duc de), maréchal de France, etc.
Mort en 1788.
Statue en pied.
Aile du Nord, premier étage, galerie n. 90.

589. CHEVERT (François de), lieutenant-général des armées du Ro.
Mort en 1769.
Médaillon.
Aile du Nord, premier étage, galerie n. 90.

590. DUPLEIX (Joseph, marquis), gouverneur de Pondichéry, commandant supérieur des comptoirs français dans l'Inde.
Mort en 1763.
Buste.
Aile du Midi, premier étage, galerie n. 90.

591 VOLTAIRE (François-Marie Arouet de).
Mort en 1778.
Statue assise par Houdon.
Aile du Midi, rez-de-chaussée, vestibule des Amiraux n. 40.

592. VOLTAIRE (François-Marie Arouet de).
Buste par Houdon.
Partie centrale, rez-de-chaussée, vestibule de l'escalier de marbre n. 36.

593. VOLTAIRE (François-Marie Arouet de).
Buste par Pigalle.
Partie centrale, rez-de-chaussée, vestibule de l'escalier de marbre n. 36.

3*

594. ROUSSEAU (Jean-Jacques), auteur et philosophe français.

Mort en 1778.
Buste par Boyer.

595. D'ALEMBERT (Jean-le-Rond), géomètre, de l'académie des sciences.

Mort en 1783.
Buste par Francin fils.

Aile du Midi, rez-de-chaussée, vestibule des Amiraux n. 40.

596. HELVETIUS (Claude-Adrien), littérateur et philosophe, etc.

Mort en 1771.
Buste.

Aile du Midi, rez-de-chaussée, vestibule des Amiraux n. 40.

597. PIRON (Alexis), poëte.

Mort en 1773.
Buste par M. Pigalle.

Partie centrale, rez-de-chaussée, vestibule de l'escalier de marbre n. 36.

598. RAMEAU (Jean-Philippe), musicien.

Mort en 1764.
Buste.

Partie centrale, rez-de-chaussée, vestibule de l'escalier de marbre n. 36.

599. GLUCK (Christophe), musicien, etc.

Mort en 1797.
Buste par Francin.

400. SOUFFLOT (Jacques-Germain), architecte, intendant-général des bâtimens du Roi.

Mort en 1781.
Buste.

Partie centrale, rez-de-chaussée, vestibule de Louis XV.

SCULPTURE. 59

401. VALBELLE (Joseph-Alphonse-Omer, comte de).

Vivait en 1771.
Buste par Houdon.

Partie centrale, rez-de-chaussée, vestibule de Louis XV.

402. LOUIS XVI, roi de France et de Navarre.

Mort en 1793.
Buste.

Aile du Nord, premier étage, galerie n. 90.

403. LOUIS XVI, Roi de France et de Navarre.

Buste.

Partie centrale, premier étage, salle des gardes du corps de la Reine n. 104.

404. LOUIS XVI, Roi de France et de Navarre.

Buste.

405. MARIE-ANTOINETTE (Josèphe-Jeanne d'Autriche), archiduchesse d'Autriche, Reine de France.

Morte en 1793.
Buste par Lecomte.

Partie centrale, premier étage, salle des gardes du corps de la Reine n. 104.

406. PROVENCE (Louis-Stanislas-Xavier, Monsieur, comte de), depuis Louis XVIII, Roi de France.

Mort en 1824.
Buste.

Partie centrale, premier étage, salle des gardes du corps de la Reine, n. 104.

407. PROVENCE (Marie - Joséphine - Louise de Savoie, Madame, comtesse de).

Morte en 1810.
Buste.

Partie centrale, premier étage, salle des gardes du corps de la Reine, n. 104.

408. MADAME ÉLISABETH (Elisabeth-Philippine-Marie-Hélène de France).

Morte en 1794.
Buste.

409. MADAME CLOTILDE (Marie-Adélaïde-Clotilde-Xavière de France), reine de Sardaigne.

Morte en 1802.
Buste.

Partie centrale, premier étage, salle des gardes du corps de la Reine, n. 104.

410. SUFFREN SAINT-TROPEZ (Pierre-André Bailli de), vice-amiral de France.

Mort en 1788.
Statue par Lesueur.

Grande cour du palais.

411. SUFFREN SAINT - TROPEZ (Pierre - André Bailli de), vice-amiral de France.

Statue par Rutchiel.

Aile du Midi, premier étage, galerie n. 139.

412. WASHINGTON (Georges), président des États-Unis d'Amérique, général en chef des armées américaines.

Mort en 1799.
Buste par Houdon.

Aile du Midi, premier étage, galerie n. 139.

SCULPTURE.

413. JOSEPH II, empereur d'Allemagne.

Mort en 1790.
Buste par Boizot.

Aile du Nord, premier étage, galerie n. 90.

414. MONTPENSIER (Antoine-Philippe d'Orléans, duc de).

Mort en 1807.
Statue couchée, par Wismacoot.

Aile du Nord, premier étage, galerie n. 90.

415. BEAUJOLAIS (Louis-Charles d'Orléans, comte de).

Mort en 1808.
Statue couchée par M. Pradier.

Aile du Nord, premier étage, galerie n. 90.

416. BRISSAC (Louis-Hercule-Timoléon de Cossé, duc de), pair de France, etc.

Mort en 1792.
Buste.

Aile du Nord, premier étage, galerie, n. 90.

417. MONTMORIN SAINT-HÉREM (Armand-Marc, comte de), ministre des affaires étrangères, etc.

Mort en 1792.
Buste.

Partie centrale, rez-de-chaussée, vestibule de Louis XV.

418. COURTENVAUX (François-Michel-César Le Tellier de Louvois, marquis de) et de Montmirail, capitaine-colonel des cent-suisses, etc.

Mort en 1781.
Buste.

Partie centrale, rez-de-chaussée, vestibule de Louis XV.

419. BUFFON (Georges-Louis Leclerc, comte de), naturaliste, intendant du Jardin-du-Roi, etc.

Mort en 1788.
Buste.

Partie centrale, rez-de-chaussée, vestibule de Louis XV.

420. BUFFON (Georges-Louis Leclerc, comte de).

Mort en 1788.
Buste.

Aile du Midi, rez-de-chaussée, vestibule des Amiraux n. 40.

421. PINGRE (Alexandre Gui), astronome, bibliothécaire de Sainte-Geneviève, etc.

Mort en 1796.
Buste par Caffieri.

Aile du Midi, rez-de-chaussée, galerie n. 75.

422. RAYNAL (Guillaume-Thomas-François), écrivain et historien.

Mort en 1796.
Buste.

Aile du Midi, rez-de-chaussée, galerie n. 75.

423. DELILLE (Jacques), poète, membre de l'académie française, etc.

Mort en 1813.
Buste.

Partie centrale, rez-de-chaussée, vestibule des Amiraux n 40.

424. BEAUMARCHAIS (Pierre-Augustin Caron de), écrivain, etc.

Mort en 1799.
Buste par Houdon.

Partie centrale, rez-de-chaussée, vestibule de l'escalier de marbre n. 36.

425. **DESAULT** (Pierre-Joseph), chirurgien en chef de l'Hôtel-Dieu de Paris.
Mort en 1795.
Buste.

426. **MIRABEAU** (Honoré-Gabriel Riquetti, comte de), député à l'assemblée nationale constituante.
Mort en 1791.
Buste par Houdon.
Partie centrale, rez-de-chaussée, vestibule de l'escalier de marbre n. 36.

427. **MIRABEAU** (Honoré-Gabriel Riquetti, comte de).
Buste par M. Dumont père.
Aile du Midi, rez-de-chaussée, galerie n. 75.

428. **LAFAYETTE** (Marie-Paul-Joseph-Yves Gilbert Mottier, marquis de), général en chef de la garde nationale de Paris, etc.
Mort en 1834.
Buste par Houdon.
Aile du Midi, rez-de-chaussée, galerie n. 75.

429. **LEPELLETIER** (Louis-Michel, comte de Saint-Fargeau), président à mortier au parlement de Paris, membre de l'assemblée nationale constituante, etc.
Mort en 1793.
Buste.
Aile du Midi, rez-de-chaussée, galerie n. 75.

430. **LAVOISIER** (Antoine-Laurent).
Mort en 1794.
Buste par Stouf.
Aile du Midi, rez-de-chaussée, galerie n. 95.

451. DAUBENTON (Louis-Jean-Marie), sénateur.
Mort en 1799.
Buste.
Aile du Midi, rez-de-chaussée, galerie n. 75.

452. DARCET (Jean), sénateur, etc.
Mort en 1801.
Buste.
Aile du Midi, rez-de-chaussée, galerie n. 75.

453. DUMOURIEZ (Charles-François Duperrier), général en chef des armées françaises.
Mort en 1823.
Statue par M. Laitié.
Aile du Midi, rez-de-chaussée, galerie n. 95.

454. DUMOURIEZ (Charles-François Duperrier), général en chef des armées françaises.
Buste.
Aile du Midi, rez-de-chaussée, galerie n. 95.

455. DUGOMMIER (Jean-François Coquille), général en chef des armées françaises, etc.
Mort en 1794.
Statue par Chaudet.
Aile du Midi, rez-de-chaussée, galerie n. 95.

456. CUSTINE (Adam-Philippe, comte de), général en chef des armées françaises.
Mort en 1793.
Statue par Moitte.
Aile du Midi, rez-de-chaussée, galerie n. 95.

457. DAMPIERRE (Auguste-Henri-Marie Picot, comte de), général en chef des armées françaises.
Mort en 1793.
Buste par Foucou.
Aile du Midi, rez-de-chaussée, galerie n. 95.

SCULPTURE.

458. BRUEIS (François-Paul, comte de), contre-amiral.

Mort en 1798.

Buste par M. Flatters.

Aile du Midi, rez-de-chaussée, galerie n. 75.

459. LA TOUCHE-TRÉVILLE (Louis-René-Madeleine-Levassor de), vice-amiral.

Mort en 1804.

Buste par M. Thérasse.

Aile du Midi, rez-de chaussée, galerie n. 75.

440. LA TOUCHE-TRÉVILLE (Louis-René-Madeleine Levassor de), vice-amiral, etc.

Buste par Renaud.

Aile du Midi, rez-de-chaussée, galerie n. 95.

441. LAHARPE (André-Emmanuel-François), général de division.

Mort en 1796.

Buste par Le Comte.

Aile du Midi, rez-de-chaussée, galerie n. 95.

442. GOUVION (Jean-Baptiste), général de division, etc.

Mort en 1792.

Buste par M. Dantan aîné.

Aile du Midi, rez-de-chaussée, galerie n. 95.

443. STENGEL (H.... de), général de brigade.

Mort en 1796.

Buste par M. Thérasse.

Aile du Midi, rez-de-chaussée, galerie n. 95.

444. DROUET, général de brigade.

Buste par M. Valois.

Aile du Midi, rez-de-chaussée, galerie n. 95.

445. GUISCARD, général de brigade.

Buste par M. Dantan jeune.

Aile du Midi, rez-de-chaussée, galerie n. 95.

446. BANNEL (Pierre), général de brigade.

Mort en 1796.

Buste par Bartolini.

Aile du Midi, rez-de-chaussée, galerie n. 95.

447. MARCEAU (François-Severin des Graviers), général des armées françaises.

Mort en 1796.

Buste par M. Dumont père.

Aile du Midi, rez-de-chaussée, galerie n. 95.

448. HOCHE (Lazare), général en chef des armées françaises.

Mort en 1797.

Statue assise par Milhomme.

Aile du Midi, rez-de-chaussée, galerie n. 95.

449. HOCHE (Lazare), général en chef des armées françaises.

Buste par Delaistre.

Aile du Midi, rez-de-chaussée, galerie n. 95.

450. HOCHE (Lazare), général en chef de l'armée de Sambre-et-Meuse.

(Passage du Rhin en 1797.)

Bas-relief.

Aile du Midi, rez-de-chaussée, galerie n. 95.

451. HOCHE (Lazare), général en chef.

(Bataille de Neuwied.)

Bas-relief.

Aile du Midi, rez-de-chaussée, galerie n. 95.

452. TOUR-D'AUVERGNE (Théophile Malo Corret de la).

Mort en 1800.
Buste par Corbet.

Aile du Midi, rez-de-chaussée, galerie n. 95.

453. PICHEGRU (Charles), général en chef de l'armée du Nord, etc.

Mort en 1804.
Statue par Cartellier.

Aile du Midi, rez-de-chaussée, galerie n. 95.

454. PICHEGRU (Charles), général en chef.

Buste par Masson.

Aile du Midi, rez-de-chaussée, galerie n. 95.

455. ELLIOT (Jacques), capitaine aide-de-camp du général Bonaparte.

Mort en 1796.
Buste par Dardel.

Aile du Midi, rez-de-chaussée, galerie n. 95.

456. DUPUY (Dominique-Martin), général de brigade.

Mort en 1798.
Buste par Roland.

Aile du Midi, rez-de-chaussée, galerie n. 95.

457. SHULKOWSKI (Joseph), colonel, aide-de-camp du général Bonaparte.

Mort en 1798.
Buste par Epercieux.

Aile du Midi, rez-de-chaussée, galerie n. 95.

458. JOUBERT (Barthélemy-Catherine), général en chef des armées françaises.

Mort en 1799.
Statue par Houdon.

Aile du Midi, rez-de-chaussée, galerie n. 95.

459. KLÉBER (Jean-Baptiste), général en chef des armées françaises.

Mort en 1800.
Statue par M. Lemaire.

Aile du Midi, rez-de-chaussée, galerie n. 95.

460. KLÉBER (Jean-Baptiste), général en chef des armées françaises.

Buste par Masson.

Aile du Midi, rez-de-chaussée, galerie n. 95.

461. CAFARELLI DU FALGA (Louis-Marie-Joseph-Maximilien), général de division du génie, etc.

Mort en 1799.
Statue par Masson.

Aile du Midi, rez-de-chaussée, galerie n. 95.

462. BON (Pierre), général de division.

Mort en 1799.
Buste par Renaud.

Aile du Midi, rez-de-chaussée, galerie n. 95.

463. DESAIX DE VEIGOUX (Louis-Charles-Antoine), général de division.

Mort en 1800.
Buste par Moitte.

Aile du Midi, rez-de-chaussée, galerie n. 95.

SCULPTURE.

464. DESAIX DE VEIGOUX (Louis-Charles-Antoine), général de division.

Bas-relief par Moitte.

Aile du Midi, rez-de-chaussée, galerie n. 95.

465. HATRY (Jacques-Marie), général de division, sénateur, etc.

Mort en 1802.

Buste.

Aile du Midi, rez-de-chaussée, galerie n. 95.

466. WATRIN (François), général de division.

Mort en 1802.

Buste par Boichot.

Aile du Midi, rez-de-chaussée, galerie n. 95.

467. MOREAU (Jean-Victor), général en chef des armées françaises.

Mort en 1813.

Statue.

Aile du Midi, rez-de-chaussée, galerie n. 95.

468. NAPOLÉON, Empereur des Français, Roi d'Italie.

Mort en 1821.

Statue.

Aile du Midi, rez-de-chaussée, salle de Napoléon, n. 67.

469. NAPOLÉON, Empereur des Français, etc.

Statue par Cartellier.

Aile du Midi, rez-de-chaussée, salle de Napoléon, n. 67.

470. NAPOLÉON, Empereur des Français, etc.

Statue par M. Rutchiel.

Aile du Midi, rez-de-chaussée, vestibule de Napoléon, n. 60.

471. NAPOLÉON, Empereur des Français, etc.

Statue par M. Emile Seurre.

Aile du Midi, rez-de-chaussée, salle de Napoléon, n. 67.

472. NAPOLÉON, Empereur des Français, etc.

Buste par M. Bartolini.

Aile du Midi, rez-de-chaussée, salle de Napoléon n. 67.

473. NAPOLÉON, Empereur des Français, etc.

Buste par M. le baron Bosio.

Aile du Midi, rez-de-chaussée, salle de Napoléon, n. 67.

474. NAPOLÉON, Empereur des Français, etc.

Buste par M. le baron Bosio.

Aile du Midi, rez-de-chaussée, salle de Napoléon, n. 67.

475. NAPOLÉON, Empereur des Français, etc.

Buste par Houdon.

Aile du Midi, rez-de-chaussée, galerie n. 95.

476. NAPOLÉON, Empereur des Français, etc.

Aile du Midi, rez-de-chaussée, galerie n. 95.

477. NAPOLÉON, Empereur des Français, etc.

Buste.

Aile du Midi, rez-de-chaussée, galerie n. 95.

478. NAPOLÉON, Empereur des Français, etc.

Buste par M. Bartolini.

Aile du Midi, rez-de-chaussée, galerie n. 95.

479. BONAPARTE (Napoléon), premier consul.
Passage des Alpes le 20 mai 1800.

Bas-relief.

Aile du Midi, rez-de-chaussée, galerie n. 95.

SCULPTURE. 71

480. ENTRÉE DE L'ARMÉE FRANÇAISE A VIENNE, le 13 novembre 1805.

Bas-relief par Deseine.

Aile du Midi, rez-de-chaussée, galerie n. 95.

481. PAIX DE PRESBOURG, 26 décembre 1805.

Bas-relief par Lesueur.

Aile du Midi, rez-de-chaussée, galerie n. 95.

482. JOSÉPHINE (Marie-Françoise Tascher de la Pagerie), Impératrice des Français, etc.

Morte en 1814.

Buste par Bartolini.

Aile du Midi, rez-de-chaussée, galerie n. 95.

483. JOSÉPHINE (Marie-Françoise Tascher de la Pagerie), Impératrice des Français, etc.

Buste par Houdon.

Aile du Midi, rez-de-chaussée, salle de Napoléon.

484. MARIE-LOUISE, archiduchesse d'Autriche, Impératrice des Français, etc.

Buste par Spalla.

Aile du Midi, rez-de-chaussée, salle de Napoléon, n. 67.

485. MARIE-LOUISE, Impératrice des Français, etc.

Buste par Paolo Triscornia.

Aile du Midi, rez-de-chaussée, salle de Napoléon, n. 67.

486. MARIE-LOUISE, Impératrice des Français, etc.

Buste.

Aile du Midi, rez-de-chaussée, salle de Napoléon, n. 67.

487. CAMBACÉRÈS (Jean-Jacques-Régis), duc de Parme, etc., archichancelier de l'empire français.

Mort en 1824.
Statue par Rolland.

Aile du Midi, rez-de-chaussée, salle de Napoléon, n. 67.

488. LEBRUN (Charles-François), duc de Plaisance, prince et archi-trésorier de l'empire français.

Mort en 1824.
Statue par Masson.

Aile du Midi, rez-de-chaussée, salle de Napoléon, n. 67.

489. BONAPARTE (Joseph).

Statue par Delaistre.

Aile du Midi, rez-de-chaussé, galerie n. 95.

490. BONAPARTE (Joseph).

Buste par M. Bartolini.

Aile du Midi, rez-de-chaussée, galerie n. 95.

491. BONAPARTE (Louis).

Statue par Cartellier.

Aile du Midi, rez-de-chaussée, galerie n. 95.

492. BONAPARTE (Louis).

Buste par Cartellier.

Aile du Midi, rez-de-chaussée, galerie n. 95.

493. BONAPARTE (Jérôme).

Buste, par M. Bartolini.

Aile du Midi, rez-de-chaussée, salle de Napoléon, n. 67.

SCULPTURE.

494. **BONAPARTE** (Marie-Anne-Élisa).

Morte en 1820.

Buste, par M. Bartolini.

Aile du Midi, rez-de-chaussée, salle de Napoléon, n. 67.

495. **BEAUHARNAIS** (Eugène de).

Mort en 1824.

Statue, par M. Ramey père.

Aile du Midi, rez-de-chaussée, galerie n. 95.

496. **BEAUHARNAIS** (Eugène de).

Buste, par Comolli.

Aile du Midi, rez-de-chaussée, salle de Napoléon n. 67.

497. **MURAT** (Joachim).

Mort en 1815.

Statue, par Lemot.

Aile du Midi, rez-de-chaussée, galerie n. 95.

498. **LECLERC** (Charles-Emmanuel), général en chef, etc.

Mort en 1802.

Statue, par M. Dupaty.

Aile du Midi, rez-de-chaussée, galerie n. 95.

499. **BERTHIER** (Louis-Alexandre), maréchal de France.

Mort en 1815.

Buste.

Aile du Midi, rez-de-chaussée, galerie n. 95.

500. **KELLERMANN** (François-Christophe), duc de Valmy, maréchal de France, etc.

Mort en 1820.

Buste.

Aile du Midi, rez-de-chaussée, galerie n. 95.

501. **JOURDAN** (Jean-Baptiste, comte de), maréchal de France.

Mort en 1833.
Statue, par M. Espercieux.

Grande cour du palais.

502. **MASSÉNA** (André), prince d'Essling, duc de Rivoli, maréchal de France.

Mort en 1817.
Statue.

Grande cour du palais.

503. **MASSÉNA** (André), duc de Rivoli, etc.

Buste, par Masson.

Aile du Midi, rez-de-chaussée, galerie n. 95.

504. **AUGEREAU** (Pierre-François-Charles), duc de Castiglione, maréchal de France.

Mort en 1816.
Buste.

Aile du Midi, rez-de-chaussée, galerie n. 95.

505. **BRUNE** (Guillaume-Marie-Anne, comte), maréchal de France, etc.

Mort en 1815.
Buste.

Aile du Midi, rez-de-chaussée, galerie n. 95.

506. **LANNES** (Jean), duc de Montebello, maréchal de France, etc.

Mort en 1809.
Statue, par Cartellier.

Grande cour du palais.

507. **LANNES** (Jean), duc de Montebello.

Buste.

Aile du Midi, rez-de-chaussée, galerie n. 95.

SCULPTURE.

508. MORTIER (Edouard-Adolphe-Casimir-Joseph), duc de Trévise, maréchal de France, etc.

Mort en 1835.

Statue, par Deseine.

Grande cour du palais.

509. MORTIER (Edouard-Adolphe-Casimir-Joseph, duc de Trévise), maréchal de France.

Buste, par M. Bra.

Aile du Midi, rez-de-chaussée, galerie n. 95.

510. NEY (Michel), duc d'Elchingen, prince de la Moskowa, maréchal de France.

Mort en 1815.

Buste, par Houdon.

Aile du Midi, rez-de-chaussée, galerie n. 95.

511. DAVOUST (Louis-Nicolas), duc d'Auerstaëdt, maréchal de France, etc.

Mort en 1823.

Buste, par M. le baron Bosio.

Aile du Midi, rez-de-chaussée, galerie n. 95.

512. BESSIÈRES (Jean-Baptiste), duc d'Istrie, maréchal de France, etc.

Mort en 1813.

Buste.

Aile du Midi, rez-de-chaussée, galerie n. 95.

513. GOUVION-St-CYR (Laurent, marquis de), maréchal de France.

Mort en 1830.

Buste, par M. David.

Aile du Midi, rez-de-chaussée, galerie n. 95.

514. **LEFÈVRE** (François-Joseph), duc de Dantzick, maréchal de France.

Mort en 1820.

Buste.

Aile du Midi, rez-de-chaussée, galerie n. 95.

515. **SERRURIER** (Jeanne-Mathieu-Philibert, comte), maréchal de France, etc.

Mort en 1819.

Buste.

Aile du Midi, rez-de-chaussée, galerie n. 95.

516. **PERIGNON** (Dominique-Catherine, maréchal de France).

Mort en 1818.

Buste, par Matte.

Aile du Midi, rez-de-chaussée, galerie n. 95.

517. **VALHUBERT** (Jean-Marie-Melon-Roger), général de brigade).

Mort en 1805.

Buste, par M. de Bay père.

Aile du Midi, rez-de-chaussée, galerie n. 95.

518. **HAUTPOULT** (Jean-Joseph-Ange d'), lieutenant-général.

Mort en 1807.

Buste, par M. Jaley.

Aile du Midi, rez-de-chaussée, galerie n. 95.

519. **ROUSSEL**, général de division.

Mort en 1807.

Buste, par M. Espercieux.

Aile du Midi, rez-de-chaussée, galerie n. 95.

520. **COLBERT** (Auguste-Marie-François de), général de brigade.

Mort en 1809.

Buste.

Aile du Midi, rez-de-chaussée, galerie n. 95.

521. **LACOSTE** (Jean-Laurent-Justin, comte), général de brigade.

Mort en 1809.

Statue, par Clodion.

Aile du Midi, rez-de-chaussée, galerie n. 95.

522. **ESPAGNE** (Jean-Louis-Brigitte), général de division.

Mort en 1806.

Buste.

Aile du Midi, rez-de-chaussée, galerie n. 95.

523. **St-HILAIRE** (Louis-Vincent Leblond de), général de division.

Mort en 1809.

Buste.

Aile du Midi, rez-de-chaussée, galerie n. 95.

524. **LASALLE** (Antoine-Charles-Louis, comte de), général de division.

Mort en 1809.

Statue par Taunay.

Aile du Midi, rez-de-chaussée, galerie n. 95.

525. **REGNAULT DE SAINT-JEAN-D'ANGELY** (Louis-Michel-Etienne, comte).

Buste.

Mort en 1819.

Aile du Midi, rez-de-chaussée, galerie n. 95.

526. TRONCHET (François-Denis), sénateur.

Mort en 1806.
Statue par Roland.

Aile du Midi, rez-de-chaussée, galerie n. 95.

527. TRONCHET (François-Denis), sénateur.

Buste par Roland.

Aile du Midi, rez-de-chaussée, galerie n. 95.

528. PORTALIS (Jean-Etienne-Marie, comte de), ministre des cultes, etc.

Mort en 1807.
Statue par Deseine.

Aile du Midi, rez-de-chaussée, galerie n. 95.

529. LUYNES (Louis-Joseph-Charles-Amable d'Albert, duc de), sénateur, etc.

Mort en 1808.
Buste par Deseine.

Aile du Midi, rez-de-chaussée, galerie n. 75.

530. FOURCROY (Antoine-François de), sénateur.

Mort en 1809.
Buste.

Aile du Midi, rez-de-chaussée, galerie n. 75.

531. LAGRANGE (Joseph-Louis, comte), sénateur.

Mort en 1813.
Buste par Deseine.

Aile du Midi, rez-de-chaussée, galerie n. 95.

532. BELLOY (Jean-Baptiste de), cardinal, archevêque de Paris, etc.

Mort en 1808.
Buste.

Aile du Midi, rez-de-chaussée, galerie n. 95.

553. **ROCHEFOUCAULD LIANCOURT** (François-Alexandre-Frédéric, duc de la), pair de France, etc.

Mort en 1827.

Buste par M. Bougron.

Aile du Midi, rez-de-chaussée, galerie n. 75.

554. **CUVIER** (Georges, baron), pair de France.

Mort en 1832.

Buste par M. Pradier.

Aile du Midi, rez-de-chaussée, galerie n. 95.

555. **BOUGAINVILLE** (Louis-Antoine, comte de), sénateur.

Mort en 1811.

Buste.

Aile du Midi, rez-de-chaussée, galerie n. 95.

556. **BARAGUEY D'HILLIERS** (Louis, comte), général de division, etc.

Mort en 1813.

Buste par Chinard.

Aile du Midi, rez-de-chaussée, galerie n. 95.

557. **DUHESME** (Guillaume-Philibert, comte), lieutenant-général, etc.

Mort en 1815.

Buste par M. Pradier.

Aile du Midi, rez-de-chaussée, galerie n. 95.

558. **LETORT**, lieutenant-général, etc.

Mort en 1815.

Buste par M. De Bay fils.

Aile du Midi, rez-de-chaussée, galerie n. 95.

539. CHASSELOUP-LAUBAT (François, marquis de), pair de France, lieutenant-général, etc.

Mort en 1833.

Buste.

Aile du Midi, rez-de-chaussée, galerie n. 95.

540. LAURISTON (Jacques-Alexandre-Bernard Law, marquis de), pair et maréchal de France.

Mort en 1828.

Buste par M. le baron Bosio.

Aile du Midi, rez-de-chaussée, galerie n. 95.

541. FOY (Maximilien-Sébastien), lieutenant-général, inspecteur, etc.

Mort en 1825.

Buste par M. Bra.

Aile du Midi, rez-de-chaussée, galerie n. 95.

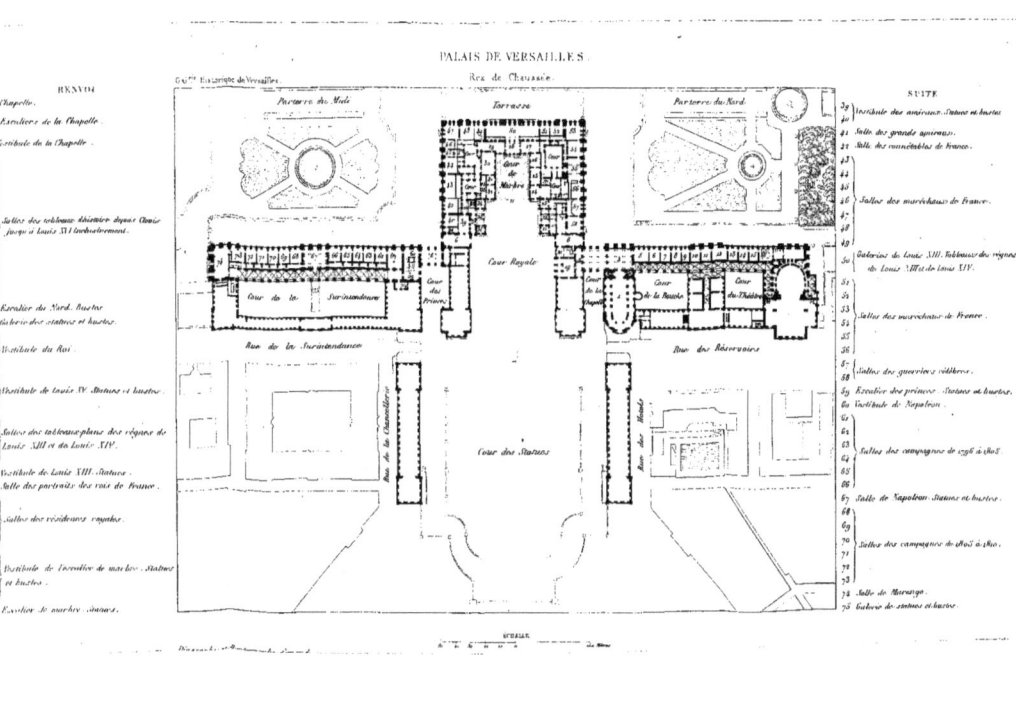

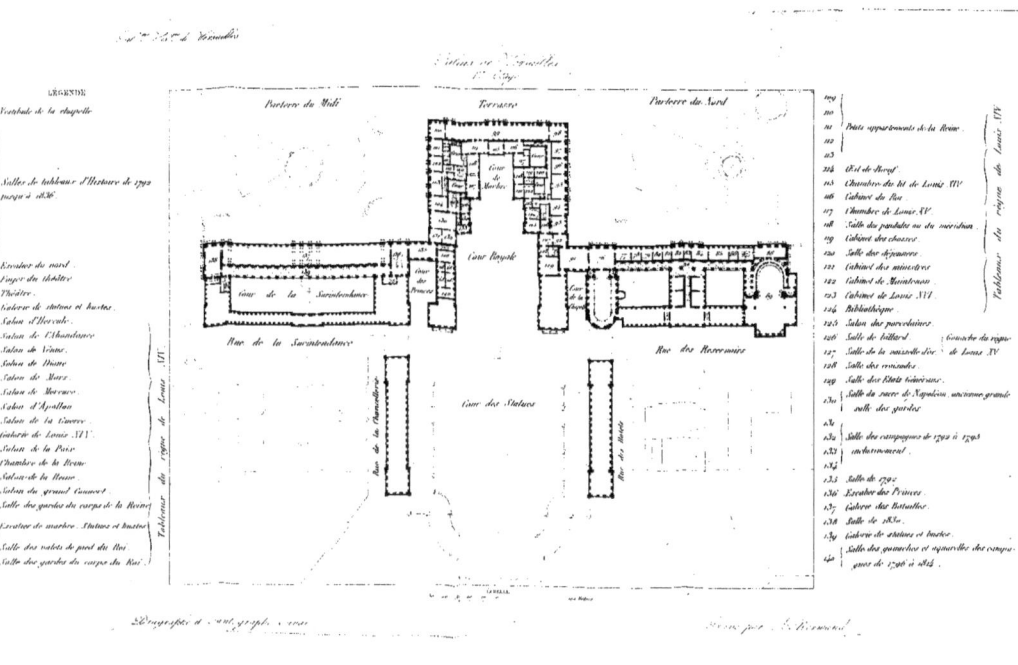

PALAIS DE VERSAILLES
2 Étage

AILE DU NORD.

Escalier du Nord Statues 140
141
142
Salles 143
des Portraits historiques 144
antérieur à 1790. 147
148
149
150

www.ingramcontent.com/pod-product-compliance
Lightning Source LLC
Chambersburg PA
CBHW071201240426
43669CB00038B/1444